引论一

古者太平，万民和喜，瑞应辨至，乃采风俗，定制作。

——《史记·礼书》

观风俗，知得失，自考正也。

——《汉书·艺文志》

移风俗于王化，崇孝敬于人伦。

——《晋书·文苑传》

弘长名教，敦励风俗，宜加褒显，以劝将来。

——《旧唐书·孝友传》

清白畏慎，为政必先究风俗。

——《新唐书·王质传》

乐哉！天下安宁。道化行，风俗清。

——《宋书·乐志》

引论二

本之天理，民彝之大，而并及夫衣服饮食之细，通乎古今治忽之微而不遗乎？簿书朱墨米盐之末，夫人得而观之，知山川如是，物产如是，风俗如是，人物仕宦文章如是，古如是，今如是，而岂无所思乎？观山川，思朝廷疆理之艰；观物产，思细民力作之苦；观人物，思前言往行之可法；观风俗，思故习转移之孰在；观仁宦，思旧政臧否之可鉴；观文章，思其人贤否何如，其世污隆何如。凡接乎目，必有动于中，而思为吾人所以为之之地，岂徒资见闻考索而已乎！

——明正德 · 周季凤《云南志 · 序》

窃尝念日月星辰系于天，鸟兽草木系于地，君臣父子夫妇昆弟朋友之伦系于人，耳目口鼻系于面，喜怒哀乐系于情，金石丝竹匏土革木系于音，以奕系秋，以丸系僚，凡类此者，其所系殆无穷也……然而斯系也，发缠绵之隐，任杼轴之劳，生滇者观之，当兴经纶雷雨之思，吏滇者观之，当深桑土绸缪之计。

——清嘉庆 · 师范《滇系 · 自序》

国家大经大法外宜兼详民事也。中国旧史，大都详朝廷制度，略于民间礼俗。《史记》独多言民事，千古称之，今宜扩而充之。凡民间礼俗之大，居处炊食之细，及一切日用之于风教有关者，良窳得失，灿然无遗。考其原委，上补前史之缺，明其变通，下征进化之美。庶几免一姓家谱之诮乎！

——民国 · 袁嘉穀《与清史馆馆长第一书》

方志之作，其体史也，其用则政书也。一方宜详考历代文化递嬗之迹象，以为征文考献之资；一方宜备载民情风土之所宜，以为施政牖民之鉴。故收罗必广，记载必周，庶几彰往察来，可裨实用。

——民国 · 周钟岳《新纂云南通志 · 序三》

引论三

云南善地，朕所亲历，倘非天命有归，愿封于此足矣。

——元世祖忽必烈（见民国《滇绎》）

云南之地，稽之古典，气厚风和，人民尚兵。

——明太祖朱元璋（见明洪武《云南机务抄黄》）

气厚风和，君子道行之所系。

——明太祖朱元璋（见明·刘文征《滇志》）

士大夫多材能，乐事朝廷，不乐外宦。

——元·虞集《云南志略·序》

田无旱潦，米不传输，山泽之利，取之无禁，民至老死不相往来，他方乐土未必胜此也。

——明·谢肇淛《滇略》

人禀名山大泽之气，子弟多颖秀，科第显盛。民遵礼教，畏法度。士大夫多材能，尚节义，彬彬文献，与中州埒。

——明·刘文征《滇志》

云南府：自元明至本朝，人物科第，后先振起，服食器用，骎骎乎有中原之风焉。汉多彝少，风气渐开，士雅民淳，教化易入，耕织贸易，各安其俗。

昆明县：士多秀颖，素重名义。民性淳良，不好争讼。但近城市多习贸易而少事耕织，服食交际不无奢靡耳。

——清康熙《云南府志·风俗志》

惟滇会区，西南要地，握两迤枢，应井鬼位，地灵所钟，物华所萃，昆水深凝，金碧高峙，秀谷苍峦，奔赴而至，疆域既雄，形势自异，时序既合，畜植自利，况尔民风，简朴易治，扶之育之，厥有其事，往哲前贤，茂迹不坠。

——清康熙《云南府志·地理志·序》

兵民错居，闾阎栉比。野安耕凿，户习诗书。民无告讦之风，士有干谒之耻。

——清雍正《云南通志·风俗·云南府》

滇南人心风俗，视他省独厚。兵将一心，忠义奋发。砥柱天南，军威一震，中原时势转弱为强，又不独全滇之幸，实天下大局之幸也。

——清·吴鲁《昆明县志·序一》

惟滇首邑，西南乐土。君子攸宜，行道之所。

——清道光《昆明县志》

吾滇人重去乡，昆明为尤甚。县中自士大夫之服官于外，惟乡举赴礼部试，乃出里门。否则，井田桑麻以终老田间为乐也。其他牵车牛远服贾者，百不一二见，以故淳朴之气较他处为优。然碍以见闻辄失之窒，漆园叟之所谓拘于墟者，信乎。

——清道光《昆明县志》

世所称本籍人者，言之其性质纯善谨慎，息事泯争，各务生业，各守本分，且思想缜密，举措敏捷，在昆明县全境中当首屈一指，是其优点。惟富保守性，无冒险进取之志，又喜独立不羁，少合群美德，加以近年竞尚奢靡，中人之家，多属外强中干，是其缺点。至于业工者，间守成规，不思改进，业商者习于诈伪，罕见诚实，故市内凡有起色之工商业，皆操外省外国或外县人之手，尤为莫大缺点。

——民国《昆明市志》

大山大水，山水相融；天人合一，而有昆明。

昆明“居全滇之腹心，为各郡之元首”（《新纂云南通志》）。清代道光年间出了本《昆明县志》，那是昆明最早的县志，作者是昆明进士戴䌹孙。他夸耀这方土地南临滇池，北靠螺峰，金马山在东，碧鸡山在西，“群山四拱，秀耸郊原”，湖山相映，城郭浮水，“形势之佳，以斯为首”，称得上是“山明水秀，南土要区”。立足在这个大格局下，北望则山脉远大，气势雄浑；南眺则水天静阔，湖空月明；东西有崇山守望，雄关相卫——这分明是上苍送给人类的一份厚礼。因为得天独厚，得春四季，它是福地；因为得山独尊，得水一池，它是胜地；因为得城千年，得史万载，它是重地；因为得人百族，得道自然，它更是天堂在人间的飞地。

天眷云南，地厚昆明。

老昆明城在哪里？

老昆明 旧话旧照 那些风土

朱净宇 编著

云南美术出版社

图书在版编目（CIP）数据

老昆明旧话旧照．那些风土 / 朱净宇编著．-- 昆明：云南美术出版社，2019.1（2024.6 重印）

ISBN 978-7-5489-3324-3

Ⅰ．①老… Ⅱ．①朱… Ⅲ．①地方文化－昆明 Ⅳ．① G127.741

中国版本图书馆 CIP 数据核字（2019）第 026541 号

选题策划：张文璞　肖　超

责任编辑：郑涵匀　孙雨亮　赵雪妮
整体设计：高　伟　昆明创境广告有限公司
责任校对：温德辉　王飞虎　沈正德　吴　洋
摄　　影：[法] 奥古斯特・费朗索瓦（方苏雅）
[美] 伯特・克拉夫奇克
朱净宇　赛　克　王　浩　孙家福　等

老昆明旧话旧照 那些风土

朱净宇 编著

出版发行：云南美术出版社
印　　制：昆明美林彩印包装有限公司
开　　本：787mm × 1092mm　1/16
印　　张：14
字　　数：252 千
版　　次：2021 年 6 月第 1 版
印　　次：2024 年 6 月第 2 次印刷
书　　号：ISBN 978-7-5489-3324-3
定　　价：78.00 元
电　　话：0871-64107562　64195028（营销中心）
社　　址：云南省昆明市环城西路 609 号云南新闻出版大楼 24~25 楼　邮编：650034

序

叮叮糖，

叮叮糖，

吃了不想娘，

想起娘来哭一场。

还记得这首昆明儿歌吗？

如今一座座高楼平地而起，水泥钢筋，直插云天，势不可当，犹如夜场上的欢歌狂舞，灯红酒绿，甘之如饴，让人欲罢不能，恰似“吃了不想娘”的“叮叮糖”。

身后一间间老屋黯然离去，依稀故人，如烟往事，魂牵梦绕，又似月光下的二胡独奏，余音绕梁，乡愁涌来，让人情不自禁，“想起娘来哭一场”！

“糖”可养身，“娘”可安心，鱼与熊掌，“想”与“不想”，如何兼得？——老昆明的儿歌一语成谶，不服不行。

一

来了城市化，正好寄存皮囊；走了老昆明，何处安放灵魂？600年的近日楼早就消失了，“九里三分”的城墙早就没有了。淡出昆明的还有五华山的瞭望塔、藩台衙门的菜市、得胜桥的桥头堡、象眼街的大象铺石、太和街的石板路、北门街的唐家花园、威远街的龙公馆、惠家大院的西南联大“教授楼”、塘双路的滇越铁路车站建筑群、巡津街东廊的法式楼院、文武官员到此下马的文庙大门、“一颗印”和“八面风”建筑成群的武成路、长春路和大观街，还有护城河、洗马河、金汁河、银汁河、玉带河、西坝河、篆塘河、明通河、采莲河、金家河、乌龙河、兰花沟、大小绿水河和新老运粮河，有的河段消失了，有的河段成了地下暗河、城市下水道……彷徨在后现代的门槛前，可叹“鸡鸣紫陌，马踏红尘，教弟子向哪头跳去？”

（明·陈用宾撰金殿楹联）

城市化突如其来，来势汹汹，昆明主城膨胀，人口锐增，“九里三分”骤然稀释，八方人潮迅速聚集。外则改天换地，内则脱胎换骨。当初逐鹿丛林，心无旁骛，此后利弊互见，触目惊心：江山依旧而城市变形，高楼林立而霸气侧漏，街巷划一而面目全非，不知此城为何城！邻里星散而乡情解体，人心不古而世风日异，个性消解而文脉错位，直认此城为他城——若有所失，满怀乡愁，又不知往哪里安放?

我们曾自以为离得开“老昆明”，听任它消解淡化，渐行渐远。但它总会悄然归来，或隐或现，无形无影，无声无息。但无形之中，它仍然会一飞冲天；无声之处，它仍然会一鸣惊人——夜半猛醒，乡愁袭来，扪心自省，清泪两行。原来“老昆明”无所在而无所不在，无所能而无所不能，它永远留驻在我们心中，渗透在我们的血脉里。

二

天佑昆明，让昆明得天独厚，四季如春；让昆明得地独秀，山奇水异；让昆明得城千年，史迹遍地；让昆明得人百族，风情别具。人说昆明，元世祖称之“云南善地”，明太祖谓之“气厚风和”，明代四川状元杨慎赞之“春城”，清代云南“状元”袁嘉穀称之“可恋可誉”。老昆明不仅在高原山水之间留下了一座美轮美奂的城池，还为我们留下了特殊的地方文脉，深厚的文化底蕴，鲜活的城市个性，独有的山国气质，传奇的历史记忆——这是昆明的灵魂，是昆明的精神，是昆明人的“娘”。

面对老昆明，我们应有敬畏之意、惕惧之心，然后可知昆明云彩独奇，月亮独大，堪称天下唯一；可知昆明“三山一水”“五湖四海”，全是风水宝地；可知 30000 年前有“昆明人”，10000 年前有“贝丘文化”；可知从庄蹻而有滇国，从《史记》而有“昆明”；可知从南诏而有拓东路，从辛亥而有光华街；可知先祖多来自柳树湾，先人多出自高石坎；可知昆明人有容乃大，道、儒、释三教一体；可知山国有寡民，有“温吞水”性格，有“家乡宝”情怀，还有“不问能不能做，只问该不该做”的血性。

人常存敬畏之心，可以知礼，如做官之“修身齐家，正己化人”；可以知义，如“联大”八百壮士之从军，书生意气亦慷慨；可以知廉，如刘文征家两代清官，满城争睹“刘青菜”，如严清之廉正，官至尚书而早朝无腰带；可以知勇，如钱沣之千字文弹劾和珅，如马毓宝之满腔热血独赴“一战”；可以知用，如“黄包车”之押解日寇战俘，“闪扁担”之挑送斯诺行李；可以知荣，如战国青铜器沉淀之“南方丝路”信息，民国“工程碑”记载之中国最早水电厂；可以知善，如老中医之讲医德还要讲气节，老商人之“诚朴”经营而多积“阴德”；可以知难，如禹碑“蝌蚪文”之怪诞，王官坟碑武则天造字“埊”“圀”之奇僻；可以知源，如“吃馒馒”“颟嘟嘟”都是“宋词”，“硬挣挣”“恶噉噉”出自“元曲”；可以知古，如清代开发过房地产，抗战时就有过“大昆明规划”；可以知趣，如警察敲门而店铺开张，“邮政骑马”而“电报骑牛”；可以知音，如街上有人喊“有旧衣烂裳么找来卖——”，巷口有人叫“咳嗽、发烧呢买药啦——”；可以知美，如杨慎之诗，如担当之画，如孙髯之联，如钱沣之字……

惕惧则可以知己之丑，有“见闻辄失之窒”（清道光《昆明县志》），“无冒险进取之心”（民国《昆明市志》）；可以知人之耻，冯甦卖身搭着老娘卖，“贪官碑”上贪官贪得遗臭万年；可以知乱世之祸，吴三桂作乱天下而身败名裂，徐之铭巡抚云南而竟杀官越财；可以知无德之恶，“天盛当诱人上当，王安良丧尽天良”；可以知“围海造田”之蠢，买官卖官之害；可以知城隍庙之神，东岳庙之鬼，善而有善报、恶而有恶报。

敬畏而惕惧更可以知足，知足者常乐，知乐者忘忧；可知汉唐宋元，伟烈丰功，卷不及暮雨朝云；可知天有常道，人有常志，后人须择善而从；可知“尽人事、知天命”而行大道；然后知可为，知不可为，知其不可而为之，达到从心所欲、不违天命的最高境界。

惕惧还可以知“龟蛇龙气”之谬，“金碧交辉”之误；可以知早年书圣更比孔圣“拽”，西寺塔“跑”到东寺街；可以知城隍庙有宣讲“圣谕”的右厢房，南教场有砍头示众的大刑场；可以知“老将”于教场“祭霜降娘娘”之丑，考官于科场上演鹿鸣闹剧之陋；可以知科场如戏场，入场要搜身，封门要拜鬼；可以知官场如剧场，官印要避邪，坐堂要“排衙”；可以知男女曾经不得同台演戏，不得同场看戏，大家闺秀出门脸上要盖一块蓝布；可以知婚前要赶“鞭猪”，婚夜要造“捶门東”；可以知报丧不进门，磕头不值钱；可以知“女德”之害，那贞女、烈女、节妇、义妇，误了多少卿卿性命；可以知禁娼之奇，妓女要腰悬白绸，穿彩色短装，违禁嫖娼要罚款，还要打手心；可以知当年筑大烟囱要看“风水”的脸色，治大病要请“师娘”

来跳神，无端“开矢口”、有病“洒烂药”……

如今，这一切只能从历代史志、先人笔记、石刻碑传、耆老回忆、坊间传闻中去寻找了，这是一种遗憾，也是一种幸运。随着困惑不断显现，乡愁不断反弹，社会不断开放，资料不断积累，探讨不断加深，记忆不断扩展，影像不断涌现，让我们的老昆明寻觅有了更加多元的角度、更具内涵的深度、更为包容的广度。数年之间，沉浸其中，几次搁笔叹息，小小古城昆明，围城不过九里三分，人口最多不过10万，竟留下了如此厚重的精神遗产——说不完的历史往事、看不断的市井风情、数不清的奇人贤士、道不尽的本土文化，令人叹为观止。历史可畏，先人可敬，如果我们不进行盘点，不进行整理，不得之于祖先而传之于后人。那么，我们将愧对天地，愧对前人，愧对后代。

三

古人修史志而讲“实用”，无非两条：一是“资治”，所谓“施政牖民”是也；二是“资文”，“以为征文考献之资”（周钟岳《新纂云南通志序》）是也。其实还应该有一条，那就是“资民”，即“资”百姓。“资治”是“肉食者”的事；“资文”是“串荤食者”的事；“资民”才是“草食者”的事。

我们可以充满善意地想象，早年如果了解清代和民国两次“泄湖涸田”的论争，“肉食者”们“围海造田”的蠢事或许会有所收敛；如果认真考辨过“春城”和“龟城”的由来，或许会改变一些“食串荤者”人云亦云的话风和文风；而“宾馆菜”和“名人菜”的开发，则很可能会让不少“草食者”大开“洋荤”，大饱口福——以今天的眼光来看，许多往事未免可笑，“然后之视今，亦犹今之视昔”（周钟岳《新纂云南通志序》），自不必讪笑前人。读一书而可知前人如何生活、可思今天如何生活、可求以后如何生活，善莫大焉。

中国自古就有重视风土习俗研究的传统。《史记·礼书》称“古者太平，万民和喜，瑞应辨至，乃采风俗，定制作”；《汉书·艺文志》说“观风俗，知得失，自考正也”；《晋书·文苑传》说“移风俗于王化，崇孝敬于人伦”；《旧唐书·孝友传》说“弘长名教，敦励风俗，宜加褒显，以劝将来”；《新唐书·王质传》说“为政必先究风俗，所至有惠爱”；《宋书·乐志》说“天下安宁，道化行，风俗清”。为此，就要“详考历史文化递嬗之迹象”，“备载民情风土之所宜”，而且“收罗必广，记载必周”，“彰往察来，可裨实用”（周钟岳《新纂云南通志序》）。云南“状元”袁嘉穀认为：“中国旧史大都详于朝廷制度，略于民间礼俗。《史记》独多言民事，千古称之。今宜扩而充之，凡民间礼俗之大，居处饮食之细，及一切日用之于风教有关者，良窳得失，灿然无遗”。不但要“兼详民事”，还要“考其原委，上补前史之缺，明其变通，下征进化之美”。此外，邮电、轮船、铁路均应列专志记述，“庶几免一姓家谱之诮”（袁嘉穀《与清史馆馆长第一书》）。

这里既不是“一姓家谱”，不是“一方宦绩”，也不是“一纸琐闻”。这是一次用心独到的采访，一次悲喜交集的重逢，一次真挚谦卑的致敬，一次诚惶诚恐的救赎。笔者不揣浅陋，试图以今人的视角、今世的眼光、今天的话语重拾记忆、重述历史、重访风土、重叙人情、重现民俗、重论传统、重返文化、重获个性——不敢妄说“成一家之言”，亦求“究天人之际，通古今之变”（司马迁《报任安书》）。

公元1895年，列强瓜分中国大势已成，中国遭遇前所未有之巨变，当彼之时，启蒙思想家严复写了一篇《论世变之亟》，谈及中西文化传统，其有一番精彩的论述：“中国最重三纲，而西人首明平等；中国亲亲，而西人尚贤；中国以孝治天下，而西人以公治天下；中国尊主，而西人隆民；中国贵一道而同风，而西人喜党居而州处；中国多忌讳，而西人重讥评。其财用也，中国重节流，而西人重开源；中国追淳朴，而西人求欢虞。其接物也，中国美谦屈，而西人多发舒；中国尚节文，而西人乐简易。其于学也，中国夸多识，而西人尊新知。其于祸灾也，中国委天数，而西人之恃人力。”有意思的是，百年前的中西文化差异，如今多半演变成了现代昆明与传统昆明的文化碰撞，面对如此尴尬的“移风易俗”，也只能如当年的严复一声叹息：“若斯之论，并存于两间，吾实未敢遽分其优绌也。”

滇人、昆明人爱国爱乡，都是“家乡宝”。清乾隆年间，云南进士周于礼在京为官多年，曾遥望西南，赋思乡诗曰：“神茫茫，思转长，彩云一片是吾乡”。云南“状元”袁嘉穀说：“吾中国人也，读中国书，应有光大中国之作以报中国。”又说：“云南者，中国之一部也。吾生云南，壮而游，老而归，六十年读云南书，应有光大云南之作以报云南。”他大声疾呼：“滇之人生滇、爱滇，将以保永久之滇，不得不考古之滇，以兴起将来之滇。”（《云南大事记》）

先贤教诲，言犹在耳。一介书生，得立于巨人肩上观察、垒字，幸而左右逢源、上下有据、俯仰有道、进退有方，尽管秃笔一支，乃能从心所欲，从容不迫，集古今之成，得一家之言，何其幸也。然而，这毕竟只是一次特殊的“采访”，资料浩如烟海，纲目千头万绪，人事众说纷纭，虚实百口莫辩，又何其难也。笔者勉为其难，博采各家之长，众人之说，以百姓为本，以民事为主，以风土为根，以文化为魂，以纪传体为纲、为目，以笔记体为文、为篇，分门别类，编纂成书。无奈学有不及，力有不逮，虽历时五载，日旰忘餐，反复修改，分辨真伪，考证谬说，仍然错误难免，若得高人指教，一一纠正，更何其乐也！

朱净宇

2020 年 5 月 4 日于昆明虹山

目录

外城“三山一水”

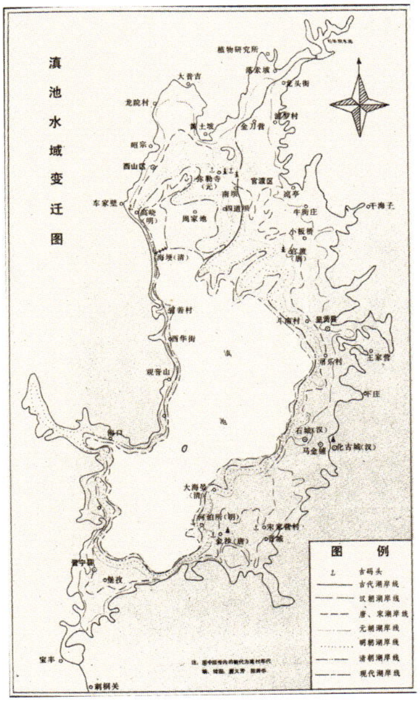

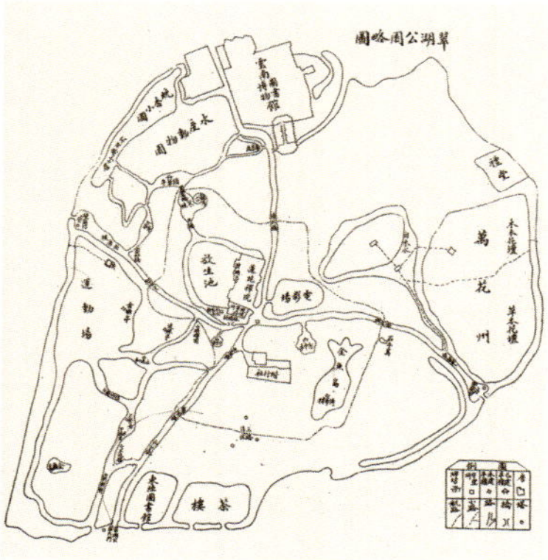

内城“三山四海”

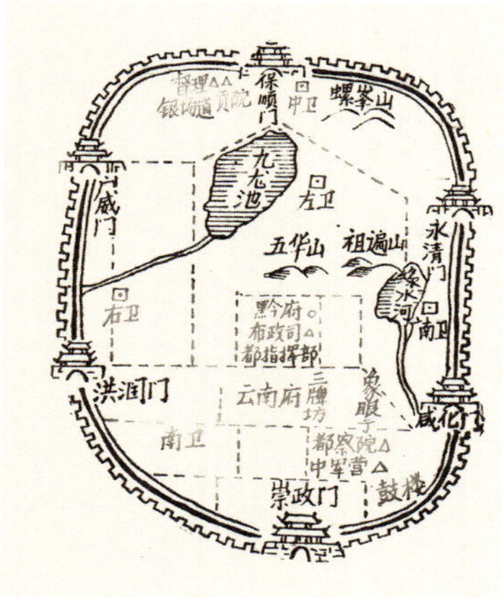

螺峰山
九龙池
左卫
五华山
祖遍山
永清门
右卫
洪润门
云南府
南卫
崇政门
鼓楼

老风水

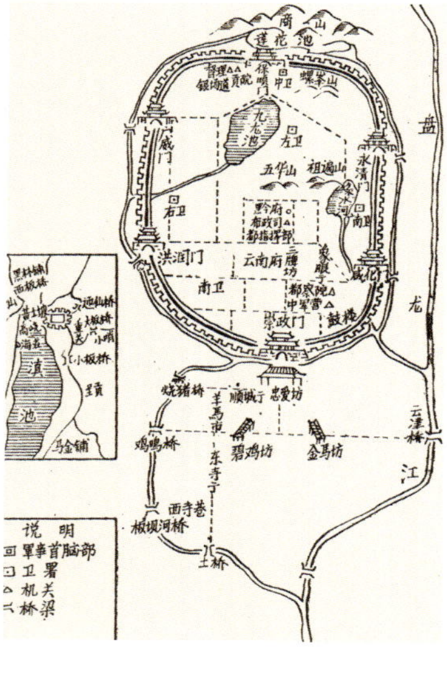

莲花池
九龙池
五华山
祖遍山
洪润门
云南府
南卫
鼓楼
鸡鸣桥
碧鸡坊
金马坊
盘龙江
说明

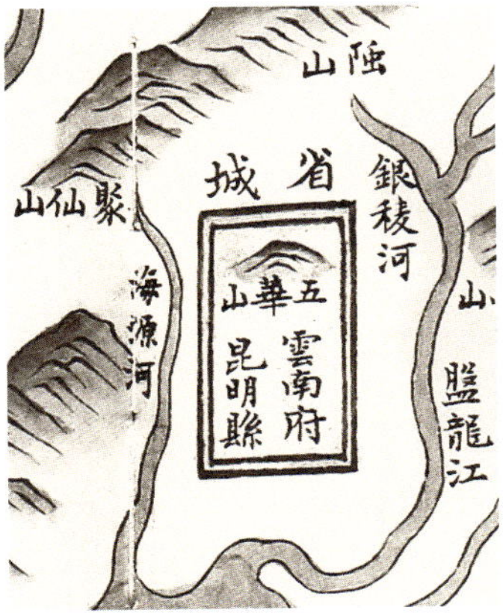

省城
聚仙山
銀稜河
五華山
雲南府
昆明縣
海源河
盤龍江

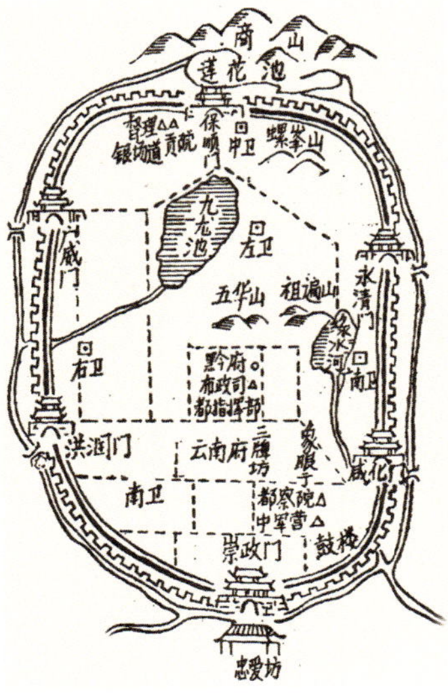

商山
莲花池
保顺门
中卫
螺峰山
九龙池
左卫
永清门
五华山
祖遍山
右卫
南卫
洪润门
云南府
三牌坊
鼓楼
忠爱坊

老城堡

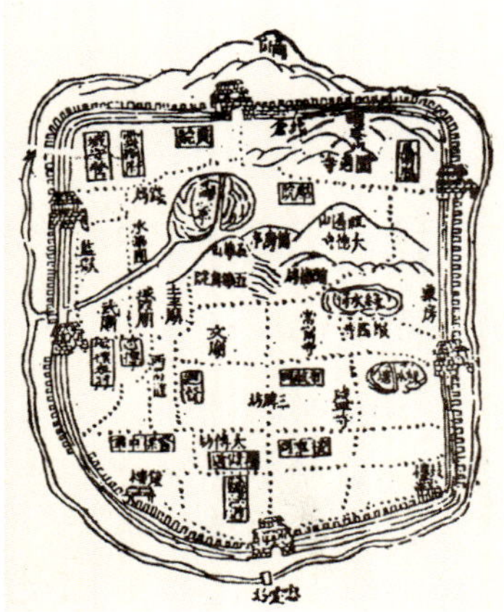

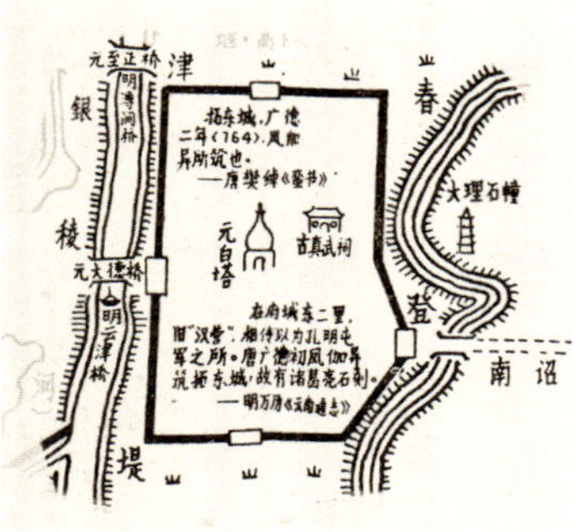

津
春
银
梭
登
堤
南诏
大理石幢

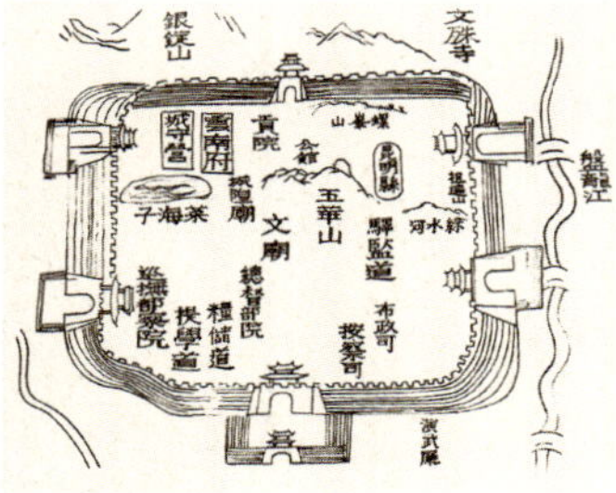

文廟
五華山

昆明规划展览馆里的昆明“三山一水”格局示意图

外城"三山一水"

300年前，昆明布衣寒士孙髯西出昆明城，高攀大观楼，“披襟岸帻”，举目四顾，“五百里滇池奔来眼底”，“喜茫茫空阔无边”，于是见“东骧神骏，西翥灵仪，北走蜿蜒，南翔缟素”（大观楼长联）——金马山居东、碧鸡山在西、北枕长虫山（蛇山），南对滇池之阴的白鹤山——老昆明就在这“三山一水”之间，北以长虫山（蛇山）为依靠，东以金马山为屏障，城西以碧鸡山为护卫，南以滇池为明堂，形成了大“三山一水”的城市格局。西边的碧鸡山下有滇池，东边的金马山下有金汁河和盘龙江。这样，在“三面临山，一面临水”之中，昆明老城又“三面临水，一面临山”，左右逢源，进退有据，区位优势，妙不可言。

在此大格局下，昆明城既有低纬度、高海拔的优势，又有依山傍水的便利。冬季寒流南下，有“靠山”阻隔；夏日清风北上，经滇池而来；河湖纵横，有舟楫灌溉之利；坐北向南，无日照欠缺之忧；缓坡阶地，可减洪涝之灾；四围植被，不愁活水不来。于是夏无酷暑，冬无严寒，家有流水，户见垂杨，隔水看花，隔空望绿，正是“满城春色，半边海水四围山”（孙髯题圆通山夕佳阁联）。“三山一水”之中，上下两千年之间，这里曾五建都城，先后为古滇王都、南诏东都、大理东京、南明滇都、吴周都城，绝非偶然。

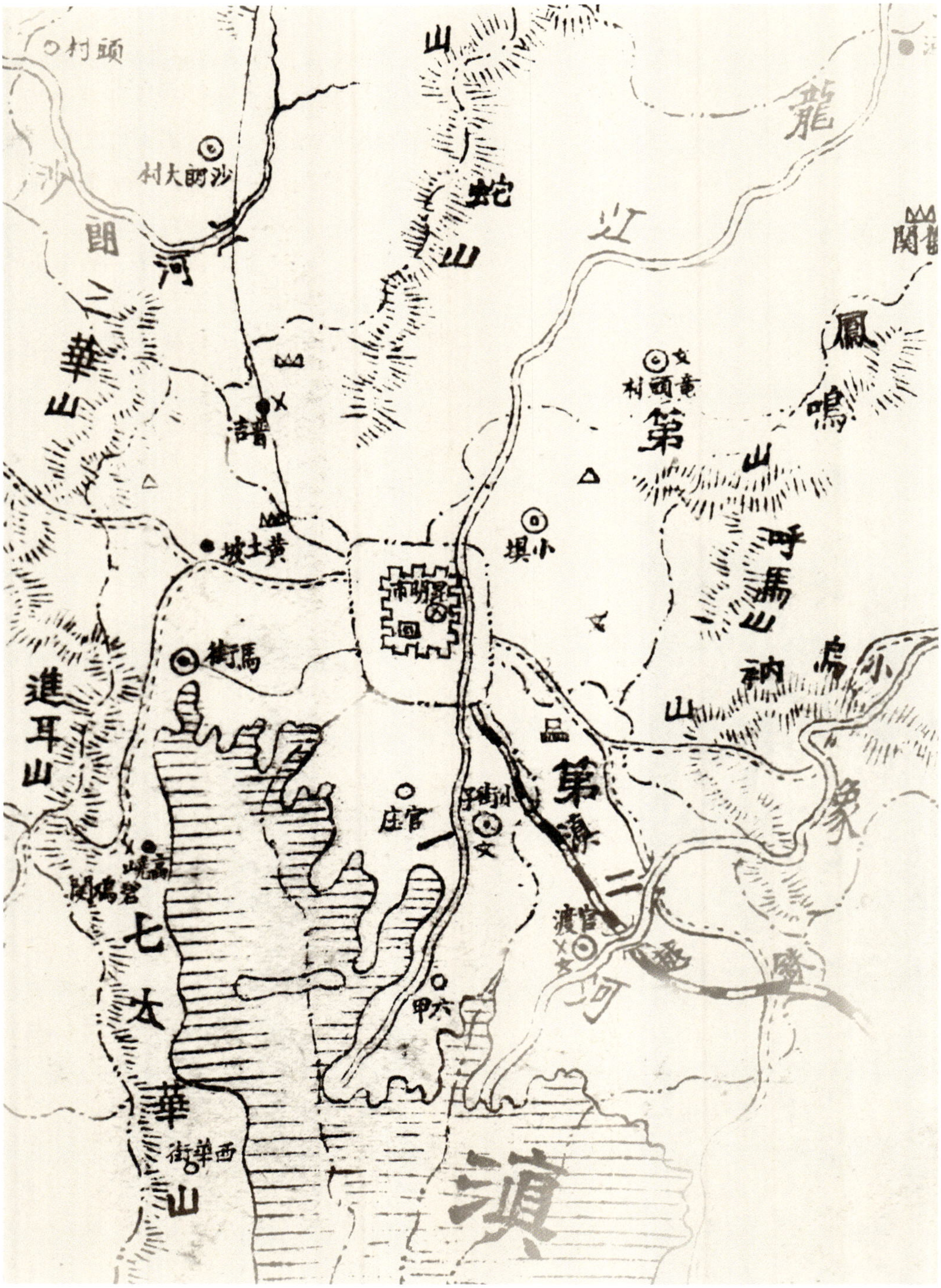

从民国《昆明县乡土教材》地图上看昆明大“三山一水”格局

从现代地图上看“三山一水”大格局中的现代昆明城（原图载《昆明地名志》）

○蛇山——昆明“靠山”

为老昆明城“三山一水”大格局定“格”的是蛇山。它既是老昆明城的“靠山”，也是老昆明城的主山。清康熙《云南府志》称其“丹崖翠巘，蜿蜒而来”，如青鸟飞临，黄鹄亭立，堪称“省会主山”。

蛇山古称陑山，位于昆明北郊，因山形似蛇得名。在昆明方言中，“蛇”的发音和“蚀”相近，民间认为不太吉利，又称蛇为“长虫”，蛇山也随之被称为长虫山。蛇山是乌蒙山脉的分支，而乌蒙山又被视为昆仑山南干唐古拉山系云岭山脉的东支，全山呈南北走向，南起铁峰庵，北至马头山，长约 10 公里，最高峰海拔 2366 米，高出滇池盆地 470 米。蛇山主山脊岩石裸露，黑白相间，交互成层，或倾斜，或直立，如巨蟒斑纹，蜿蜒伸展，十里不绝。从东向西望，其如巨蟒爬行，皮色斑斓，令人肃然生畏；从西向东望，其又如懒蛇盘山，安详温顺，昏昏欲睡，又使人忍俊不禁。

蛇山之石，或为灰白，或为灰黑，灰白的是白云岩，灰黑的是石灰岩。地质学家在这些石灰岩和白云岩中发现了大量 2.3~2.7 亿年前的海洋生物遗体，有各种珊瑚、贝壳等。可见两三亿年前，这里还是一片浅海盆地，沉积了大量的碳酸钙镁，后来固结成坚硬的石灰岩和白云岩。到了 8000 万年前，在一次大规模的地壳运动中，这些岩层产生弯曲、褶皱、断裂，形成了“蛇背”和“蛇头”。再后来，这块地方急剧上升，形成高原，蛇山成为高原上的小山。在漫长的地质岁月里，蛇山两侧的土地被侵蚀下落，山脊上的岩石更显得高耸突出，成为主脊——最后，“长蛇”显露出来，成为昆明城的主山。

在老昆明人眼中，蛇山起于号称“万山之祖”的昆仑山脉，雄岭叠嶂、延绵曲折、伸缩起伏、舞云腾雾、气势雄浑、蜿蜒入城，可谓“来龙”远大；进入滇池盆地后，蛇山突兀起顶，如鸾停鹄立，再向南逐级层叠而下，延展为郁郁葱葱的商山、螺峰山、五华山、祖遍山，这又叫“去脉”灵秀。在大山林立的云南，蛇山算不上高，却尊

东望蛇山

蛇山之巅

蛇山雄姿

贵大气，雍容安泰。接地昆明城后，蛇山更“奇开玉屏，秀吐五华”，成为老昆明人和老昆明城的“靠山”。

在这蛇山“吐气”之地，老昆明人修建了铁峰庵、虚凝庵和朝阳庵，史称“岗头三庵”，还有涌峰寺、涌泉寺等，都是名胜。寺庵之下还有村落，叫“岗头村”，也是名村。

○“蛇山第一峰”上的铁峰庵

铁峰庵位于长虫山“蛇头”峭壁之上。这条气势不凡的“银蛇”从东北蜿蜒而来，到此戛然而止，岩石断裂，惊为绝壁，孤崖秀出，如蛇首雄起，直上青霄。因山势冷峻，石色如铁，其有“铁峰”之称，又称“蛇山第一峰”。为镇此蛇此山此峰此岭，古人在这里建了座庙，称“铁峰庵”，据说还是一座尼姑庵。

铁峰庵一说始建于元代，一说始建于明代，后来倾圮。清康熙三十二年（1693年），云贵总督王继文重建铁峰庵，到近代再毁，但废墟仍然可寻。如今乡民在山下建了座小铁峰庵，算是一个追念。

据清代道光年间的《昆明县志》记载，铁峰庵有真武阁，有准提阁，还有浣玉亭，

蛇山“前额”上的铁峰庵旧照

从山门看铁峰庵

是古代昆明人登临远眺的极佳之地。从一些老照片和老资料看，铁峰庵依山而筑，全部建在蛇山岗头的危壁之上。其有殿宇四层，有“上观”“下观”之分，中间有石径相通，曲折而上。两旁石壁，题刻不少，如“云门”“风磴”，极言其高。石径东有飞泉，有“浣玉亭”。下观为“陟山古刹”，供奉明末战乱中罹难的黔国公沐天波的母亲和妻妾，也称“黔国三烈祠”。中殿供奉“准提菩萨”，民间称“铁峰老祖”。绝顶则立有关帝楼，后来成为真武阁，供奉道教的北方之神真武帝君。据说真武阁内有定风珠，尽管殿外风狂逼人，但入殿内，便风平不惊，也是一奇。

铁峰庵坐北向南，号称“彩云第一洞天”。立于庵头，居高临下，左有金马，右为碧鸡，前面是商山、螺峰山、五华山、祖遍山，还有莲花池、翠湖、滇池，大小“三山一水”尽收眼底，山水浩渺，形势雄奇，独具风景，号称“滇中第一”。其下山崖间有深洞，传说有“蛊神”出没，俗称“老蛊洞”，洞外还建有殿阁，祭的就是“蛊神”。

相传“铁峰老祖”的生日是农历三月十五，每逢此日，铁峰庵便有“准提胜会”，四方民众和牛角制造业者都要赶来做会宴饮，十分热闹。就连风尘女子也赶来做“胭脂会”——据说准提菩萨慈悲为怀，普度众生，一视同仁，平等相待，也是昆明文化包容的一个反映。

○挂在“蛇脖”上的虚凝庵

如果说，铁峰庵立于长虫山的“蛇头”之上，那么，虚凝庵则挂在“蛇脖”之间，坐落在蛇山主峰东侧的腹地之中。虚凝庵之始建，一说是元代，一说是明嘉靖年间（1522~1566 年）。而据庵内碑记，至少在明万历三十二年（1604 年）以前，长虫山上已经有座叫虚凝庵的道观了。明清两代，虚凝庵几圮几建，最后毁于20世纪后期。

虚凝庵建筑分为三层，有都雷殿、玉皇阁等，林木葱郁，幽静别致。庵下有“仙人洞”，相传为明代张真人修行七年成仙之处，还有拜斗台、养鱼池和明代发配到云南的四川状元杨升庵读书处等。

虚凝庵坐西向东，背靠蛇山，居高临下，河坝田畴，尽收眼底，是老昆明人重阳登高的一大去处。庵中原有近代云南名人李根源所撰楹联：

诸天自梵音，每思玉涧流泉，响答钟磬；

故国犹尘劫，愿洒杨枝甘露，洗尽甲兵。

1927 年，中共云南省临时工委在虚凝庵后的密林中召开会议，集中全省地下党员干部 80 多人传达中央“八七会议”精神，并决定将工作重点转到农村，开展农民运动。虚凝庵由此在云南现代史上留下了重要的痕迹。

近年在虚凝庵原址旁建起了虚凝玉佛寺，又称虚宁寺，有大雄宝殿等，已初具规模，并有庙会，如虚凝庵旧联曰：

游客此间来，喜千仞高峰，有人立马；

飞仙何处去，剩一湾清水，容我观鱼。

如今的虚凝庵

○朝阳庵——“明黔国太夫人陈氏尽节处”

“明黔国太夫人陈氏尽节处”题刻就在山上

朝阳庵在蛇山主峰东侧，明末清初焚毁，遗迹难寻。据山中碑文记载，朝阳庵“传说建于大理南诏时期，庵中常年香火不断，宾客络绎不绝。明末黔国公沐天波的夫人曾在庵中修行明德。之后，清兵进入昆明，在庵中抓住沐夫人，想以此要挟黔国公降清。沐夫人跳崖自尽，清兵恼羞成怒，遂举火将朝阳庵焚毁，遗址至今尚存。后人感于黔国夫人气节，在其跳崖处刻石‘黔国夫人殉难处’以纪念之。”

另据史载，明末天下大乱，滇南土司沙定州趁机叛乱，强闯昆明，杀进沐国公府。末代黔国公沐天波抛下妻子老母，钻

“明黔国太夫人陈氏尽节处”石刻还清晰可见

摩崖石刻下发现几片砖瓦，还有这神奇的图案，似乎在无言地诉说着什么

暗道从小西门落荒而逃。仓皇之中，沐天波的母亲陈太夫人带着几个宦官、家人逃出，经普吉村到蛇山上的朝阳庵躲避。后知沐天波已逃到滇西，昆明城被沙定洲窃据，绝望之余，陈太夫人在朝阳庵自焚而死。朝阳庵也在蛇山销声匿迹，仅在东崖留一通巨幅摩崖石刻："明黔国太夫人陈氏尽节处"，字迹至今仍可辨认。

此摩崖石刻地处海拔 2210 米处，"明黔国太夫人陈氏尽节处"11 个石刻大字保存完整，虽风化严重，但还看得清楚。摩崖高 2.7 米，宽 0.43 厘米，其中"尽"字略大，似乎表达了题字者的一种心情。左侧还有一块"题记"，风化更重，字迹难以分辨。题写人落款为"周士元"，有资料说此人曾为南澳总兵，题刻时间是"康熙癸巳年冬"，即康熙五十二年（1713 年），距陈太夫人之死不过 60 多年，其之题刻，应该可靠。

○老昆明东门户——金马山·金马关

老昆明"大三山"之一的金马山在昆明城东，距老昆明城十多公里，海拔约 1925 米。古书记载的金马山包括了老昆明城东郊的全部山地，北起鸣凤山脚，南至归化寺山，比今天的金马山范围要大得多。唐代学者樊绰在《云南志》（《蛮书》）中说，金马山高一百多丈，和碧鸡山东西相对，山上还有神祠。《古今图书集成》说金马山虽然不算高，但延绵几十里，称得上"山势逶迤"。

自古以来，金马山就是昆明城与中原交通的必经之处，从中原东来昆明必过金马山。为扼守交通要道，金马山中筑有金马关，和金马山隔滇池相望的碧鸡山则建有碧鸡关。两关一左一右，夹峙昆明，历来是昆明的重要门户。

早年金马山上的归化寺

古代金马山景致不错。明初日本诗僧机先曾作《滇阳六景》诗，首当其冲的就是“金马朝晖”。至于金马山得名，樊绰提到当地民间传说：旧时这里有金马出现，所以叫金马山。而据《汉书》记载，早在汉武帝的时候，就有方士对这位迷信神仙的天子说，滇南有个碧鸡神，毛色青翠，能破石而飞，所到之处，大放神光。这碧鸡有一丈多高，啼声清长，十多里外都可以听见，说得汉武帝心驰神往。他的曾孙汉宣帝又听说益州（今云南一带）有“金马碧鸡”之神，可以派人前往祭祀，“请”来长安。于是汉宣帝派谏议大夫王褒前来祭请“金马碧鸡”。王褒不幸病死于途中，祭请“金马碧鸡”之事不了了之。死前王褒留下一篇《移金马碧鸡颂》，把“金马”称为“金精神马”；把碧鸡称为“缥碧之鸡”。而在传说“金马碧鸡”出没之地，也就有了金马山和碧鸡山。

在千年昆明城市史中，金马山、碧鸡山和金马关、碧鸡关都是兵家必争之地，上演过无数金戈铁马、刀光剑影的战争大戏。特别是金马山，因为是昆明与中原交通咽喉，更几度陷为腥风血雨的古战场。

○“神祠”金马寺承载的神话

唐代《云南志》（《蛮书》）曾提到的金马山中有“神祠”，一说就是今天的金马寺。照此算起来，金马寺也算得上一座“千年古刹”了。按寺中碑文所记，金马寺原为金马神祠，创建于南诏时期，明代以前改建为佛教寺宇，现存建筑为清代光绪十八年（1892 年）重修。而在此前的清初，金马寺至少重修过一次：清康熙

金马寺阿育王殿供奉着阿育王和三个王子的塑像

金马寺里还有三太子殿

二十七年（1688年），清军将领固山贝子率军进攻吴三桂叛军，屯兵于金马山下，包围昆明城。据说久攻不下之际，固山贝子在此梦见“金马腾骧”，醒来就拿下了昆明城。有此一说，清军得胜之后，就对金马寺进行了重建。近年金马寺又得重修，被列为云南省重点文物保护单位。

金马山西麓的金马寺

金马寺神驹亭里的金马塑像正对着三太子殿

金马寺有阿育王前、后殿，三太子前、后殿和神驹亭，分别供有阿育王、三太子和金马塑像，还建有一座唐代风格的金马寺塔。此之“阿育王”和“三太子”从何而来？宋元之际，云南人张道宗在《纪古滇说集》中写道，金马原来是古印度阿育王的“神骥”，阿育王的三个王子都志在必得。阿育王无奈之余，把神骥放进深山，三个王子随后追来。大王子追到昆明东山得到了马，二王子追到西山得到了凤，两个王子“各主其山”。而按寺中碑文的说法，当年狂追阿育王神骥的三个王子追到滇池之地后，是三王子在金马山得了神骥，留下来成了山神，受到当地人的祭祀。又称汉宣帝听说此事，才派王褒前来祭请金马之神，后来建起了金马神祠，又改名灵应禅寺，再改为金马寺，附近的村子则被叫作金马寺村。

1930年，美国著名记者斯诺通过滇越铁路来到昆明，还听昆明人说起金马寺的故事：“云南人说，由于年复一年的风吹日晒，金马山的背脊受到破坏，已经看不出哪边是头哪边是尾了。但是，建在绝壁上的寺院里还住着几位老和尚，一旦有人问起，他们就会带着你去看，千百年前，那金光灿灿的飞马，四蹄踏着水焰，从九霄云外冲下来着陆的确切地点。如果还不能让你折服，僧侣们还会带你进入一间内室，在昏暗的烛光下让你看看一只用蜡密封着的古老的红漆盒子，告诉你里面装着

金马的几根金马鬃。”（《马帮旅行》）

有意思的是，昆明民间还有一个传说：金马和碧鸡是昆明人的至宝，一个远处的国王派他的两个儿子来争抢。国王的大儿子用诡计抓住了金马，金马不从，伏地化作金马山。国王的二儿子捉住了碧鸡，碧鸡也化作碧鸡山。两山一东一西，把两个王子和他们的军队全埋在山下——在这个传说中，金马、碧鸡又成了老昆明的守护神。从古至今，昆明人无不以“金马钟秀、碧鸡呈祥”自豪，明代更在城南闹市区修建了金马坊和碧鸡坊，老昆明最繁华的商业街也被命名为金碧路。

○老昆明西门户——碧鸡山·碧鸡关

碧鸡山是老昆明“大三山”之一，在昆明城西，距老昆明城十多公里。古书中的碧鸡山指整个昆明西山，包括今天的碧鸡山、华亭山、太华山、太平山、罗汉山等，众山排列，由北而南，逶迤升高，最高峰海拔 2507.2 米。远眺西山，或如一尊巨大的睡佛，人称“卧佛山”，或似一个仰卧的少女，俗称“睡美人”。而在清末昆明名士陈荣昌的眼中，西山还是一个“袒腹而卧、其发直指”的山鬼（《山鬼行》）。而今提起碧鸡山，只限于西山的北峰，又称高峣山或碧峣山。碧鸡山中有碧鸡关，自古就是昆明城往西到滇西乃至东南亚、南亚一带的交通要津。今天的成(都)昆(明)铁路、(北)京昆(明)高速、昆(明)安(宁)一级公路都从这里通往滇西。

唐代学者樊绰在《云南志》(《蛮书》)里说，碧鸡山在滇池西岸，和拓东城隔水相对。过了金马山，还在几十里外，碧鸡山就在望了。和金马山不同，碧鸡山有山有水，山清水秀，山水相映，另是一番景致。元代学者王升在《滇池赋》中提到了两山的不同，“碧鸡峭拔而岌嶪（高峻），金马逶迤而玲珑”。明末大旅行家

远眺碧鸡山

碧鸡山北的碧鸡关至今仍然是昆明西去的交通要道

徐霞客曾经攀登此山，一路悬崖峭壁，越往高处，景色越神奇，山上楼阁宫殿，全都镶嵌在悬岩之间。但登山巅，东临滇池，更有“碧鸡绝顶”之妙（《游太华山记》）。

碧鸡山（西山）与滇池一凸一凹，原是大地母亲的一对孪生子。8000万年前，这里地壳激烈运动，形成南北方向的大断裂。到300万年前，又急剧上升为高原。由于断裂活动，西边的岩块上升为碧鸡山（西山），断面就是徐霞客攀爬的峭壁。东边岩块下沉为凹地，不断积水，成为如今的滇池。碧鸡山（西山）峭壁高约700米，总落差近千米，十分壮观。

有地方志书说，碧鸡山中曾传出凤凰的鸣叫声，当地人不知是凤凰，称之为“碧鸡”，这座山就叫碧鸡山了。明代状元杨慎被发配到云南，曾久住碧鸡关下。他把西汉祭请“金马碧鸡”的谏大夫王褒所写《碧鸡颂》刻在碧鸡山上，显然认为碧鸡山就来自汉代的“碧鸡之神”。清代诗人师范在《雨宿碧鸡关》中也提到了此事，他这样写道：

烟树层层望欲迷，海光清映白玻璃。

土人标榜寻常事，便遣王褒祀碧鸡。

西山是昆明重要的佛教、道教圣地，曾建有进耳寺、碧鸡寺、普贤寺、华亭寺、太华寺、太平寺、松隐寺、三清阁、龙门、张仙殿、如意观、朝圣庵、龙王庙等。如今仍有华亭寺、太华寺、三清阁等古刹殿宇楼阁，依山临海，掩映在茂林修竹深处，嵌缀在悬崖峭壁之上。山下则有纪念杨慎的升庵祠遗址和杨升庵纪念馆、徐霞客纪念馆等。

早在明代，昆明西山就与通海的秀山、巍山的巍宝山、宾川的鸡足山合称“云南四大风景名山”。明初日本诗僧机先的《滇阳六景》诗中有“碧鸡秋色”一首，写的就是碧鸡山。那时的昆明人三月三要“谒真武于西山罗汉寺”（明天启《滇志》）了，至今昆明民间仍有“三月三，耍西山”的习俗。

○滇池——昆明母亲湖

“三山一水”中的“一水”是滇池。在古代书籍里，滇池叫作滇南泽，又叫昆池、昆明池，此外还有个“别号”叫“仰天池”（杨慎《滇海涸》）。滇池周边有昆明的草海（据民国《昆明乡土教材》，又称西湖、积波池、青草湖等），有昆阳的东湖，有晋宁的水海，有呈贡的交七浦，合称“五湖”——加上城内翠湖两堤分“四海”，就是“五湖四海”了。

唐代《云南志》（《蛮书》）说碧鸡山“在昆池西岸，与拓东城隔水相对”。宋代的昆明城仍然濒临滇池，三面环水（《元史·兀良合台传》）。元人王升有“千艘蚁聚于云津，万舶蜂屯于城垠”（《滇池赋》）的诗句，可见当时的得胜桥一带还是滇池岸边的码头。徐霞客游昆明之时，今天的马街到小西门一带还是草海的湖沼，四围山色，掩映在重重的水波之间，青青的蒲草冒出湖面，湖堤上长满高高的柳树，堪称“天然绝胜”（《徐霞客游记》）。今天的潘家湾、螺蛳湾乃至翠湖，那时还是滇池的湖湾。早年草海老龙河水清澈见底，洁净甘甜，一些渔民随船捎水进城，沿着小西门一带叫卖，城中居民争相购买，拿回家泡茶，如今已成为历史了。

滇池湖山

滇池就是渔民的家

早在两千多年前的战国时期，楚国派庄蹻入滇，在滇池湖畔与土著部落联盟，自称滇王。从此滇池声名远播，史书有载。西汉史学家司马迁在《史记》中写道，滇池一带“方三百里，旁平地，肥饶数千里”。这里气候温和，土壤肥饶，水网纵横，历来为高原鱼米之乡、首富之区。

滇池烟波浩渺，四围群山环抱，湖光山色，蔚为壮观，被誉为“高原明珠”。“滇海游”自古就是昆明人的一大快事。滇池边出土的青铜器上，有两千多年前的“滇池竞渡”图像。宋代大理国时期，贵族们喜好泛舟滇池，在官渡饮酒赋诗，称为“停舟烟会”。元明两代，“古渡渔灯”又成为昆明八景之一，清代昆明八景也有“滇池夜月”，为人称道。老昆明人西行，多乘船从草海到碧鸡关。夏秋之时，城中士女多乘船游湖，笙歌缭绕，时人盛赞有杭州西湖之美。

滇池不仅景色秀美，风光宜人，更有利于昆明城市供水、农业灌溉、工业用水、旅游航运、水产养殖、气候调节、维护城市生态系统平衡等，对整个昆明的社会经济发展都有极其重要的作用，被誉为昆明的“母亲湖”。

○从“滇池”到“滇省”

滇池不仅是昆明的母亲湖，云南省的简称“滇”也出自滇池。早在西汉之时，司马迁在《史记》中就记载道：西南夷君长“滇最大”，又说楚将庄蹻率部进军滇池，后来归途被切断，庄蹻就在这里变服称王，率领部下建立了“滇国”。

谈到这个“滇”字的出处，各种各样的说法都有，概括起来有两类：

一个说法是“滇”出自地理现象，从“颠”或“巅”引申而来。

晋城古滇王庄蹻塑像

滇池南岸、晋宁石寨山古墓群出土的“滇王之印”，证实了《史记》的记载

滇池出水河道上游叫螳螂川，因河中有沙洲形如螳螂得名，下游叫普渡河，出自佛语“普渡慈航”。这条河自南向北，最后注入金沙江，而滇池主源盘龙江和云南高原其他河流的流向都是自北而南，流向完全相反，这是“颠倒”；而从螳螂川到普渡河，越往北流，河道越狭窄，又与一般河道完全相反，这又是一个“颠倒”。两个“颠倒”加在一起，形成了高原“奇河倒流”的奇观。一些地质学家认为，螳螂川、普渡河本来是向南流入红河或南盘江，后来滇中地壳隆起，才迫使滇池经过这条河道连通金沙江。这样一来，螳螂川、普渡河的流向就完全颠倒了。汉代的《说文解字》就说：“滇者，颠也”。东晋学者常璩的《华阳国志》、北魏学者郦道元的《水经注》都认为，这一“颠”就“颠”出了“滇池”之“滇”。还有一种说法，认为滇池湖形北宽南窄，有“倒流”之势，别是一种颠倒，于是称“滇”。接着，滇池边就有了古滇国，再后来，“滇”就成了云南省的代称。据近代地质学家的研究，远古时期，滇池水通过刺桐关流到玉溪坝子，再经南盘江或红河流入南海。后来刺桐关一带地势上升，海口一带地势下沉，滇池水南流受阻，改道向西再转北，从金沙江流入东海。从南流掉头北流，从珠江或红河水系跳转到长江水系，这也是一种颠倒，是“滇池”之“颠”的另一个佐证。

清末云南“状元”袁嘉穀认为“滇”就是“颠（巅）”，是“最高之顶”，而“顶之最高为天”。滇池本为“颠（巅）池”，意思就是“天池”，西汉时才改用水旁，称之为“滇池”（《滇绎》）。清代学者王先谦的《汉书补注》说，因为滇池“独居高顶”，所以称“滇”，也是这个意思。《新纂云南通志》更干脆地说：“滇池，以居全国之巅得名。”滇池在高原之上，金沙江自北来，因滇池高不能南流，就转而东流；澜沧江自西来，因滇池高不能东流，就转向正南流出国境；南盘江自东来，因滇池高不能西流，就转向东南流入广西——说滇池居“颠（巅）”而称“颠（巅）池”，后再改为“滇池”，看来并非没有道理。

还有一个说法，认为“滇”出自当地土著部落的名称。

司马迁记载的当地土著部落就叫“滇”，滇部落所在地方的湖就叫“滇池”，他们的王国就叫“滇国”，他们的奴隶叫“滇僮”，他们的马叫“滇马”。后来“滇”部落活动的地域越来越大，叫作“滇”的地方也越来越大，最后成了云南的简称，这种说法也顺理成章。

不过，滇部落的“滇”从何而来？又有各种说法：有人认为，居住在滇池边的族群是古代氐羌人的后裔，他们的部落首领叫“滇”，后来这个部落也叫“滇”，“滇池”也由此而来。另有一说，“滇”出于氐羌中的一支填戎，“填”与“滇”音同，所以就叫“滇”了。还有一种说法，汉代前后，居住在滇池周围的是彝族的先民，彝族称坝子为“甸”，指山间小盆地。滇池在昆明坝子中，极有可能称之“甸池”——“甸”“滇”一音之转，就成“滇池”了。

○滇池信有“倭人根”？

20世纪80年代初，日本学者森田勇造两次来到云南，自认为找到了“日本人之根”，他“眺望着滇池，回想着从云南人到倭人这个漫长的岁月和伟大的历程，只觉得心儿跳个不停”……

森田勇造的假设是：首先，“由于滇池周围得天独厚的自然环境，大约在公元前数十世纪，人口的增长已相当惊人”，由于“内部和外部的领土争战”，“一部分战败的云南人带着稻作农业技术和文化”，开始了长途迁徙。他们先沿着普渡河北上又沿长江下行，散居在长江以南各地，成为春秋时吴越二国先民。其次，东周时期吴、越先后亡国，一部分国民下海逃至日本九州岛，成为倭人先民。

森田勇造的依据有三条：

其一，云南少数民族的高脚式住屋，神殿及神殿的兽状牌坊、装饰圆木、人的发式和文身、歌圩、山岳、谷米、信仰、万物有灵观，还有农具和木、竹、稻草的器具和各种发酵食品等“稻作复合文化”，与古日本倭人的生活习俗相似。

其二，据《三国志》记载：当时的倭人擅长下水捕鱼，又多有文身，习俗与古代江南的百越人相同。《晋书》也记载日本九州岛倭人“男子无大小，悉刺面文身”，并自称“太伯之后”。这个“太伯”是春秋时的吴国国君，“太伯之后”就是吴人。

滇池地区古老的稻作文化被认为是“倭文化源于滇池”的证据之一

其三，“18 世纪时，在九州岛博德湾的志贺岛发现‘汉委奴国王’金印，金印的钮和滇国墓葬群出土的金印上的钮一样，都是蛇形钮。汉代朝廷向属国颁赐印信，都特制了象征各民族的动物状纽印，在迄今为止所发现的金印中，只有这两个是蛇形钮，这说明当时的中国人把东海的倭人与云南滇国的高原人看作是同族，或者是类似性很强的民族”。

这是一个相当大胆的假说，记录在森田勇造的《寻找倭人的根《探寻倭人的源流——云南萨姆山地民族调查之旅》》（见《云南与日本的寻根热》）一文中，但要得到证明还需要进一步的考证。

滇池地区确是人类的发祥地之一，170 万年前的元谋猿人化石出土之地距离滇池不远，湖边则有 3 万年前的呈贡古人（又称昆明人）、1 万多年前的新石器遗址达 14 处之多。有中国学者认为：“人类的发展，必然是由热带、亚热带向着温带、寒带，由山地、高地到黄土平原。据研究，在新石器时代的早期，约 1 万年前，中原地区还是沼泽地带。其后风化黄土越来越厚，形成肥沃的广大平原，因此周围的部落在新石器时代中期或晚期，便向中原地区迁徙。”（《百越对缔造中华民族的贡献》）考古发现支持了这种论点，中国东南新石器时代遗址中特有的段锛、肩斧，与滇池同时代的出土石器类似，二者有明显的联系。在浙江河姆渡出土了古稻，而滇池地区出土的陶器内壁则有谷痕，经测定河姆渡遗址距今约7000年，滇池遗址距今7000~10000年，二者之间很可能有一种渊源关系。

再说滇池人东迁的路线，森田所谓沿普渡河、金沙江、长江延展的“稻谷之路”尚无更多史料、考古发现的支持。目前比较肯定的是“西南丝绸之路”的出现。据专家考证，这条古道至少在公元前4世纪，甚至可能在公元前11世纪就形成了。“西南丝绸之路”以滇池为中心，北通蜀（今四川）、秦（今陕西），东至巴（今重庆）、楚（今湖北、湖南），西走掸地（今缅甸）、身毒（今印度），南下交趾（今越南），西南经夜郎（今贵州）到南粤（今广西、广东）。滇池人沿着这条古道多路辗转东迁，是有可能的。

此外，还有章太炎称上古帝王颛顼、喾、舜、禹都兴起于西南，杨慎考证滇池叟人曾参加公元前1048年周武王在黄河边举行的“牧野之誓”。近代又有学者根据出土卜甲考证，周文王灭商之前曾进军云南，当地部落首领太颠望风归附。如此等等，都是公元前21世纪到前11世纪之事，其中就有滇池人东迁的蛛丝马迹。西汉《史记》所载秦朝徐福东渡日本之事，在今天的江苏留下了不少古物、古迹。一些中日学者考证了“徐福东渡”之事，认为“确有其人，确有其地，确有其事”——春秋时江苏多为吴地，如果吴越人祖居滇池的说法是可信的，那么，倭人之根在滇池就可以得证了。

○沧海桑田“滇池海”

在老昆明人口中，滇池不是湖，是“海”，叫“滇池海子”。滇池北部的浅水区叫“草海”，滇池中部、南部叫“外海”。明代四川状元杨慎曾惊呼昆明人不得了：“云南万山颠，得水皆称海。”（《太史升庵遗集》）

其实，这个“海”出自少数民族语言的发音，并非汉语中“大海”的那个“海”。有人认为这个“海”出自云南本土彝族的语言，意思是“池塘”；也有人认为“海”是元代进入昆明的蒙古语，意思是“有水的地方”。内蒙古有乌梁素海、居延海，西北有青海，北京有北海、什刹海，云南有洱海，有各种各样的海子，都不足为奇。而在远古之时，滇池还真是一片名副其实的大海。

据地质学家考察，在大约10亿年前的震旦纪早期，滇池地区是一个狭长的山间盆地，四围高山冰川覆盖；到了约7亿年前的震旦纪晚期，滇池地区化作一片深海；至6亿年前的下寒武纪，这里又化作浅海；中寒武纪时，这里的海水退落，形成一个封闭的海湾。此后，从约5亿年前的中寒武纪后期直到约1.8亿年前的三叠纪，滇池地区或升为陆地，或降为海洋，再升为陆地，竟达10次之多（《滇池地区历史地理》）。

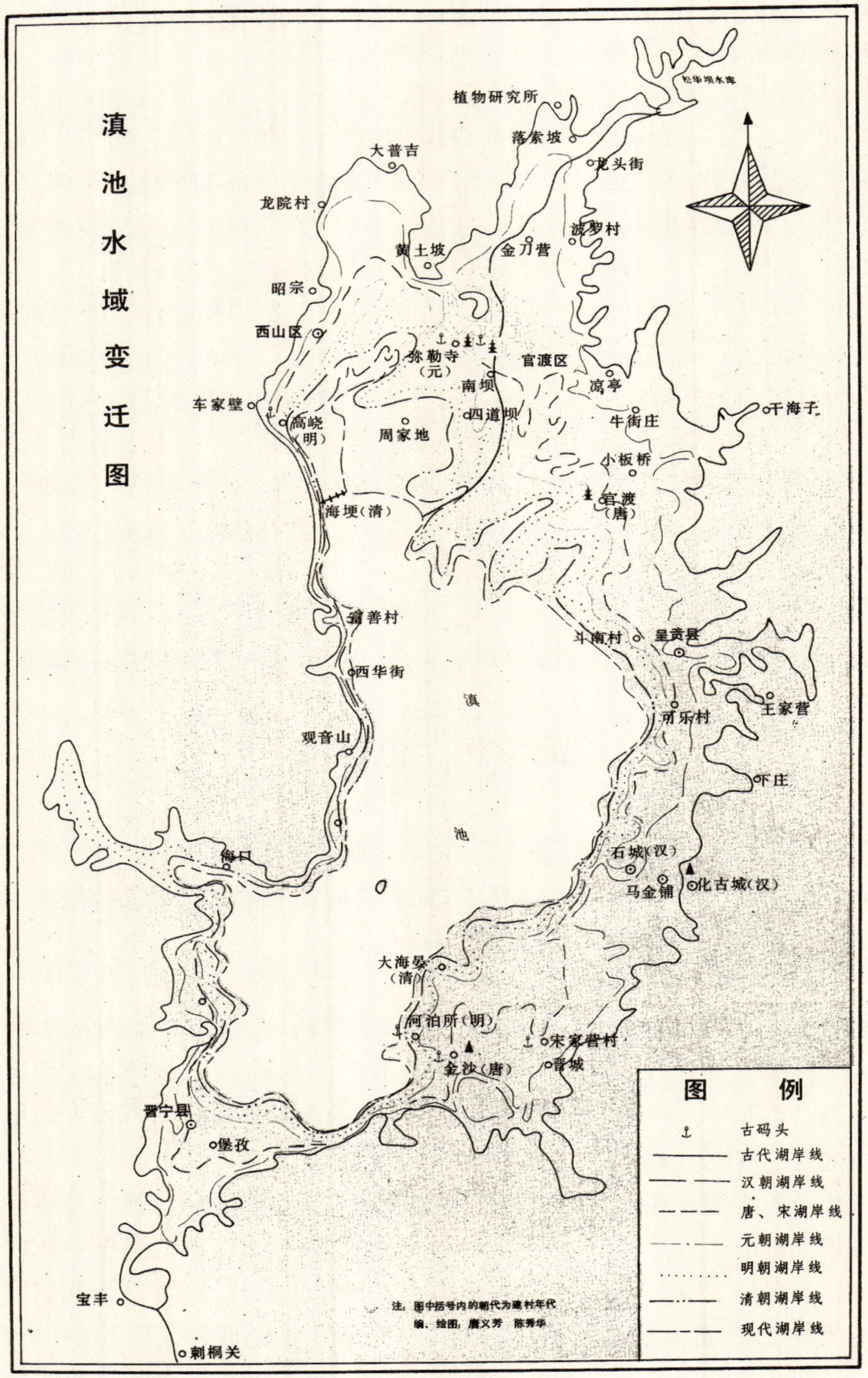

历代滇池水域变化示意图（原载《滇池水利志》）

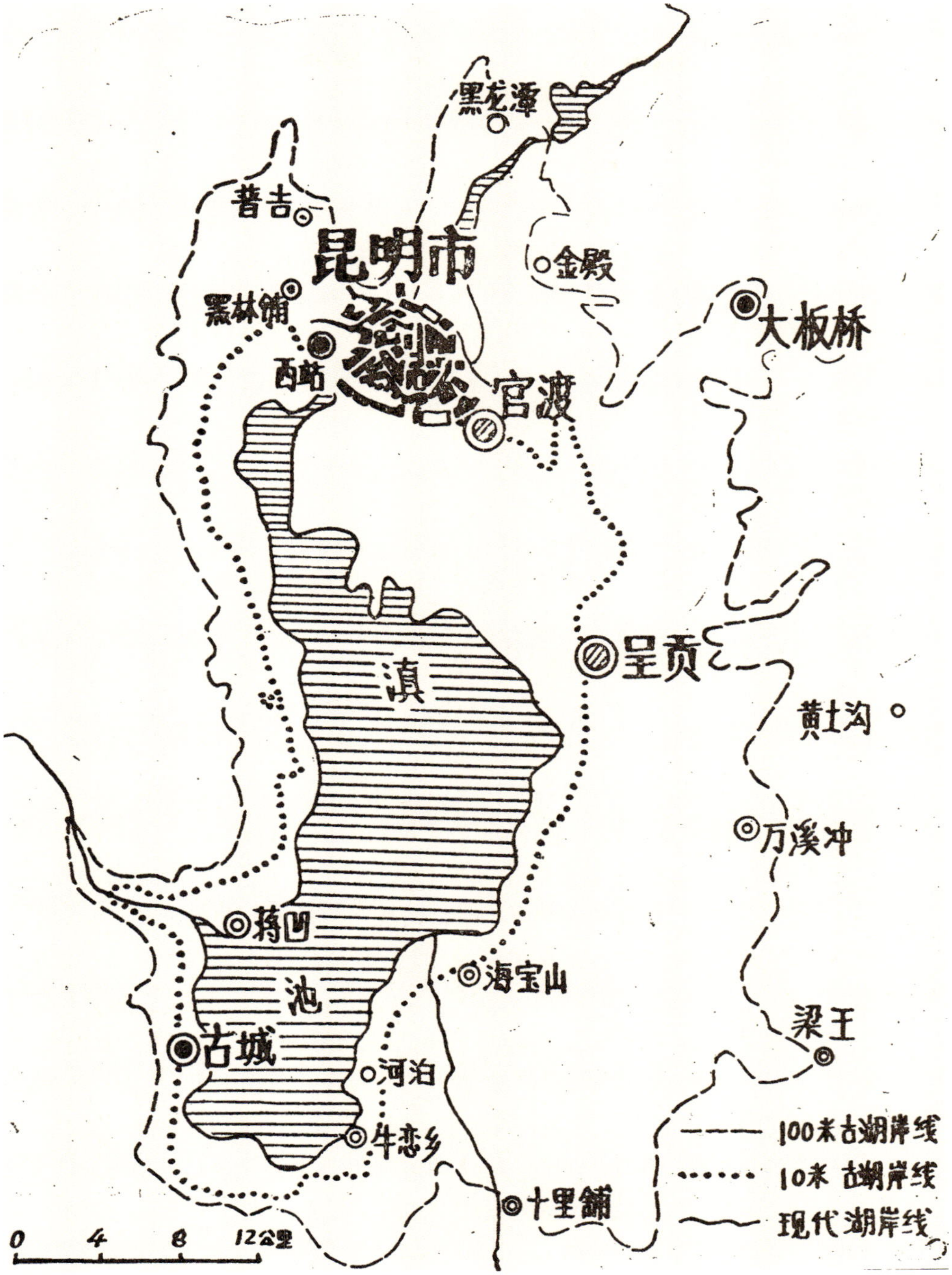

滇池古今湖岸线变化示意图（原载《滇池地区历史地理》）

在10亿年间10多次沧桑巨变中，这片土地下埋藏了丰富的生命信息。近年来更发现了大量寒武纪生物化石，揭开了5亿多年前“寒武纪生命大爆炸”的许多秘密，使滇池地区成为古生物化石的圣地。滇池西岸的昆阳梅树村地质剖面中，出土了大量小壳化石，展示了寒武纪生命大爆炸初期的生物发展状况。在滇池北岸的筇竹寺地质剖面中，经常发现“三叶虫”化石，那是早寒武纪地球上最高级的生物。后来在滇池出水口附近的海口耳材村又发掘出10多个门类、80个属、100多个种的生物化石，其中有20个新属、50多个新种，显示了寒武纪生命大爆炸晚期也是高潮时期的生物生存状况。在海口发现的“海口虫”生成于距今5.3亿年前，是世界上已知最早的脊椎动物，在这里还发现了距今5.3亿年前的“昆明鱼”和“海口鱼”，比此前发现的最古老的脊椎动物化石早了1亿多年，是世界上已知最早的脊椎动物。（见罗惠麟、胡世学等《昆明地区澄江动物群的发现与研究》，刘永珏《澄江古生物群》等）

清末云南“状元”袁嘉穀在《新纂云南通志·大事记》中写道：“今之昆明陑山鳞崖，与太华鳞崖极相似，说者谓古或相连，后因地震陷断。其滇池之广，古当至陑山山麓及螺山之麓，其说似可信。”袁嘉穀此说不假，当今的滇池就是一高原石灰岩断层陷落湖泊，已有340万年（见《滇池水利志》）的“湖龄”。有专家认为，在距今约7000万年前的中生代末期和新生代初期，由于古盘龙江长期侵蚀，昆明附近成为宽浅的谷地。到1200万年前的新生代中新世晚期，这里又出现了南北向的大断裂。断层线以西地壳抬升，形成陡峻的西山；断层线以东相对下沉，形成平坦宽阔的谷地；而南部刺桐关山地不断抬升，导致古盘龙江南流通路受阻，积水而成为古滇池。这一“阻”还阻断了古盘龙江的流向，迫使它改道由海口河向西转北，最后流入金沙江。

有学者认为，滇池发育的鼎盛时期，湖盆北起今松华坝、大普吉，南达今晋宁十里铺，东到今大板桥和呈贡松茂水库一线，西抵西山之麓。几乎整个昆明坝子，包括如今的昆明市区，都泡在古滇池湖底，今天昆明市区地下发现的草煤，就是由古滇池中的水草演变成的。当时的湖面海拔为1914米左右，比现在的湖面高27米多，最大水深100米以上。按高程点推算，当时昆明北部只有蛇山高踞于水面之上，成为滇池北岸的半岛。螺峰山仅露出二十多米高的山脊，五华山出露仅十多米高，祖遍山仅露出一两米高的山顶，成为古滇池湖上的几个岛屿。唐人樊绰的《云南志》（《蛮书》）说当时螺峰山遍地都是螺蛳和蛤蜊，可以想见早年这几个湖岛的情景。商山基本在水下，今天的民族大学、云南大学所在之地都在湖下，今天昆明市中心的近日公园更泡在几十米深的湖底。

在漫长的地质岁月中，地处断裂带边缘的西山逐渐上升，地壳不断抬高湖底泥沙不断淤积，滇池盛极而衰，渐渐消退。近三千年来，随着海口河不断深切，导致古滇池的流出量不断加大，湖水不断降落，四周河流夹带泥沙入湖形成的三角洲不断扩大，本来就处于萎缩期的滇池加速退化，到唐代的南诏时期，滇池北岸农田已延伸到今天的官渡一带。据近代地方史专家方国瑜考证：“元初以前，滇池湖岸西阻山麓，其北、东、南三面，自碧鸡关下高峣村，经上普坪村、眠犬山下夏家窑团山南麓、梁家河村、菱角塘、潘家湾、土桥、官渡、海燕村、石寨山下金沙村、昆阳城边旧校场，以至海口。”（《元史·赛典赤·赡思丁传概说》）。而“按古滇池水位高标 1900 公尺，官渡在湖滨，元初疏浚海口，河降 4 公尺，水位陡落，官渡水退，乃建寺”（《善阐城石幢概说》），而到如今，滇池东岸线已退缩了 5000 多米，身在官渡而要眺望滇池，非得“更上一层楼”不可了。

○赛典赤治理滇池、六河水系

元代初期，滇池上游河道阻塞，每到夏季汛期，洪水暴发，常常酿成水灾，昆明城往往不能幸免。当时主持云南军政事务的是赛典赤·赡思丁，他奏请元世祖忽必烈调大司农张立道到云南担任巡行劝农使，拟定“治滇”大计，到至元十二年（1275 年）兴工，调集数千民工，大张旗鼓地治理滇池、六河水系。

赛典赤亲自监工“治滇”上段工程，清浚水源，疏挖河床，拓宽河道，加固堤岸，把“入滇”河流顺利引入滇池。又在昆明北郊凤岭、莲峰两山箐口修筑松华坝，并开挖金汁河、银汁河

早年的松华坝水利工程，始建于元代

松华坝旁的马家庵也有座咸阳王墓，陪伴着他生前兴修的水利工程

分流，修建闸门、涵洞，在海源河、宝象河、马料河等“六河”上分段筑闸建坝，供汛期到来时分洪、蓄水，以避水患，旱季则顺序放水，以利灌溉。

张立道督工疏挖滇池出海口，整治浅滩，解决了滇池出水口狭窄，河道阻塞的问题，使滇池水下泄顺畅，不仅水患得以根治，螳螂川畔数百顷农田也由此得到灌溉。如今昆明水利工程的大格局，由此而定。

赛典赤治理滇池历时两年，既强化了滇池地区的农田水利，又涸出了大量耕地，聚集了大量人口，推动了滇池坝子农业、商业迅速发展，使得城市迅速扩大，经济实力迅速加强。有了这个坚实的基础，赛典赤才能顺利地把云南行政中心东移中庆城（今昆明），以摆脱原大理政权影响，巩固元朝在云南的统治。昆明也从此成为云南的政治、经济、军事、文化中心。

赛典赤逝世，被忽必烈追封为咸阳王，昆明“百姓巷哭”，邻邦“使者号泣震野”（《元史·赛典赤·赡思丁传》）。今昆明东北郊马家庵有赛典赤墓，城东五里多有赛典赤衣冠冢，三市街上还有忠爱坊，都是为纪念赛典赤“忠君爱民”而修建的。

○“泄湖涸田”和“水涨谷”

元代赛典赤大举治理滇池以后，疏浚海口，通畅出流，降低水位，涸出良田，成为治理滇池的成法，被称为“泄湖涸田”。据考证，史志上有记载的“泄湖涸田”之举，元代有 4 次，明代有 9 次，而清代竟有 16 次之多。

滇池本来就处于萎缩期，即使没有任何人工干预，由于地壳的抬高和上源河流带来的泥沙，滇池水面也会不断缩小。据地质学家考证，20 万年前，滇池总面积约为 650 平方公里。历时 20 万年之久，到唐宋时期，滇池水位落到海拔 1890 米，滇

就是在距城不远的乡间，秋收时遇到涨水，也得把收割的稻谷搭在木架上，以防腐烂，待天晴后再打谷子

秋收后的稻田可以放牧鸭子

池水面面积缩小到 510 平方公里，水容量 18.5 亿立方米。而唐宋以后的 700 多年间，由于不断的“泄湖涸田”和“围海造田”，滇池萎缩大大提速，呈现出“水崩”的态势。据统计，20 世纪 80 年代，滇池水面就缩为约 300 平方公里，水容量减至约 15 亿立方米。其中元代 160 年间 4 次“泄湖涸田”，滇池水面减少约 100 平方公里，缩小到 410 平方公里；明代 270 年间泄湖 9 次，滇池水面减少约 60 平方公里，缩为 350 平方公里；清代 270 年间泄湖 16 次，滇池水面减少约 30 平方公里，缩为 320 平方公里，水容量为 16 亿立方米。到 1979 年，滇池水面再减 20 多平方公里。据 1983 年实测，在水位高程 1887.2 米时，整个滇池的水域面积只有 309.5 平方公里，水容量 15 亿立方米，最大水深 10.24 米，平均水深 4.4 米。如今滇池南北长约 40 公里，东西宽平均 7 公里多，最宽处是 12.5 公里，湖岸线长度也只有 163.2 公里了（据《滇池水利志》《昆明探奇》等）。

滇池不断萎缩的过程在地方志书中也有反映。

据《元史·张立道传》载，元初疏挖海口，外泄湖水，水退之后，“得壤地万余顷，皆为良田”。——这是古代昆明“泄湖涸田”的开始，从此一发而不可收拾。

从明代的弘治十四年到十五年（1501~1502 年），云南巡抚陈金调动两万多军民大挖海口河，明正德《云南志》说，这一挖就让滇池湖水顿时下落“数丈”，湖边涸出良田“数千顷”。陈金十分高兴，下令让云南府（辖今昆明一带）知府勘察验收，申报缴纳赋税。

明代嘉靖二十八年（1549 年），当局又调集一万多民夫，修浚海口河子河，使河水由安宁畅流而下，滇池滨湖之地再次大量涸出，成为耕地（明·杨慎《海口修浚碑记》）。

据估计，仅这两次较大的疏浚工程，就让滇池水位降低不少，涸出农田约10万亩。

到了清代，从康熙四十八年（1709年）到光绪十一年（1885年），清政府8次疏浚海口，又涸出大量耕地，面积又有10多万亩。据当时的云贵总督鄂尔泰《修浚海口六河疏》文，雍正七至八年（1730年）整治滇池，疏浚海口河，使沿海沿河及近海口内外居民免遭水灾之苦，还涸出大批良田，叫作“膏腴田亩甚广”。雍正年间的《云南通志》也说，经过此次治理，滇池“出流畅通，池水落数丈，涸出腴田，免除昔日泛滥之灾”。

历代新涸出的滇池湖畔土地，多被官绅占为己有，或者成为军队放马、屯垦之地。据统计，元初以来，由于不断“泄湖涸田”，围绕滇池新出现了299个村落。其中不少今天已成为昆明城区，如关上、南窑村、六甲、矣六、罗衙村、福保村，黄瓜营、高峣、南坝、豆腐营、老鸦营、梁家河、严家地、复兴村、大观楼、船房、马洒营、弥勒寺、西坝、刘家营、福海、明波等。罗养儒的《纪我所知集》（《云南掌故》）称，在清咸丰、同治年间，昆明“一般住近西岳庙、玉皇阁、弥勒寺、西天台等处之居民，凡凿井至二丈以下，即可能发现多数的螺蛳壳及蚌壳、龟壳、鳖甲等，可知此一些地处，在数百年前，仍是昆明湖之水浅处”。

历代开辟的“涸田”地势较低，遇到汛期滇池涨水，常常会被淹没，要等湖水消退后才能栽种，不少田地只能种大春一季，被称为“一垡田”。滇池边的农民培育出了“水涨谷”，抗涝性特别强，专供“一垡田”栽种。收割稻谷时遇到涨水，就得划着船到水淹田中收割，民间称作“车水种秧，撑船割谷”（清 倪蜕《滇云历年传》）。昆明有民谚称：

海水退，种田地；
水齐腰，谷打包；
秋撑船，割谷忙。

治水涸出的沙地，初时只能长草，多被官府用作车马草场。草根可以固沙，草茎可成腐土，几年之后才可耕种，成为前面所说的“一垡田”，有的被官府军头窃据，有的用来作寺庙的寺田。清代康熙年间，“一垡田”被收归官府，“给民垦种，量收其租，以为无子孙可倚之老丁（退伍老兵）延其余喘”，被称为“老丁田”。因为滇池水势无常，栽种无时，老丁田收成无定，所缴粮税也不重。清雍正四年（1726年），总督鄂尔泰下令昆明县重新丈量老丁田并据此征粮。原来的1亩地，竟被丈量成10亩，租田农民负担大增。这一年“水大无收”，官府催逼租税，农民被迫卖妻卖儿卖女，“累累皆是”（清・倪蜕《滇云历年传》），亦惨矣。

据统计，到20世纪50年代初，原官渡区滇池沿岸的“一垡田”仍有34170亩，“撑船割谷”田14500亩。直到20世纪60年代，滇池边还有不少诸如此类的“撑船割谷”田。

○明代谪滇状元杨慎阻止扰民工程

元初赛典赤治理滇池大获成功，此后数百年间，历代统治者无不以疏浚海口、泄湖涸田为能事。明嘉靖二十八年（1549 年），官府动工修浚海口河，到第二年年初完工，大概也有些成效，寄居昆明的四川状元杨慎为当局撰写了《海口修浚碑记》，认为海口是滇池的咽喉，事关滇池湖水的涨落和沿岸的水旱灾害，经过这次疏浚，海口河顺畅下流，又涸出田地，利国利民。杨慎也为之兴奋，称如此一来，就可以一劳永逸，永葆安宁了。此后每年不必再小修河道，滨湖农家有田可种，可以自食其力，就是沿湖的卫所、州县也可以放下重担、休养生息，值得庆幸。在杨慎的诗歌里，海口河修浚后，滇池一度“海波如镜环滇城，舴艋出没鱼苗发，橘槔不动秧针生”（《后海口行》），一派鱼米之乡景象。但事隔两年，昆明大旱，这“鱼米之乡”的景象就为之一变：

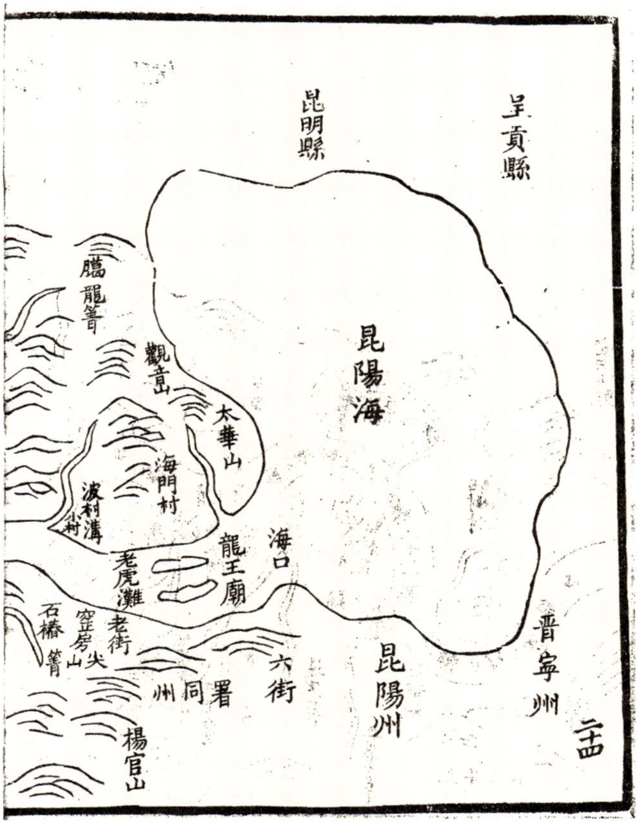

清代海口河治理大势（原载清光绪《云南省城六河图》）

今年太岁属壬子，海干赤地盈千里。

良田尽作龟背文，雩祭仰天求滴水。

滴水不下米市空，过街红作珍珠红。

就在此时，又有人提出趁天旱水涸之时，再次疏浚海口，而竟得官府批准，征调六千“丁夫”，准备再次兴工修河。一时间百姓怨声载道，纷纷向杨慎诉苦。杨慎得以了解不少内情，都记在他的诗文中：

一、历次“泄湖”所得的“涸田”，经过暗箱操作，上下勾结，大多化公为私，落入地方豪强之手。豪强们贪得无厌，天旱湖水退缩之时，便得寸进尺，圈占湖地，汛期涨水被淹，又唆使乡民告官，请求再“修海口”（杨慎《滇池涸·跋》），以此为占田手段，以保护其既得利益，又可继续侵夺湖滨，逐年扩张，再占涸出之地。正是：“利在数家害百万，无乃时诎而举赢”（杨慎《海口行》）。

二、“泄湖涸田”的主事官员损公自肥，从中渔利。这些人克扣民夫工钱，私吞工程款项，中饱私囊，“无不获重利”。此次倡修海口者，就是几个“投闲置散”的武人军官，目的也无非是“谋利自肥”（杨慎《与巡按赵剑门论修海口书》）。

三、兴工不惜民力，扰民害民，虚耗府银，劳民伤财，坑害百姓。明嘉靖二十八年，杨慎目睹官府大举修河，征用了两万多民夫，耗银数以十万计，说是可以“一劳永逸”。结果负责工程的大小官员、监工“无不获重利”，受罪的是“四州八县之民”，当时死于劳累和瘟疫的民夫数以万计，尸臭“达于数里”（杨慎《与巡按赵剑门论修海口书》）。正是：“板锸才动舟已覆，海丁百十冤号声。利未锱铢害已大，民命讵比鱼鳖轻”（杨慎《海口行》）。

四、“泄湖涸田”后，官府急不可耐，对新田新地征税征赋（杨慎《与巡按赵剑门论修海口书》）。于是官员大得政绩，既有利于升迁，又可青史留名，名利双收，岂不乐乎？

当时“八十迂叟向余说：人自作孽非天穷”，杨慎这才了解到，前年“疏浚海口银十万，委官欢喜海夫怨。撒却金汁破银河，反向台司诉干旱”（杨慎《后海口行》）。眼前的滇池“海已涸矣，田已出矣，民已疲矣”，杨慎不顾自己一个充军罪人的身份，仍然上书当局，要当权者不应误听那些“谋利自肥”者的话，兴工修河，肥了贼人，贻害民众，以致“万口嗷嗷，众怒难犯”（杨慎《与巡按赵剑门论修海口书》）。

幸运的是，当局接到杨慎上书后，此项工程终于被阻止。

○杨慎反思“何至与水争咫尺之地”

明嘉靖三十一年（1552 年），杨慎上书阻止了劳民伤财的疏浚海口工程后，对沿袭两百多年的“泄湖涸田”工程也有一番反思。他认为，必须从根本上扭转这种“治滇”思路，至今发人深省。

在《海口行》诗中，杨慎认为滇池是天造地设之物，润泽昆明，全靠滇池：“君不见，云南有水称昆明，万山之巅一泓倾。天池演漾三百里，浸灌亿亩环五城”，“泽口腴表并水陆，湖眉雄润兼渔耕”。但是，昆明人却不太了解滇池：“乍见深广乍见狭，恍惚谁测冯夷（水神）情”。早先“禹功疏凿量不到”——大禹留下滇池水而不疏浚，原因在于“地亦自平天自成”——天地间自有平衡的道理，只要不违背自然规律，水土自然平治，人民自然平安。而今“建议掘扫谁家子？”——那些豪强武弁为一己私利，一再要求浚海求田，有违自古水利之法，更有违天地间的自然规律。他们不明白，“人力可与神龙争？”——人怎么可以和大自然作对？当时有人乘天旱水落，圈地千顷，再以百姓名义请官府疏浚海口，以保地扩地，年年如此，无休无止，实际上已经不是“海水侵民田”而是“民田侵海水”了（杨慎《与巡按赵剑门论修海口书》）。如果硬要以“人力”与“神龙”争利，是要受到大自然惩罚的。在这方面，“前车往迹明且清”——前车之鉴不少，正确的做法是“行其无事顺水性”——遵循自然规律，适应水性而行事，不能一味示强，以人力凿水。如《孟子》所言：“禹之行水也，行其所无事也”。这才是“哲人”之见，十分精到，值得深思。

杨慎画像

在《滇池涸·跋》中，杨慎更提出，当时之事，各为私利，“与水争地，岁岁无休”，而无休无止地修浚，并非治河的好办法。西汉水利专家贾让曾提出治理黄河的对策，反对大修堤坝。认为汛期田地被淹，水粮受损，用修浚河堤道的钱两来弥补就行了，不至于非要和河流寸土必争——天人相安，这才是“万古水利不易之法也”。

贾让是西汉末年之人。西汉绥和二年（公元前 7 年），朝廷为黄河水患头疼不已，下诏征求治理之策。贾让应诏上书，提出了历史上著名的“治河三策”，得载于《汉书》，对后世影响很大。贾让所举上策是把修堤治河资金用于移民，让黄河改道，因势利导，使其北流入海，以求“河定民安，千载无患”。他提出的中策是多开沟渠，分减水势，又得灌田，如此就可以“富国安民，兴利除害”，得利百年。如果小修小补，年年培修河堤，劳民伤财，无休无止，还不免其害，“此最下策也”。杨慎所引贾让“岂其与水争咫尺之地”的名言，出自贾让“治黄三策”中上策的结尾之句：“大汉方至万里，岂其与水争咫尺之地哉？”看来杨慎也认同贾让治水的“上策”，顺其自然而治之。

杨慎自谦只是尽己所能，向当局提出建议，但却被束之高阁，置之不理，让人干着急。（《滇池涸·跋》）

○清代疏挖海口河的祸端

早年的海口河坝桥

五百里滇池，入滇大河达20余条，出口仅有1个海口，出流仅有1条海口河(螳螂川)。海口河落差不大，两岸支流、箐沟不少，雨季一到，山洪暴发，裹沙挟石，沿山箐奔腾而下，涌入河中，淤塞河道，阻滞水流，滇池泄洪不畅，水位暴涨，“沿海田禾，半遭淹没”（鄂尔泰《修浚海口六河疏》），洪涝灾害就来了。清人刘慰三在《滇南志略》中就说：“滇池水之利害，全在海口。”海口是滇池的咽喉，滇池水位高低看海口，水害旱灾的轻重也要看海口。

古代滇池治理，主要就是疏浚海口，疏挖海口河。治理办法之一，就是在大河近旁开挖一条子河，与大河并行，以接应山箐洪水，防止泥石流涌入主河道。这种“分流”的办法一时有效，但若干年后，子河也被泥石淤塞，还是得疏挖，于是有海口河“岁修”之制。早在明万历年间，就有官员敷衍应付，把淤塞子河的泥石挖出来堆在岸边交差了事，雨季一来，洪水冲刷，岸边的泥石又塌入河中，河道重又淤塞，结果是白耗人力，“徒劳百姓而已”（明·许伯衡《海口记》）。直到清雍正年间，海口河仍然是农闲时得以开挖疏浚，雨季到来河道又重新壅塞，不挖怕淹水，挖又白费人工，劳民伤财而无用，遭难的还是沿河民众（鄂尔泰《修浚海口六河疏》）。这时云南粮储水利道副使黄士杰想了个办法，改变往日开挖大河滩和子河河床的办法，而每年春月，在子河将入大河之处，开挖出一个塘子，把子河沙石留在塘内，以免冲塞大河，工程量也比疏挖大河要节省得多（黄士杰《昆阳海口图说》）。于是官府动用“公银几万”，开出河塘，以为这样一来，堆积在子河中的泥石就不会进入主河道，水口就不壅塞了。不料大雨一来，山洪暴发，“千山之水”涌来，泥石俱下，众多子河都被冲得七零八落，区区一个河塘又如何拦截得住？

于是悲剧就来了：两岸田地“被淹者无数”，灾民生计断绝，有人绝望自缢而死，更有人“痛憾之深”，怨愤难已，纷纷质问当道者，把他们的官服官帽都撕毁了。后来暴雨不停，河水猛涨，又沿着原来的子河下流，官僚们又认为洪水下泄流畅，大功告成。

此事见于清乾隆年间学者倪蜕的《滇云历年传》，而清雍正年间云贵总督鄂尔泰的《修浚海口六河疏》、黄士杰的《昆阳海口图说》都说工程达到预期效果，功德无量等等。

今天的海口河坝桥

海口河坝桥的砌石桥面

河坝桥栏用铁块链接石块而成

○清初驳斥“尽泄滇池”之说

如今的螳螂川海口中滩外景。清初有人建议深挖中滩，“尽泄滇池”，以获取大量田地

清雍正八年（1730年），就在当局为海口河道反复淤积、必得反复疏浚开挖之事头疼时，有人哗众取宠，提议深凿海口，“以泄全池之水”——把滇池水全部放光，彻底解决昆明水患问题，同时又可得到大批良田，一举两得。当时就有人反驳道：“岂不说滇池边上高山陡崖，岩壁坚硬，无法开凿。即便有此等神力，进而凿开了，滇池水又能排到哪里去？到哪里去找一块方圆三百里的地方来贮存这些水呢？如此一来，安宁、富民一带的百姓且不成了鱼鳖！”（清·倪蜕《滇云历年传》）幸而有此一驳，“尽泄滇池、治涝造田”成了历史笑话。

○乾隆皇帝斥责“海口”之名“措辞殊为失当”

清乾隆四十八年（1783年），代理云贵总督刘秉恬疏浚昆明六河（盘龙江、金汁河、银汁河、海源河、宝象河、马料河）河道，并培堤、砌闸、筑坝，治河颇见成效。乾隆五十年（1785年），刘秉恬又率众修海口河龙王庙至石龙坝段，全长2775丈，疏挖深浚约一二尺至四五尺不等，以利洪水宣泄。事后刘秉恬奏报乾隆皇帝弘历，还附上了地图。这本来是件好事，不料却节外生枝，就因为“海口河”三字被乾隆皇帝下诏斥责了一番。

刘秉恬奏本所附地图中有条“海源河”，更有“海口大河”，从石龙坝流到安宁、富民两个州县，最后汇入金沙江。乾隆皇帝对此大为不解，批了很长的一段话，说“海水为万派朝宗”，从来都是江河归大海，而没有海水灌入江河的道理。即便如浙江等沿海省份，海口虽然会有潮汐来往，但也改变不了“江河入海”的大势，这是肯定的。所谓“海口”，实际上是滇池湖口，而刘秉恬在奏折和图说中，竟然称之为“海口”，又没有把来龙去脉讲清楚，貌似海水先流进江河，又从江河流到海里。乾隆皇帝斥责道：“岂有海入江之理？措辞殊为失当。”（《清实录·乾隆朝实录》）

乾隆皇帝认为海口就是“滇池口”没有错，而昆明人称“湖”为“海”，从而称“滇池口”为“海口”也没有错。虽无“海入江之理”，却有“湖入江”之实。早在明代，滇池就称“滇海”了，民间则称“滇池海子”。杨慎为滇池写的一首诗题目就是《滇海曲》。不仅滇池称“海”，昆明城北的莲花池也称“莲花海”，城里的翠湖原先也叫“菜海子”，被两条大埂一分为四，又称“四海”。昆明城东南有个小湖叫“王宝海”。除了那条让乾隆皇帝困惑的海源河外，昆明南郊还有一条海河，都是流入滇池的。说远一点，在云南，滇西有洱海、滇西北有程海、滇中有阳宗海，还有个抚仙湖，明代也称“澄江海”。至于滇池，明代弘治年间的云南巡抚陈金写有《海口记》，明嘉靖年间的四川状元杨慎写过《海口修浚碑》，清雍正年间的云贵总督

乾隆皇帝画像

鄂尔泰上过一本《修浚海口六河疏》，当时的云南粮储水利道副使黄士杰也有一本《昆阳海口图说》，前后两百多年，皆约定俗成，称滇池出水口为“海口”，称滇池出水河为“海口河”或“海口大河”。

与滇池一山之隔有澄江海（抚仙湖），其进水口叫“海门”，出水口仅一个，也叫“海口”，出水河也叫“海口河”——由此看来，昆明人称湖泊出水口为“海口”本不足为奇，而乾隆皇帝望文生义，认为只有千条江河归大海，没有“海入江”的道理，而谴责刘秉恬“措辞殊为失当”，真是冤哉枉哉！

○民国滇池“泄水辟田”之争

民国初年，又有人提出要对滇池实行“泄湖造田”。他们认为，五百里滇池一片汪洋，仅有少量水产，可有可无。如果凿深、凿宽滇池出海口和螳螂川，把滇池水排干，露出陆地，马上就可以增加良田万亩，国计民生，都可以大进一步。

早年从西山看滇池

早年的滇池草海

由于这种“泄湖造田”的想法太离谱，当时附和的人也不多，没有形成气候。到了1926年前后，又来了一位很有点名气的“外省人”，向当局游说“泄湖造田”，并东奔西走，四处活动，大造舆论，一时间甚嚣尘上，当权者中也有人动心了。

幸而昆明也不乏明智之人，坚持认为“泄湖造田”后患无穷，实为癫狂，对之嗤之以鼻。他们认为，“借重科学，人力固可以胜天，然犹未解跳出自然法则支配之境界以外也。挟泰山以超北海，不能者终不可能。纵有大力，不能勉强，所以此项提议，昙花一现，匿迹销声”。他们大声疾呼：“高谈国利民福，讵可闭门造车，徒凭理想者哉？失之毫厘，谬以千里。一念之差，举足轻重，福国转以祸国，利民转以害民。关涉既大，不可慎其所挟也。”

“泄湖造田”的坚决反对者梁继先说：“昆池之水，不宜尽泄，故自古以来，管理订有常规。海口设闸，调节昆池水之盈虚。使昆池保持相当水平，水势不致过竭过盛。下流亦不致患水。海口河之疏浚，有‘三岁疏导、五年大修’之规定。水利专管机关，董督其事。沿昆池各县出夫多寡，工作时日，亦各有规定。防止水流淤阻，不能畅通；昆池沿岸，可无淹没之苦。经流地方，各得其用。更可见昆池宜于调节疏导，而不宜于彻底排泄。古人亦盖勘测考虑。煞费经营矣。”

梁继先引史论今，也很乐观：“后读倪蜕翁（清康熙、雍正年间人）所著《滇云历年传》，据其所述，则元代曾已有人力倡此议。经多方研讨，而卒不宜于行，其事乃寝。自悔闻见之未广。向使先读此书，遇有此等建议之人，自可请其展卷豁然，省却许多口舌辩驳之劳也”（《昆池泄水辟田问题》）。

近一个世纪之后，这番“环保”言论，依旧如雷贯耳。

○陈一得痛斥“泄湖造田”说

痛斥“泄湖造田说”的陈一得

对滇池“泄湖造田”极为关注的还有昆明气象事业的开山鼻祖陈一得。他把“家立”的“一得测候所”从钱局街私宅搬到西山之时，这位自学成才的科学家已是云南气象、天文、地震学的权威了。他对西山脚下滇池的命运十分关心，曾经写文章说，自己“工作于太华山巅，常面昆湖，感觉自然宇宙的伟大，人类时空的短小，发现湖山太古残留遗迹，推究已往变迁情状，极富兴趣，‘沧海桑田’，事有必然。”

他综合了滇池地区地质学、气象学的研究成果，指出“泄湖造田”完全“有害无利”，原因在于“自然趋势湖面日缩，湖水日减。高地水源，因森林滥伐，不能含蓄，一遇骤雨，便发洪水，泥沙搬运，壅塞各河，水位骤涨，有时堤决横流，泛滥成灾。而湖面扩大，颇能容纳积蓄。将来（滇池）缩小消失，年代尚遥，若加以人力开凿，紧岩一破，不可复原，湖涸则平原土随之消失，为害甚大”。

陈一得列举了“泄湖造田”的十大危害：

1. 高原蓄水不易，沿湖除低田患水淹没外，尽属膏腴，不忧天旱。若湖水低降，大部腴田，上下就水不济，损害实多。

2. 昆湖下游，富民安宁，利资灌溉，产米极富，河开水急，冲刷良田，损坏必多。半途若遇坚硬岩层，下游县境，必又积水成湖，淹没膏腴田亩，无偿损失。

3. 水力搬运，与水量流速有关，水流速度加增，运搬力即愈大，细沙泥土，沉积下流，而上流涸出湖地，必多残余砾石，日久两岸倾斜峻急，难获良田。

4. 高原水力，为重工业原动要素，现时干季发电，已感不足，若再减少蓄水量，必倍困难应用。

5. 云南周年显分干季雨季，干季空气干燥，昆明所有生物人民，端赖湖水蒸发，藉资润湿以调养呼吸，若湖水减少，西南风益燥烈，市民不易卫生，生物亦难培养。

6. 高原湖泊，山水清雅，夙为名胜，湖变石田，大煞风景，旧日名胜，不可复睹。

7. 沿湖各县，水道往来，粮食物品，运输便利，湖水缩小，阻碍交通甚大。

8. 湖水生产鱼类，渔家赖以生活，船户安居水上，数在不少，一旦干涸，概将失业。

9. 水多蒸发，足以调和气候。昆明夏季，云多蔽日，气候是以清凉；冬季天旱，西山雾雨，一切森林植物，农业豆麦，实沾雾露泽惠。湖水一减，气候必多剧变，

早年的滇池草海（原载民国《昆明市志》）

损害全部生产。

10. 即使农田有利，不过便于少数特殊资本田主，对于多数自耕农民，生活有害无益。

陈一得还指出了滇池的种种隐忧：“至今湖滨低田，湖中草地，渐露水面，草海将成浅滩，变迁隐微人不及觉，而水力侵蚀破坏，海口河底沙石冲刷磨损，日渐消失降落，试估计极小度，假设河底磨损每年一公厘，十年仅一公分，尚非显著。若至千年则深一公尺，大有可观，岩石松疏，水之破坏侵蚀，将千百倍于此。一旦石龙坝岩层破尽，昆湖水位，受空气压力与金沙江水面平衡，将来海口螳螂川日益深下，昆湖积水泄涸，湖底必变为深沟，两岸土层崩溃，逐年随水搬运，冲积下流江口，是昆明平原，终有消灭之一日。”

陈一得先生对自己的立论很有信心，他说：“以上所举，当为人所同知，昆明重地，今后无有动议。”（《昆湖水位之变迁》）

○“围海造田”——“向滇池要粮”

然而，就在陈一得先生逝世10年之后，昆明竟然上演了一场“围海造田”的蠢剧。1969年12月，为实现“农业大跃进”，决定以“围湖造田”为突破口，“移山填海，围海造田，战天斗地，向滇池要粮”。当时的计划是“围垦2万亩，造田1万亩”——要把2万亩淤积湖滩围垦改造为田地，又北从臭水河口起，南到海埂望云岛止，筑一条长2700米的拦水长堤，涸填草海水面1万多亩，全部改造为耕地。

当时打了一场“围海造田”的“人民战争”，从全市1000多个单位抽调10%的人员，并动员农民6000人、大中学校红卫兵1.5万人，以义务劳动形式参加“围海造田”。1969年底召开了10万人誓师大会，迅即于1970年元旦开工。开始时每天上阵总人数3.5万人，造田时每天参加义务劳动达10多万人，最多时达到13万人。同年8月11日完工，修筑拦水堤坝2700米，底宽27米，顶宽6米，平均高度7米，加上副坝、鱼塘坝，共筑坝4.5公里，抽水达千万方，从西山取土石数百万方，围垦出3万亩田地，其中两万亩淤积地交给当地人民公社栽种，又新建海埂“五七”农场，经营新围出来的1万亩耕地。整个工程耗资355万元（不含义务劳动人员工资、误餐、医药等费用），共1138万个工日。

由于排水后出露的草煤和淤泥层无法耕作，又采取客土加磷肥的办法进行改良，在万亩新地上铺一层10厘米厚的红土，共需土方45万方，全部从西山跨湖运来。当年就栽下水稻7000多亩，栽种苞谷1500多亩，前后17天，平均每天上阵人数达7万人，当年收获粮食1400吨，平均亩产140公斤。

除此之外，从 1971 年到 1973 年，西山区在滇池北岸围湖造田 4572 亩，因受益不大，亏损严重，1983 年全部退田还湖，包括退田补偿，共耗资 430 万元，耗用工日 202.6 万个。呈贡县（今呈贡区）也于 1970 年实行围海造田，计划围海 5000 亩、造田 2000 亩，历时两年未完工被叫停，耗资 142 万元，耗用工日 98.4 万个。晋宁县（今晋宁区）更计划在滇池南端围海造田 5.5 万亩，为滇池外海围海造田最大的一片，1970 年开工，到 1972 年未完成，也被叫停，共耗资 378 万元，耗用工日 407 万个。

据有关资料，早在 1969 年之前，昆明就有一些围海造田的举动了。1958 年，原官渡区抽调沿湖民工 7000 人，大小木船 660 只，沿湖岸和河道入湖口筑堤 29600 米，围湖涸田 10600 多亩，其中改造“一垡田”为“两垡田”10400 亩。西山区围

抗日战争时的滇池北部地图（原载民国《新纂云南通志》）

20世纪80年代的滇池北岸（原载《昆明地名志》）

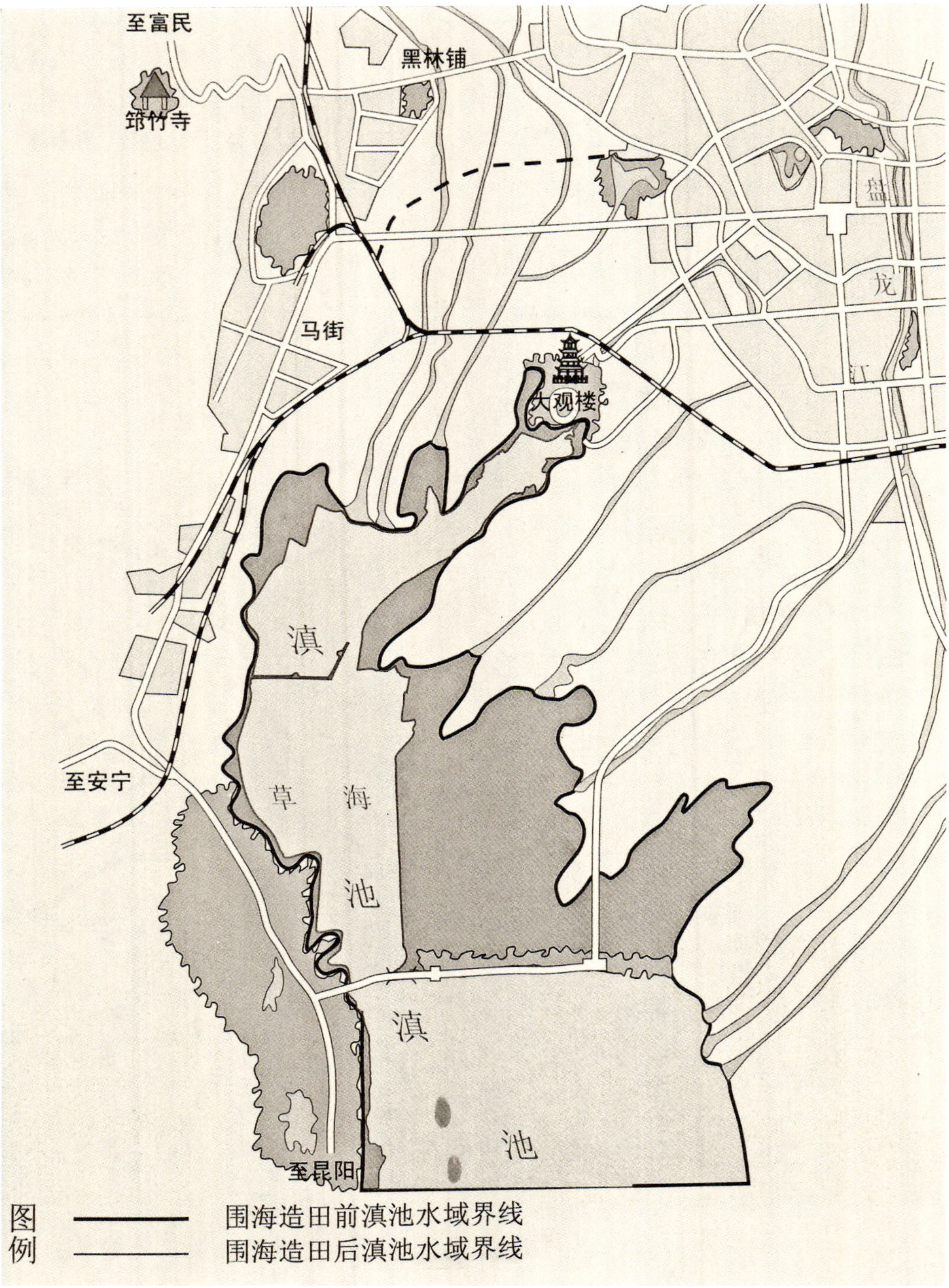

滇池草海被“围海造田”水面示意图（原载《春城昆明》）

海堤一公里，造田 110 亩。1966 年，福海公社大坝大队围堤 5351 米，造田 400 亩。20 世纪 50 年代以来，原官渡区共围湖 40115 亩，其中可作耕地的有 34460 亩，此中又有 17300 亩需经常排涝才能耕作，而有 5655 亩完全无法耕作，后改建成养鱼塘。

据航空照片及相关材料统计，从 1938 年到 1958 年的 20 年里，滇池共围去水面 15.5 平方公里，折合 23250 亩，其中外海 7.8 平方公里，草海 7.7 平方公里。20 世纪 70 年代大举围海造田，到 1978 年，滇池又被围湖 23.3 平方公里，折合 34950 亩，其中外海 9.9 平方公里，草海 13.4 平方公里。40 年间，滇池水面总计减少 38.8 平方公里，折合 58200 亩，约占 1938 年时正常水位湖水面积的 12%，其中草海共为 21 平方公里，约占 1938 年时正常水位湖水面积的 70%。

1996 年出版的《滇池水利志》刊登了这些资料，并称：滇池面积迅速缩小，导致自然生态环境的恶化，对滇池渔业、气候造成不良影响，加上污染严重，水质恶化，引起了国内外人士的严重关注，纷纷发出“救救滇池”的呼吁。而随着一系列滇池水环境治理措施的实行，特别是建设牛栏江“引水济滇”工程和从金沙江调水的“滇中引水”工程的实施，滇池水质明显改善，让人看到了“滇池水清”的希望。

如今的海埂大坝是这样垒起来的（原载《昆明六十年记忆》）

围海造田施工情景（原载《昆明六十年记忆》）

内城“三山四海”

蛇山蜿蜒北来，在铁峰庵吐气结穴，势若鸾停鹄立，稍有延宕，又向南延伸，逐级而下。早在距今约300万年前，蛇山就一直向南延伸至海埂，后来一条东西方向的断层复活，将蛇山拦腰斩断，分为南北两段：北段“蛇头”隆起，成为巍峨的蛇山；南段“蛇尾”垂跌，陷于土层之下，最深处达500米；“蛇腰”则拱起，形

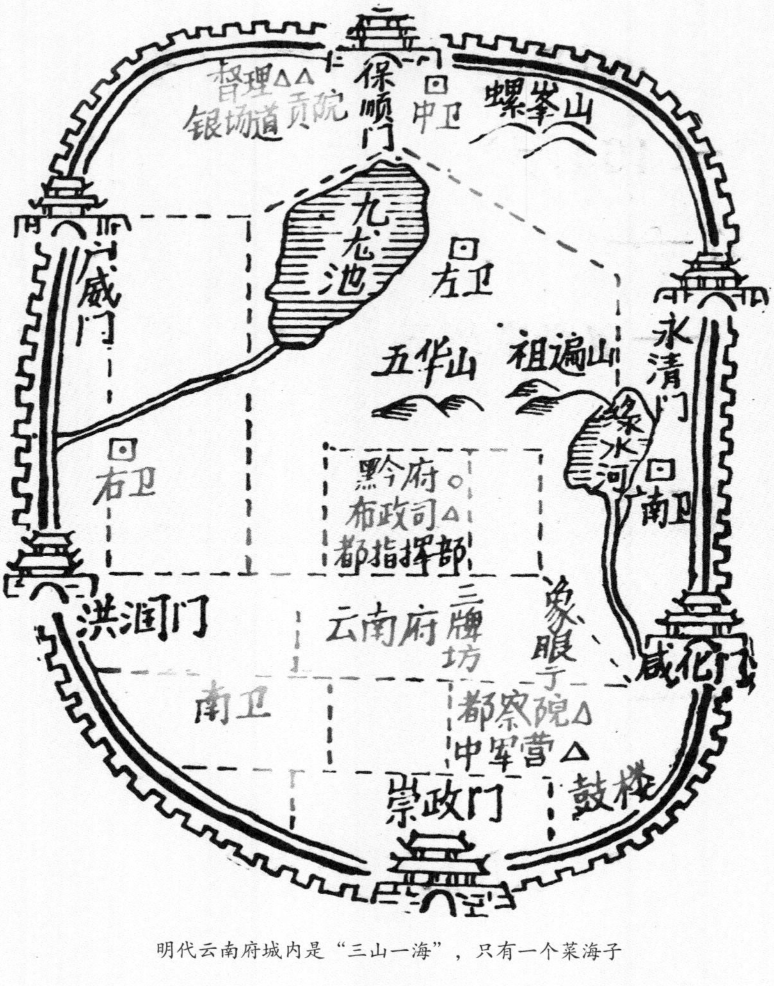

明代云南府城内是“三山一海”，只有一个菜海子

成了螺峰山、五华山和祖遍山。三山都是蛇山余脉，排列成“品”字形阵容，直入老昆明城。螺峰山（圆通山）、五华山下又有翠湖，都在昆明城里。因翠湖早先叫“菜海子”，又称“翠海”，湖堤纵横，一分为四，有“四海”之说。因此昆明城又有“一城三山四海”的美誉。与城外“三山一水”相对，旧时还有城中“小三山两河”之称，此之“三山”为五华山、圆通山和磨盘山，“两河”是洗马河、绿水河。但昆明人说得多的，还是“三山四海”。昆明早年有一首童谣，就叫《三山四海一条江》：

昆明城有三座山，
叫作哪样山？
第一座，五华山。
第二座，圆通山。
第三座，磨盘山。
昆明城有四个海，
叫作哪样海？

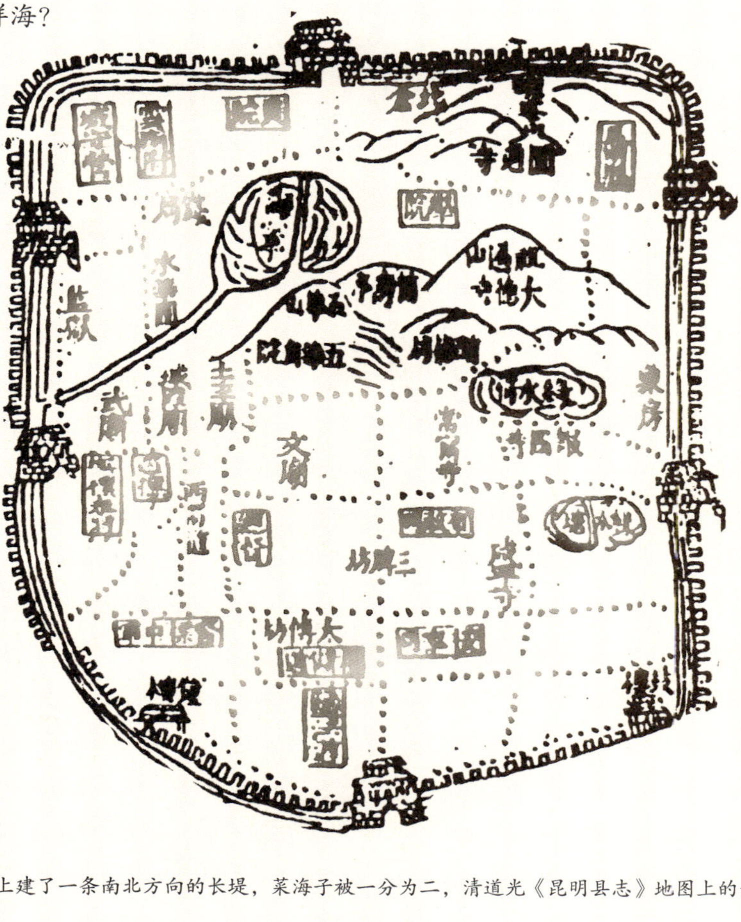

清代菜海子上建了一条南北方向的长堤，菜海子被一分为二，清道光《昆明县志》地图上的云南府城就有了“三山两海”

翠湖又叫菜海子，
东边叫作东海子，
西边叫作西海子，
南边叫作南海子，
北边叫作北海子。
昆明城有一条江，
叫作哪样江？
昆明城有一条江，
叫作盘龙江。

昆明城里有“三山四海”，城外有“三山一水”，“三山四海”套在“三山一水”中，显现了“城在山水中，山水在城中”的双重空间结构，内外山水相依，寺观错落，楼阁辉映，构建了“五华鹰绕”“螺峰叠翠”“绿映双塔”“翠湖春晓”等得天独厚的城市景观，使昆明成为一座山水之城。

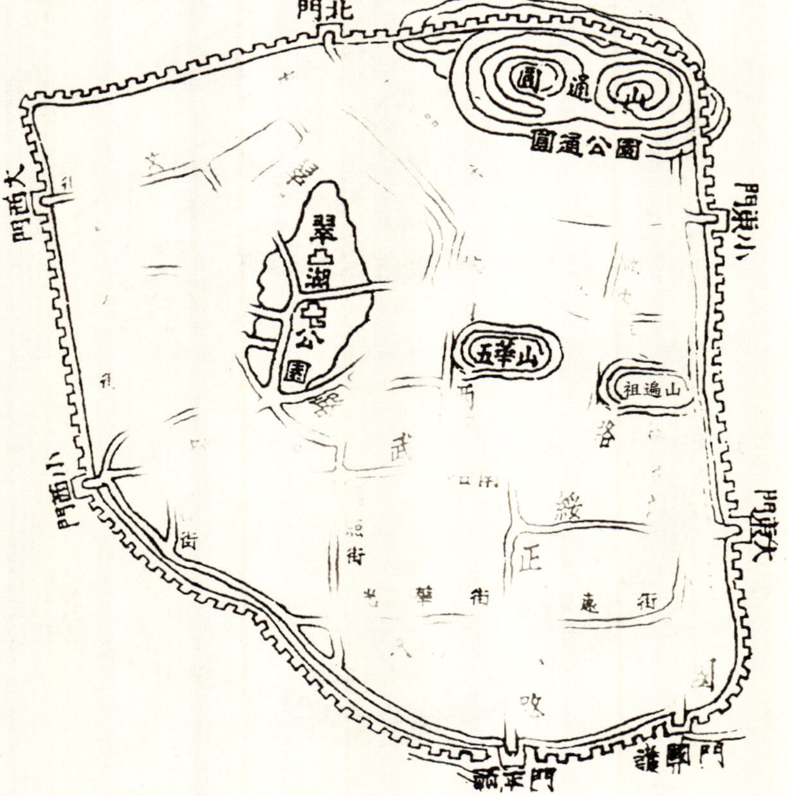

民国初期又多了一条东西向的长堤，再把菜海子一分为四，于是昆明内城就是“三山四海”了

○螺峰山·圆通山

蛇山余脉蜿蜒南下，到老昆明城下有商山，再延伸到城内，首先就是螺峰山，成为老昆明城中“小三山”之首，最高点海拔 1930 米。明代以前，这座山叫作盘坤山，稍后又叫螺峰山，至今山前仍有“螺峰街”，就是以“螺峰山”得名的。

螺峰山之“螺”从何而来？历代志书说法不一。唐代的《云南志》（《蛮书》）记载，因为山下螺蛳多，所以称此山为“螺山”。早年这座山下就是滇池，后来湖水稍退，遍地都是螺蛤，“螺山”之称，应当就从此而来。明代的《大明一统志》又说，这座山上有巨石，石色深碧，盘旋如螺髻，所以叫“螺山”。而明代以前，此山又称“盘坤山”，似乎已经有了“螺峰”的意思。

早在唐代的南诏时期，螺峰山南麓就建起了“补陀罗寺”，山随寺名，称“补陀罗山”。元代的延祐六年（1319 年），圆通寺历时 18 年建成，螺峰山又得名“圆通山”，但明代文人墨客仍然称此山为螺山，并题下“螺峰叠翠”一景，与“翠湖春晓”为对。1927 年，螺峰山建成公园，称为圆通公园。1953 年，螺峰山建动物园，民间仍然称圆通山。

圆通山形如柳叶，南北窄而东西长，地方志书称其“山色幽翠，石磴旋折，全山皆怪石嶙峋，森罗万状”。山西一片缓坡，花木葱郁，多有园林胜地，山下就是翠湖；山东幽石巉崎，木石掩映，俗称“一窝羊”；盘龙江绕山南下，流入市区；山北坡斜林密，草径幽深，和今天的商山大学区相邻；山南悬崖峭壁，横亘千丈，山麓有圆通寺，前面又延伸为祖遍山和五华山。

元代以前，圆通山还在昆明城外，明初的洪武十五年（1382 年），沐英筑昆明

民国时的圆通山一角，山上有重九起义烈士墓碑，山下是圆通寺

如今的螺峰崖采芝径

砖城，拓展城区，把圆通山圈入城内，既有山野之趣，又有登临之便，所谓“日日看山不出城”，成为昆明登高赏景的胜地。登临此山，可观“三山”——西山、五华山、祖遍山，可赏“两湖”——滇池、翠湖，兼收昆明南城景致。“螺峰叠翠”更成为“昆明八景”之一。

圆通山自古以花事繁盛著名。清代文人施汝揆有词《锦缠道·螺峰即景》曰：

照眼花明，好一派春光透，醉东风，千红齐凑，海棠毕竟群芳首，树树高枝，慵带夕阳瘦。

现代圆通山盛事，当推三月花潮，倾城游春。先是千株西府海棠花开，夹道蔽日，如红罗蔽路，接着数十株樱花盛开，与百余垂丝海棠交相辉映，竞相开放，团团簇簇，似霞云万朵。每年此时，市民咸集，扶老携幼，摩肩接踵，万头攒动，花海人潮，令人叹为观止。

圆通山西坡有“唐坟”，为民国初年云南督军、省长唐继尧之墓，民间俗称“唐坟”或“老唐坟”，为云南省重点文物保护单位。早先这一带还有云南辛亥重九起义和护国起义阵亡官兵墓。圆通山东部建有纪念滇西抗日战争的“陆军第八军滇西战役阵亡将士纪念碑”，有纪念中国远征军赴缅抗日作战的“缅甸战役中国阵亡将士碑”。碑一度被毁，已于2013年底修复。

○普陀岩和补陀罗寺

圆通山南坡有一段断崖峭壁，长300余米，俨然峭嶂。此崖元代称盘坤岩，后称明月石。岩壁西面又称普陀岩，前人题刻甚多。最著名的是一幅两字组合的摩崖大字，似“寿”而非“寿”，书体古拙，苍劲圆润，称之异体“寿”字可也。其落款曰："元封元年春元月，奉旨书于崇嵩之石壁"。元封元年是南诏王异牟寻的年号，时在唐代的兴元元年，即784年，正是南诏建拓东城后19年——既称"奉旨"，当为南诏王异牟寻在崖下建寺时所刻。而"元封"题刻之时，正是南诏在崖下兴建补陀罗寺之时。补陀罗寺的形制规模，史书上没有记载。南宋后期，蒙古大军攻占昆明，补陀罗寺毁于兵火，一时荒芜，成为"蓬藋之墟，蛇豕之家"。

就是这个"寿"字确证了南诏补陀罗寺，也确证了昆明建城的历史

"补陀罗"是梵文 potalaka 的音译，音近"普陀""布达拉"，意思是"光明"。在佛经中，普陀山是观音菩萨的道场。早在唐代，观音菩萨就随着密宗佛教传入云南，成为南诏的保护神。唐永泰元年（765年），南诏两败朝廷大军之后，在新占领的滇池北岸建拓东城，普陀岩距拓东城不远，当年山下就是一望无际的滇池，在此岩前兴建补陀罗寺以供奉观音，祈求护佑，当在情理之中——这座"补陀罗寺"已有1200多年的历史，比浙江普陀山观音寺早了 一百多年，是中国最早的观音道场。

除南诏王异牟寻摹刻之外，普陀岩上又镌刻有"南天一柱"四个大字，相传为宋代狄青所书。岩上还刻有明代内阁大学士（相当于宰相）夏言的《题圆通寺螺峰》诗。此诗石刻因年久磨损，模糊难辨。夏言位至宰臣，并没有到过昆明，何以有此诗，成为一大诗谜。清初平定吴三桂时，圆通寺受损，后又重修。清康熙二十八年（1689年），云南总督范承勋在崖上题刻"衲霞屏"三字，并建衲霞亭于崖上，此崖由此就称"衲霞屏"。当时的巡抚王继文也写了一首《螺峰题壁》诗，刻在岩上，而按察使许宏勋则在旁题刻了"瞻啸崖"三个辟窠大字，并题写七律一首。此三人都善于书法，名列清初滇中五大书法家，他们的摩崖作品，为普陀岩增色不少。

普陀岩下有咒蛟台，是清代题撰大观楼长联的孙髯的卜卦谋生之地，其右有采芝径，可沿此登山，山顶又有接引殿。正是"乳石嶙峋异，寻深幽径通。藏蛟阴吐气，蹲虎画吟风"（明·孙继鲁《春日登螺峰山》）。山上山下，浑然一体，妖娆峭拔，相得益彰。

采芝径石阶曲折险峻，"人自半空下，峰由百转中。星罗千万户，俯瞰夕阳红"

民国初年的圆通寺，后面的采芝径可登上圆通山

（明·孙继鲁《春日登螺峰山》）。石级登道口，立一石牌坊，坊上有联曰：

步步小心，须防石头路滑；

层层着眼，方知峰顶人高。

其险如此。

○圆通山潮音洞传奇

圆通寺后是盘坤岩，岩下有咒蛟台，左右有幽谷洞、潮音洞。因洞中有河，水流撞击，岩上落水，触石有声，铿锵如潮，因此有“潮音”之名。据说洞中潜藏蛟蛇，为害一方，唐代南诏政权为镇压蛟害，才兴建了补陀罗寺，就是后来的圆通寺——果真如此，这两个山洞的发现，也有千年之久了。后来潮音洞上建有咒蛟台，也和这个传说有关。

潮音洞洞口宽敞，洞内钟乳石垂垂皆是，阴暗处蝙蝠乱飞，据说深入洞中一里左右，可以到达圆通山东的一窝羊。早在明代，《云南图经志书》就说此洞“深黑莫测”，曾有人点着火把进入洞中，走了整整两天，被水阻隔，前行不得，只好折返。近人罗养儒的《纪我所知集》（《云南掌故》）称，一千多年前，有人进入此洞，挖出南诏时的“铁戟数具”，也可能是“六诏以前时代之物，则不得而知之”。又据清光绪《续修云南通志》所说，清初吴三桂修潮音洞，“修洞得龙骨数十担，龙首上有小铁戟二只，法书一本。吴三桂藩下甲兵得之，不知所终”。这里说的“龙骨”和“龙首”，是否与恐龙有关，也不得而知。吴三桂败死后，清云南按察使许宏勋在盘坤岩壁上题刻一诗，写的就是潮音洞：

此窟阴霾不可穷，储宫大宇壑崖中。
蛟存龙去言无定，世劫人灰洞自崇。
秉炬要寻常认处，开门得揖旧飞鸿。
回头谆嘱化行侣，恐有遗珠乱石丛。

民国年间，传说有人从四川穿越潮音洞，一直走到昆明。当局唯恐洞中藏匿奸人，将山洞完全封闭。如今洞口淤塞，又设了栅门，人不得入，十分神秘。

早年的潮音洞口

如今潮音洞已被堵住

○五华山·光复楼·开武亭

螺峰山以南又有五华山，古称悯忠山，在老昆明城北部，北接螺峰山，东连祖遍山，并称昆明“城中三山”。五华山海拔1940米，西与翠湖相连，南与闹市相接，现为云南省人民政府所在地，五华区也因五华山得名。民国《昆明市志》称此山由螺峰山层叠而下，群山朝拱，“端丽尊严”，东有金马山环绕，古柏参天，苍翠如云；西有滇池濒临，汪洋浩荡，一望无际；南则俯瞰全城，一览无余；近则双塔在左，翠湖在右，可谓形势雄壮，“为全市各山之冠”，以“五华鹰绕”名扬滇中。

宋代大理政权修筑鄯阐城，鄯阐侯高智升在五华山下建筑府第，称“东府”，又在五华山设北门。元初置昆明城，仍以五华山为昆明城以北的天然屏障。元至元十四年（1277年），元世祖忽必烈之子、云南王忽哥赤和云南平章政事赛典赤在山上建悯忠寺，山称悯忠山，大殿内塑如来等五尊佛像，称“五华殿”。后来悯忠寺毁于战火，元代的至正二十八年（1368年）重建，改名五华寺，山也由此称五华山。元代学者王升作《滇池赋》，其中有“五华钟造化之秀”一句，将五华山列为元代昆明八景之一。明洪武初年修筑昆明城，把城墙从五华山向北移到螺峰山，五华山被圈进城中。后来重修五华寺，在山上建聚远楼、无边楼，又建旷怡、泰然、净明、真意等亭台。明永乐十八年（1420年），三宝太监郑和镌刻《大藏尊经》，珍藏在五华寺中。

五华山上的光复楼，辛亥革命以后，云南省政府就驻于此

民国初期，五华山开武亭是权力的标志，图为唐继尧和滇军将领在开武亭前合影

明初发生“靖难之变”，建文帝朱允炆削发为僧，潜逃到云南，最早就藏进五华寺，对人说自己和沐将军（黔国公沐氏）有旧情。沐氏兄弟到五华寺和建文帝“密语多时”后，暗中把建文帝送到武定府保护起来。明人张含有《五华台》诗，似咏此事：

五华台上望昆明，净练微茫似掌平。

故国欲归归未得，海风山雨一齐生。

明末清初，五华山中先后兴建大西军秦王宫、南明永历帝故宫、吴三桂王宫。清康熙年间，五华山多次得到重修，建起龙亭、朝房，每逢清帝寿辰或元旦，昆明文武官吏照例要齐集山上，举行朝贺仪式。山上还建有拜云亭，每逢初一、十五，地方官员都要齐聚亭前，演习朝拜礼仪。清康熙二十六年（1687 年），奉旨得削减屯额，减轻屯田军民负担，又在拜云亭前立了座万寿无疆坊，以谢皇恩浩荡。拜云亭东建有诸葛武侯祠，每年春秋二季，都要挑选吉日，举行祭祀。清光绪年间推行“新政”，又在五华山上建起了高等学堂。

辛亥革命，云南响应。清军抢占五华山负隅顽抗。战事激烈之时，起义军将领李根源大呼：“阵亡者得葬斯土！”义军士气大振，前赴后继，英勇进击，终于夺取五华山，结束了清王朝在云南的统治。战斗结束后，不少烈士得葬在五华山中。此后，云南都督府和师范学堂互换驻地。都督府进驻五华山，原师范学堂主楼五华楼改名“光复楼”，以纪念重九光复之役。

五华山在昆明市中心

换个角度看光复楼，也有一股霸气

1915 年 12 月 22 日，护国起义前夕，唐继尧、蔡锷、李烈钧召集滇军将领 39 人在光复楼彻夜开会，歃血为盟，誓诛国贼。当时光复楼内还有关羽、岳飞神位，众将领在神位前立誓，用银针刺破手指，在案前黄纸上签名，宣誓“拥护共和，吾辈之责；兴师起义，誓灭国贼。成败利钝，与同休戚；万苦千难，舍命不渝。凡我同人，坚定持力，有渝此盟，神明必殛”。宣誓之后，焚烧黄纸，将纸灰撒在酒中，一阵痛饮，一阵高歌，一阵欢唱，一阵鼓声，群情激昂，深夜方散。护国起义胜利后，这一天被定为护国起义周年纪念日，昆明各界在五华山开武亭（原拜云亭）前集会，鸣礼炮 101 响，创下纪录。

昔日光复楼前有一联，盛赞其景曰：

六诏锁烽烟，望僰道苗疆，六服河山双眼底；

五华开画景，看雕甍绣户，五云楼阁半天中。

直至 20 世纪 50 年代以前，光复楼一直是国民党云南省政府所在，接待要人不少，如蒋介石、李宗仁等，都在此住过。

对五华山下的老昆明娃娃来说，五华山最精彩的风景不在山上，而在山下。在每天下班之时，几百个官员鱼贯而出，身着清一色的长衫，手拎皮包，脚蹬皮鞋，步伐杂沓，落地有声，住在山下的孩子总会闻声而出，站在路边围观。

○五华山明清王府、皇宫

明末清初，孙可望、李定国、刘文秀、艾能奇四将军率大西军进入昆明，联明抗清，兴盛一时。五华山雄踞城中，楼阁亭台俱全，被孙可望选为自己的平东王府。

民国初期五华山前的督军府大门威风十足

太华寺缥缈楼前雕刻精湛的大理石栏，据说就是从五华山吴三桂王宫拆迁来的

南明永历四年（1650 年），大西军在昆明站稳脚跟之后，孙可望拆除昆阳、呈贡两城，取来砖石，在五华山大兴土木，营建宫室。据说这座平东王府是按照皇宫的规制建造的，墙脚宽达六尺，红墙黄瓦，金阙双重，殿悬五龙，又在大门外设通政司，立“下马碑”，一副皇宫大殿模样，又称秦王宫。南明永历十一年（1657 年）八月，李定国迎南明永历帝朱由榔移驻五华山，将秦王宫改建为皇宫，称万寿宫。五华山后的螺峰街东段旧称“皇城脚”，就源于此。当年昆明小儿歌谣曰：

怕你修，怕你盖，

自有人儿现现戴。

清初吴三桂绞杀南明永历帝朱由榔，被清廷封为平西亲王，割据云南三迤，又在五华山大营宫室，“益广其址，缭以重垣，俯以杰阁，极土木之盛”（清《滇系》），极尽奢华。吴三桂造反失败，五华山宫室俱毁。残余的木石被运到西山太华寺，重修一碧万顷阁、缥缈楼，新筑鬟镜轩、碧莲室、海月堂等。今太华寺大殿和缥缈楼前的大理石栏杆，浮雕生动，刀法遒劲，浑厚有力，细腻精湛，就是吴三桂王府旧物。

○南明永历帝玉玺的真伪之辨

南明永历十二年（1658 年），吴三桂率领清军杀进云南，兵逼南明“滇都”昆明。十二月十五日，南明永历帝朱由榔仓皇退出昆明城，当时跟着撤退的兵民有数十万之多。退到碧鸡关时，民、兵哭成一片，声震山谷。朱由榔回顾城中宫阙，哽咽着说："朕撤离滇都，还没走远，军民之惨如此。不能为了朕一个人，苦了万家百姓，我还是回到宫中去吧，也可以为社稷而死，以免生灵涂炭！"（《残明纪事》）朱由榔口出此言之时，没有想到在一片仓促之中，竟把"敕命之宝"的玉玺也失落在五华山皇宫中了。

清光绪三十三年（1907年）十一月二十九日，清政府推行新政，在五华山明永历故宫旧址兴建优级师范学堂，施工之时，竟挖到了朱由榔250年前丢失的这方玉玺，而玉玺旁边，又有一具枯骨，应当是护玺殉死的永历宫人（《新纂云南通志长编》）。据民国《昆明市志》记载，这方玉玺用碧玉制作，方三寸八分，厚约一寸，脊厚约三寸，正面镌刻有"敕命之宝"四个篆字，玺背刻着螭龙纽，中间已经开裂，边沿也有一些损坏，都是开掘时受损的。

轰动一时的南明永历帝玉玺

"敕命之宝"

此玺出土后，也有人质疑：在五华山上"建宫立王"、试图称帝的还有大西军的"国主"孙可望、清平西亲王吴三桂，此之玉玺，会不会是这两个人的遗物？民国初年，著名学者赵藩游鸡足山寂光寺，见到一张南明永历帝朱由榔的敕书，上面盖有玉玺之印。赵藩将这张敕书借到昆明，和出土玉玺进行了一番比对，二者字样、式样无不吻合，这才最后确定五华山出土玉玺确实是南明永历帝的玉玺。

南明永历帝玉玺出土之时，正是清朝统治风雨飘摇之时，激起了不少昆明人的故国之思，纷纷通

五华山光复楼原为优级师范教学楼，明永历帝玉玺就是修建此楼时发现的（原载民国《昆明市志》）

过各种渠道请求拓玺纪念，后来更在昆明大西门外旧文昌宫建起了一座永历帝庙，同时祭祀南明殉国的故臣遗老。赵藩为永历帝庙题联曰：

立庙非私，为崖山而来，黄帝子孙失国大纪念；

求野有获，在彩云之下，朱明臣主纪事小阳秋。

近代在五华山下又出土了南明永历朝廷的一批待发印信，两相印证，可知当年五华山上有南明皇宫，山下则有南明官衙——五华山就是当年南明小王朝的政治中心。

○五华山瞭望塔

1936年，光复楼前建起一座瞭望塔，呈方柱形，钢铁结构，底边长4米，高42.5米，巍然立于五华山巅，可见全城而全城可见，十分壮观。

当时修建此塔的目的是瞭望警情，悬挂标志信号，如夜禁、警报等，作为管理城市之用。抗日战争时期，日寇频繁空袭昆明，瞭望塔更有报警之用。

当时昆明防空警报系统以云南纺织厂、兵工厂、电气制铜厂、昆明电厂的汽笛为主，并征用各寺院大铜钟11口，还铸造了一批小型警钟，放置在各重要地点，

抗日战争时期曾在五华山瞭望塔挂大红灯笼作为防空袭警报

抗日战争时期的五华山瞭望塔

五华山瞭望塔被改造为电视发射塔

以辅助报警。后来又在五华山瞭望塔、万钟街撞钟楼安装电动警报器。与此同时，还安排警察向街坊居民传示信号旗，白旗是预警，红旗是空袭警报，绿旗是解除警报。而最醒目的警报，就是五华山瞭望塔上的信号灯球。

抗战时期，昆明防空系统与全国空防网相联系，日寇飞机起飞，就在瞭望塔上悬挂一个巨大的红球，发出预警警报；日机入境，就挂出两个红球，同时警报器长鸣，铜钟撞响，这是空袭警报；敌机接近昆明，将红灯放下，警报连续短鸣，加速撞钟，这是加急警报；敌机出境，就撤去红球，改悬绿球，警报器同时长鸣 10 分钟，并缓慢敲钟，以示警报解除。若敌机再来，则再挂两个红球，恢复空袭警报。为防止敌机夜间空袭，还用上了瞭望塔上早先设置的火警大灯：预警时开红灯，紧急警报时熄灭，解除警报时开白灯，其他各种警报音响同时按规定施放。据 2002 年版《昆明市志》统计，全国性抗战八年，昆明共发放警报 232 次，其中误认盟机为敌机错放 8 次，日机临空警报漏放 10 次。

全国性抗战前期，昆明人饱受日寇轰炸之害，对五华山瞭望塔的红球印象深刻。当时在昆明北门外西南联大读书的汪曾祺写道，联大一个姓侯的大学生"不知道为什么对'警报'特别敏感。他正在听课，忽然跑了出去，站在'新校舍'的南北通道上，扯起嗓子大声喊叫：'现在有预警警报，五华山上挂了三个红球！'可不！抬头往南一看，五华山果然挂起了三个很大的红球。五华山是昆明的制高点，红球挂出，全市皆见。我们一直很奇怪：他在教室里，正在听讲，怎么会'感觉'到五华山挂了红球呢？——教室的门窗并不都正对五华山。"（《跑警报》）这个故事非常生动，只是按《昆明市志》，预行警报应为挂两个红球。

瞭望塔得如此"重用"，自然为日寇所不容，加上光复楼在旁，是全省军事、行政中心，更成为日寇轰炸重点。但是，日寇几度轰炸，四围频频中弹，山下华山南路、正义路房屋惨遭横祸，三牌坊也被损毁，而五华山上光复楼、瞭望塔仍巍然屹立。1969 年，瞭望塔增高 20 米，改建为电视、广播发射塔，后迁离他处。

○祖遍山·双塔寺

五华山东边是祖遍山，为昆明城中"小三山"之一，其东临盘龙江，西侧五华山，北靠圆通山，南面有大、小绿水河，最高点海拔 1915 米。

祖遍山上原有"极乐宝宫"，始建于元代，山下绿水河畔又有元梁王的流云阁（松子楼）。后来极乐宝宫又得扩建，改称大德寺，祖遍山由此又称大德山，大德寺也称祖遍寺。"大德寺与五华山寺相对出，左峙金马，右耸碧鸡，前瞰大海，后连商山，实胜迹也"（明·赵壁《重修大德寺碑记》）。

如今的祖遍山大德寺双塔

大德寺有三进院落，依托山势，逐渐升高，金碧辉煌，颇有气势。旧时大德寺西有盐龙祠，寺祠相连，香火很旺。清道光年间戴絅孙有《祖遍山铭》，称此寺"寺接青门，河通绿水，风约苹花，雨敲松子，金仙法界，玉女高城，空牵世纲，只负心灵"，独具一格。

祖遍山大德寺双塔旧景

早年的祖遍山和大德寺双塔

明成化五年（1469年），大德寺前建起两座佛塔，为十三层密檐式实心青砖塔，称大德寺双塔，民间又由此称大德寺为双塔寺。双塔有唐代佛塔风格，大小形制相同，平面呈四方形，相距27米，高约18.5米。据近年考察，双塔修建，妙处不少：其一，双塔基础呈倒锥形，深仅3米，以一层土加一层鹅卵石夯实筑成，以强化塔身的稳定性和强度。其二，此塔为实心塔，施工方法是先砌外壁，填实中心，再层层上砌完成，较之其他建塔方式，简便易行，成本较低，标志着500多年前的昆明已有了相当成熟的筑塔技术。

祖遍山大德寺与五华寺、圆通寺相峙而立，双塔建成之后，南与东、西寺塔遥遥相对，成为老昆明城的地标和昆明文明的象征。旧时祖遍山有寺、有塔、有楼、有水，“双塔云中，一楼天际”，倒映在山下绿水河中，又称“绿映双塔”，自来为人称道，以“双塔归鸦”名列明清昆明八景之一。

从清末开始，祖遍山成为学校、机关、民宅所在之地，双塔寺中先后设立过云南工矿学堂、云南甲种工业学校、云南路政学堂、云南高等师范、云南省立高级中学、昆华高级农业学校及双塔中学等。如今双塔犹存，1983年公布为市级文物保护单位。

○菜海子·翠湖

翠湖原称菜海子，又因以九泉所汇称九龙池，位于五华山西麓，圆通山西南。

唐宋之际，翠湖还是滇池的一个湖湾，处于“三面环水”的拓东城外，旧时有“昆明池水三百里，菜海与之为一体”的说法。元代疏挖海口，滇池湖面下降，翠湖逐渐与滇池分离开来，成为一片沼泽。附近农民在这里种植千叶莲、菱茨、蒲苇等水生作物，四周土地多半被开辟成菜园，所以这片沼泽又叫菜海子。早年翠湖有一条河，向西流入滇池，叫洗马河。

明初修筑昆明砖城，翠湖被围进城内。清代在翠湖兴建亭阁禅院，总督阮元在湖中重筑堤路，纵贯南北，叫作“阮堤”。1919 年兴建翠湖公园，云南督军唐继尧又重筑横贯翠湖东西的长堤，与阮堤交汇于湖心亭，称为“唐堤”。两堤将翠湖一分为四，堤柳垂波，亭阁水榭，成为昆明城中一大胜景，有“四海”之称。中华人民共和国国歌的曲作者聂耳当年经常在此读书，写下民乐《翠湖春晓》。今湖中岛上建有聂耳坐像。

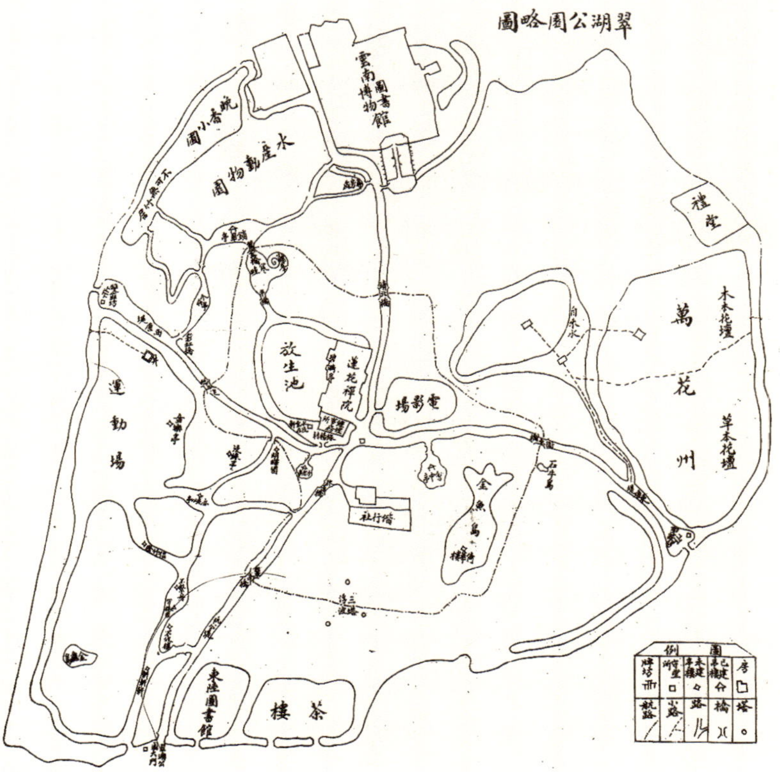

民国初期兴建翠湖公园示意图，菜海子一分为四，昆明从此有了“四海”（原载民国《昆明市志》）

早年的翠湖公园

翠湖碧漪亭旧景

翠湖南岸，旧时多有酒家，清代诗人王毓麟在《翠湖春日杂咏》中写道：

篱落香吹豆子花，
一株杨柳映门斜。
游人若爱春酤好，
燕子桥东卖酒家。

今天翠湖边则多有咖啡馆、茶庄、餐室、酒吧等。入夜灯火阑珊，水平风清，倒影流彩，闹市之中，又得一块静地。翠湖东畔原有皇华馆，是外来官员下榻之所，后为纪念重九起义和护国战争中的滇军名将赵又新，改为赵公祠。今天在此建起又新小学，旁边建起翠湖宾馆，是昆明最早接待贵宾的地方。翠湖东畔还有清代名士钱南园祠，北边有贡院旧址、清代状元袁嘉穀旧居，南面有尽忠寺、石屏会馆和纪念辛亥革命烈士的黄公祠，西有云南讲武堂旧址，有著名文学家闻一多旧居和殉难碑，是云南历史文化荟萃之地。

民国时期，翠湖一度沦为旅馆、军营、机关所在地，一时游人止步，大煞风景。20 世纪 50 年代以后，再度辟为公园，数次深挖湖塘，湖池周边建起石栏，又修环湖道路，1999 年更建成开放式环湖园地。翠湖深嵌昆明城中，垂柳依水，绿雾如海，长堤卧波，景色明秀，有“春城绿宝石”之誉。近年入冬之时，海鸥北来，群戏湖上；游人咸集，戏鸟喂鸥。鸥海人潮，蔚为一景——翠湖戏鸥。

○九龙池——昆明最早的自来水水源

早年昆明自来水厂的取水处：翠湖九龙池

九龙池在翠湖东北，为湖中之泉，有九个出水泉眼，传说为九龙所居，汇水成池，由此得名九龙池，旧时还以九龙池统称翠湖。

九龙池是昆明自来水的第一个水源。从 1918 年到 1957 年，昆明自来水供应全靠九龙池泉水，当时日出水量为 3000 立方米左右。

从清代末年到民国初期，昆明市区居民生活用水都以水井为主，河水为辅。居民用小水桶系绳提水，俗称“打水”。1915 年，云南自来水公司在九龙池建自来水厂，1918 年 5 月开始供水，因水费高昂，用水的全部都是机关、学校、公共场所和官绅人家。因“民风初开，多为观望”，一般市民，仍然饮用井水。

20 世纪 50 年代以后，九龙池自来水厂几经改进，供水质量大有改观，但随着城市发展，池水已不敷需求，昆明自来水改从松华坝水库等处取水。然而，九龙池作为昆明最早的自来水水源，仍值得纪念。

○翠湖四周的明清王府

明初翠湖被围进昆明城中，镇守云南的黔国公沐英在翠湖西岸屯兵种柳，建立“柳营”，据说是模仿西汉名将周亚夫屯军细柳营、治军严明故事。沐家后人把柳营改建为沐家别墅，人称“柳营别墅”，台榭浮水，十分豪华。沐家世代镇守云南，历 12 代，计 200 多年，受封二王、一侯、九国公、四都督，在这里过着“开门节度，闭门天子”的奢华生活。

明末孙可望、李定国、刘文秀、艾能奇等“四将军”率大西军占领昆明，号令全滇，

早年从翠湖边的讲武堂可以望到五华山上的光复楼

翠湖以西曾是明代镇守云南的沐国公别墅，后来成为吴三桂的王府，吴三桂孙子吴世璠的皇宫，清军平吴之后，荡平此地，作为练兵的教场，后来又成为最早的讲武堂所在地

翠湖以北的贡院曾为大西军艾能奇的定北王府。

翠湖以东的五华山曾是南明永历帝皇宫、吴三桂王府、大西军孙可望的平东王府所在地，民国时为省政府驻地。图为当时军政要人和学生在五华山合影

其行政中心就在翠湖四周：孙可望的平东王府在翠湖以西的五华山，后来成为南明永历帝的皇宫；李定国的安西王府在距翠湖不远的威远街，又称西府，后称晋王府；刘文秀的抚南王府在翠湖西侧的柳营，称南府，后称蜀王府；艾能奇的定北王府在翠湖北边今天的云南大学校址内，称定北府，简称北府。

清初吴三桂在云南称王割据，独据五华山南明故宫，今螺峰街就位于其东北，又称皇城脚。吴三桂大兴土木，将王府扩至翠湖，“填菜海子之半，更作新府，极其壮丽”（《云南备征志》），地在今翠湖以西，科技馆、省图书馆、讲武堂一带。后来吴三桂反清而死，其孙吴世璠在昆明称帝，年号洪化，其府改名“洪化府”，辟翠湖为御花园，府前又有洪化桥。当时翠湖一带，都是吴家的楼台馆所，豪华一时。清朝平定吴氏叛乱之后，都“荡然无存矣”（清·道光《昆明县志》），这一带也改名叫承华圃了。

老风水

清代昆明民间有云南府城因“龟蛇相交”而生“紫微龙气”的风水之说。清代云南“状元”袁嘉穀在他的大作《滇绎》中称：清初平定吴三桂之乱，“凡蒙段之雄风，梁王、沐氏之余威，洗而空之”——南诏和大理与朝廷分庭抗礼的“雄风”，还有元代梁王封建一方、明代沐氏世袭镇守的“余威”连同吴三桂“平西亲王”和“周太祖”的不可一世，全都一扫而空。清廷对云南的控制空前加强，但仍不放心。为

求云南长治久安，除军事、政治手段之外，还在意识形态上痛下功夫。当时在昆明“相继为政”的总督范承勋、巡抚王继文和按察使许宏勋等人“大兴风水之说，使一方士庶，咸知帝王之不可幸邀”——借风水之说告知昆明土著士人百姓，靠风水运气称王称帝的时代结束了——此招称得上一个“狠”字。袁嘉穀叹息道：“其心计綦深矣！”——这等人的心计也太深了（《滇绎·王继文许宏勋》）！

当时范承勋等人到底在昆明做了些什么？据罗养儒《纪我所知集》（《云南掌故》）说，清初朝廷费尽九牛二虎之力平定吴三桂之乱后，范承勋在昆明做了云贵总督。这位范承勋是个风水迷，他认为昆明城风水不一般，“以紫微龙向里，若一乘旺运，便可产生帝王，是则五百年前后，不难有第二朝廷见于滇南也”。据范承勋观察，昆明的蛇山“起九顶入城，其间以王帽山、荷叶山之龙气最旺”。这位大总督就“设法破泄其气，使不能乘旺运而发生事故。于是在此两山上极力挖掘轰炸”，在山中留下了不少痕迹。后人“一看此两山上，陈着若干的横槽直箐”，便称此山为“破荷叶”——此“非范总督之遗迹耶”？

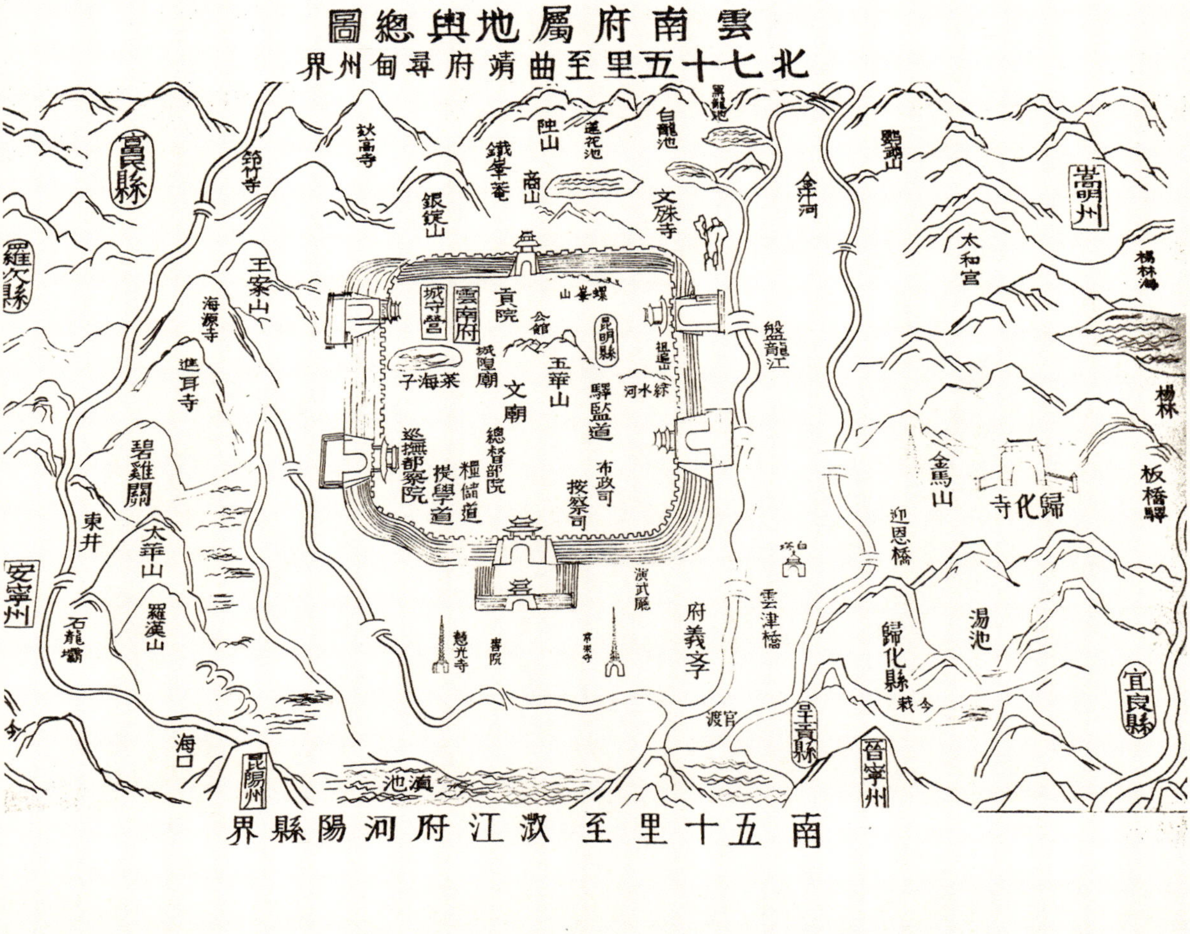

○传说中的“龟城”和“龟蛇相交”

近代昆明城的格局是在明初奠定的。

明洪武十五年（1382 年），明军平定云南后，废弃元代修筑的中庆城土城，另外修筑砖城，称云南府城。“土城”是夯土城墙，在夯土墙外再砌一层或者几层大砖就是“砖城”。近代发现不少昆明城墙旧砖，上面印有“洪武二十五年”（ 1392 年）和“洪武二十七年”（ 1394 年）等字样，可见明代昆明砖城至少修了十多年。据史料记载，明代昆明砖城墙高近三丈，东临盘龙江，南近滇池，西接草海，它沿着今天的青年路南下东风东路，再转向西，从今天的东风东路西段到南屏街、东风西路，再北上潘家湾、建设路，又向东到师大附中、文化巷、云南大学老校区，最后沿着圆通山北坡回到青年路——“拓基周九里三分”（民国《新纂云南通志》），旧时有“三里三分穿城过”之说。

有不少人说，昆明城这块地方北靠蛇山（长虫山），而蛇山有“紫微龙”之气，极其贵重。明代把昆明城建在蛇山的南面，建成一座“灵龟之城”，以南门为龟头，以北门为龟尾，直通蛇山的余脉商山，和蛇山的“紫微龙气”连接，形成“龟蛇相交”之势，就可以造福一方，造福百姓。有的人说得更神，说“龟蛇相交”可以生出“帝王之气”！

如今昆明市中心的南屏步行街西端、原大南门中心的地上嵌有一幅巨大的铜雕老昆明街道图，左右两旁有《故城记》铭文称：

昆明故城，定于元，成于明。城形似龟，南临滇池，北接蛇山蛇首，五华、圆通、祖遍三山围于城中，截菜海子为内湖，呈龟蛇相交之态，谓可福于滇。城设六

昆明市中心步行街上的《故城记》铭文

门。南门为首，取八卦震音，曰丽正门。北门为尾。东西各二门为足。由五华山至丽正门为城之中轴，余各门与中轴相通。城内多衙门、官邸、祠庙、学堂，少有民户。旧有三坊十八铺之说，坊为街区，铺指驿站。城将成，铭三石埋于地，上书“五百年前后云南胜江南”。数百年一瞬，古风犹存。滇中风物，世所赏慕，今辟南屏街步行街，于广场嵌刻清末昆明街道图，以志沧桑。岁在乙酉（2005年）正月初一记。

后来，昆明大兴坡上又出现了两组表现本地历史文化的现代浮雕，一组是“昆明八景”，一组是昆明历史，其中有一段石刻的文字说明：

据史料载，明朝初年，汪湛海根据昆明城北面的长虫山，即蛇山山脉走向，以城在蛇山之麓，与蛇山之气脉相接，形成龟蛇相交之型（应为“形”）态，取“龟蛇相交”吉祥之意，昆明城当为一大福地。遂将昆明城设计构筑为龟形，城南门为龟首，北门为龟尾，大小门为四足，六门均不对称，北偏西，南偏东，小西门向北偏，称掉尾灵龟。六门皆有瓮城，北面瓮城向东开门，大小西门和小东门之瓮城皆向南开门，而不与城门一致，以示龟动。因东方属木，“木宜直，不宜曲”。大东门瓮城故向东开门，南门龟首，自然向南。汪湛海又特制三石，刻字于石上曰：“五百年前后，云南胜江南”“万事云南占先机”。石头埋于何处，今已不得而知。

和一般人所谓“昆明龟城风水”不同，这两篇文字都没有说龟蛇相交有“帝王之气”，只说“可福于滇”，有“吉祥之意”，“昆明城当为一大福地”。铭文中没提汪湛海，石刻中大书汪湛海两次，还说是“据史料载”。

○昆明“正史”难觅“龟城”踪迹

为查找“昆明龟城”的出处，笔者翻阅了不少史料，包括明代、清代和民国时期的史书和地方志书，从正史查到野史，还查了现代地方史学者的研究成果，结果既没有发现关于“昆明龟城”风水的记录，也没有发现汪湛海这个人，更没有昆明“帝王之气”的出处。

在明清云南地方志书中，昆明地图倒是不少：明天启年间的《滇志》中有《云南布政司总地图》和《云南府地图》；清康熙年间云南府（今昆明地区）知府张毓碧所修的《云南府志》中有《云南府属地域总图》；清嘉庆年间云贵总督伯麟奉旨绘制的《滇省舆地图说》中有《云南府舆图》；清嘉庆年间云南巡抚、代云贵总督吴其濬所纂的《滇南矿厂图略》中也有《云南府舆图》；清道光年间昆明名士戴䌹孙所编《昆明县志》中有《形势图》、有《昆明县治图》，还有《城外街巷图》等。这些地图有的出自官府之门，有的出自学者之手，全都把昆明城画成一个方形或近似于方形的形状，有的画出了6座城门，都排列得整整齐齐：南门对北门，大东门

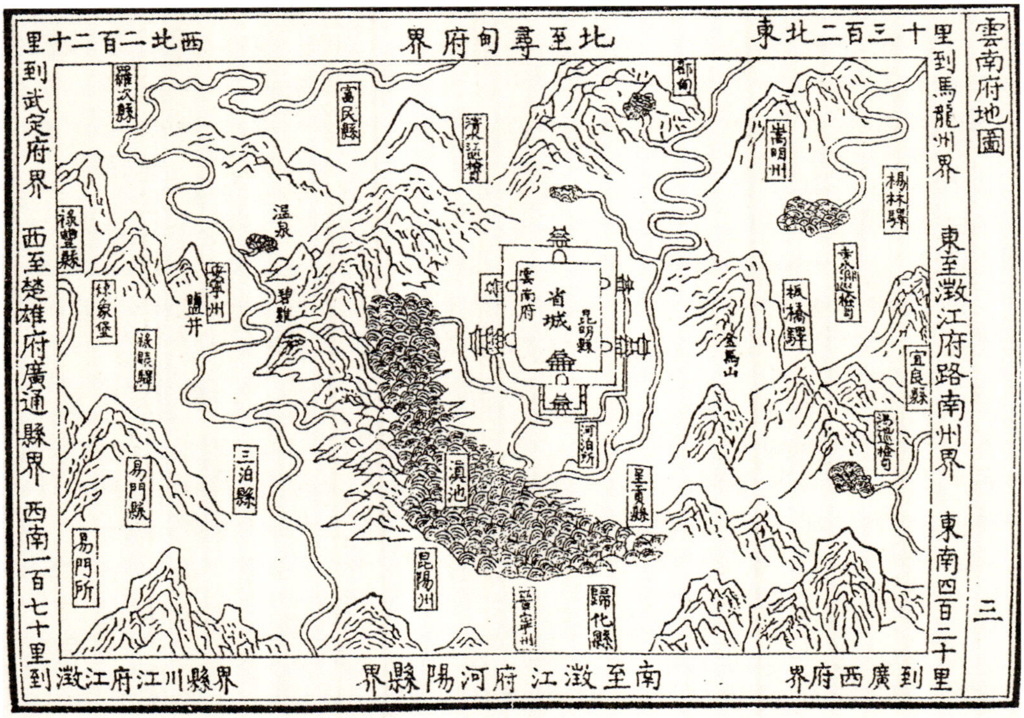

明万历《云南通志》中的云南府城地图

对大西门，小东门对小西门。

可见，明代初期建起昆明砖城以后，直到清代后期，上下五百多年，从两朝的官府到民间，从政界到学术界，到现在为止，都没发现谁说昆明是“龟城”，而且有“帝王之气”。就是那个号称精通风水的云贵总督范承勋，费尽心力破了昆明的“龙脉龙气”，也没有留下“昆明龟城”的说法。不然的话，在官府和民间学者修编的昆明志书地图上，都会画一个“龟城”，然后写段文字注释一番。相反，民国初年成书的《昆明市志》却说：昆明城“形如梯式，西北面成长方形，东南面成三角形”。后来的《续云南通志长编》照抄了这段话，说“云南省会旧有城”，而“形如梯式，西北面成长方形，东南面成三角形”。

按照这些记载，与其说老昆明是座“龟城”，还不如说老昆明是座“梯城”。再说老昆明的街巷布局，被认为是规划粗放的网格道路与自发生长的小街巷的双重叠加，空间级差十分明显，呈现的是“树形城市结构”，而非“龟纹结构”。

严格地说，这些地方志上的“方城”画得也不够准确，老昆明南城墙的西段近于弧形。近代地方志书上刊载的地图也如实地表现了这个“弧”，如近代《新纂云

在明天启《滇志》云南府（昆明）地图上，老昆明城又是方形

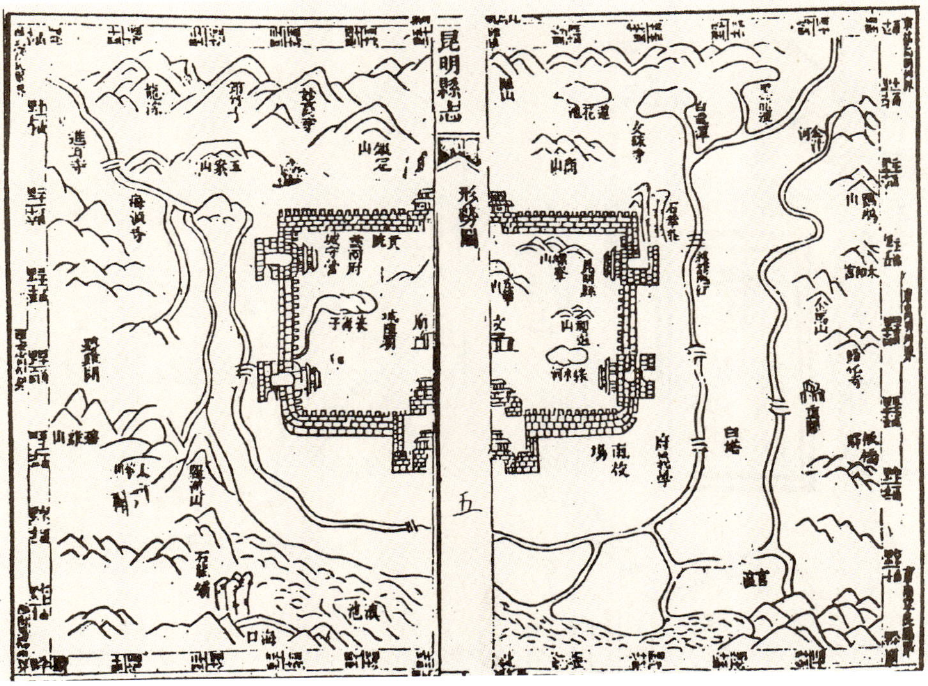

在清道光《昆明县志》的地形图上，昆明城还是方形

南通志》中的《昆明市图》等。但从古代地图上可以看出，在明清两代官方和民间学者的眼里，昆明城还是一座方方正正的标准形状的城池，而不是一座“龟城”。如同有人为了证明昆明是龟城，就画一张外形极似乌龟的地图，六个瓮城形似龟头、龟尾和龟脚，城里的街巷则如同龟背、如同龟背上的纹路，一眼看上去就是只乌龟——这就是说，你心里的昆明城是什么样，你就会画出个什么样的昆明城来。古人认为昆明是规规矩矩的传统形状，就把老昆明城画成方形；有人认为老昆明城是“龟蛇相交”的“灵龟之城”，就把老昆明城画成“龟形”，都是一个道理。

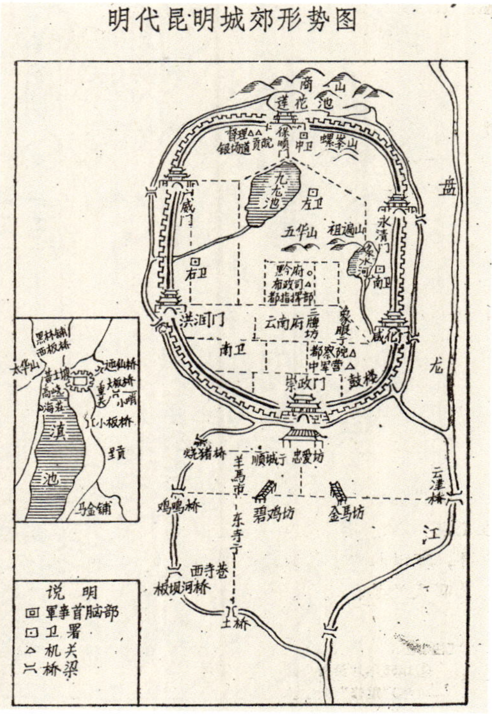

《昆明市志长编》中的明代昆明城示意图上，昆明城近似椭圆形

清嘉庆二十三年（1818 年），在云贵总督伯麟奉旨绘制上奏朝廷的《滇省舆地图说》中，昆明城仍然为方形

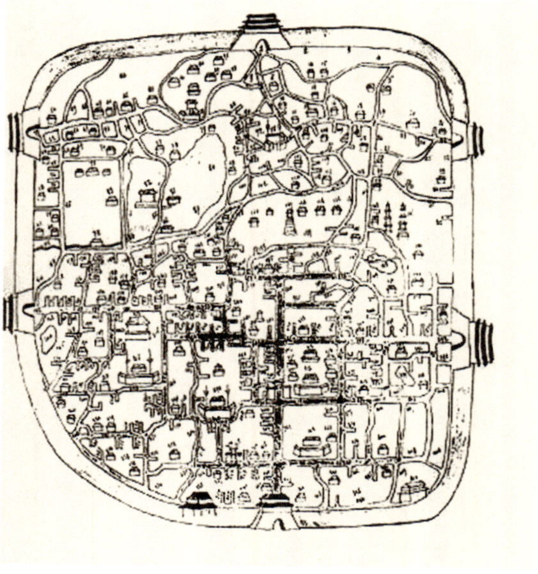

100 多年前，法国驻云南府总领事方苏雅手绘的昆明城地图，被认为是个龟形，成为“昆明龟城”的论据之一

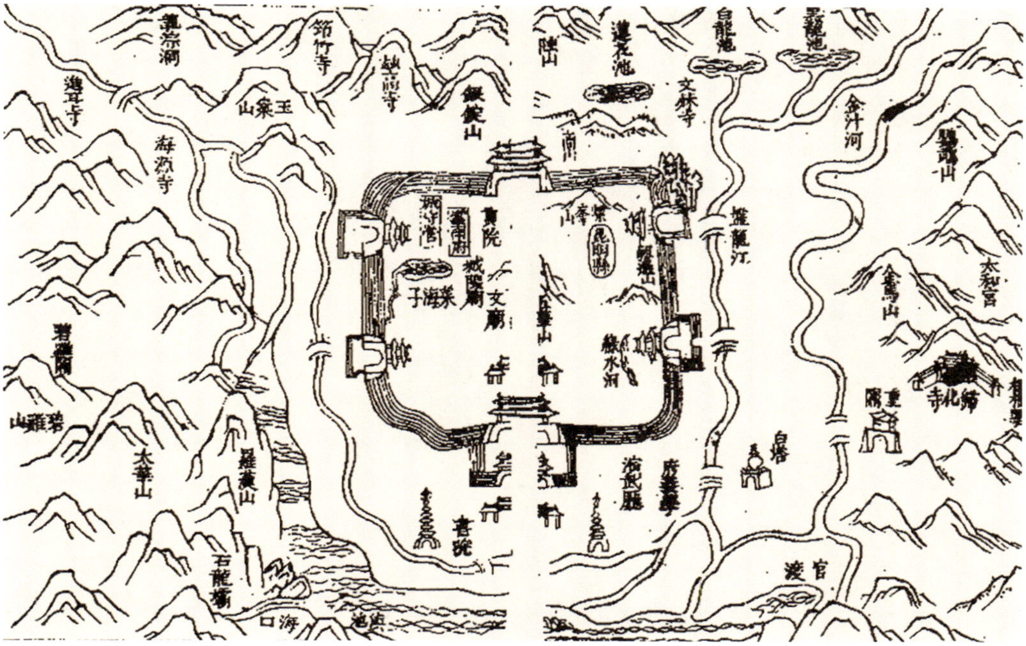

清康熙《云南府志》中昆明县地图上的昆明城呈现为缺角的正方形

○罗养儒所记“一般堪舆家之所云”

据笔者检索，关于“昆明龟城风水说”和“大堪舆家汪湛海”的文字记载，最早出自近代罗养儒的《纪我所知集》（《云南掌故》）。这是一本历史笔记，成书于 1959 年，涉及的主要是清代和民国初期的社会状况。

罗养儒在《纪我所知集》（《云南掌故》）中说，昆明城形状似龟，“传云”——传说还是一只“灵龟”：“南门是龟头，北门是龟尾，大东门、小东门和大南门、小南门是龟的四足”。昆明 6 座城门外都有瓮城，即在城门外再围一小城，并另开城门。昆明南城门、瓮城门都朝南，这是龟头所向；北城门朝北，瓮城门朝东，朝向不同，这叫“灵龟掉尾”；大西门、小西门朝西，瓮城门朝南，小东门朝东，瓮城门朝南，朝向都不同，这是灵龟的“四足起动”——如此一来，昆明砖城就非“灵龟之城”莫属了。

《纪我所知集》（《云南掌故》）有《谈谈昆明城之山龙地脉》一节，称“据一般堪舆家（风水师）之所云”，昆明的主山为清代名士孙髯翁在大观楼长联里说的“北走蜿蜒”的蛇山，这条山脉很长很雄壮，它的地脉龙气起于五六百里之外的

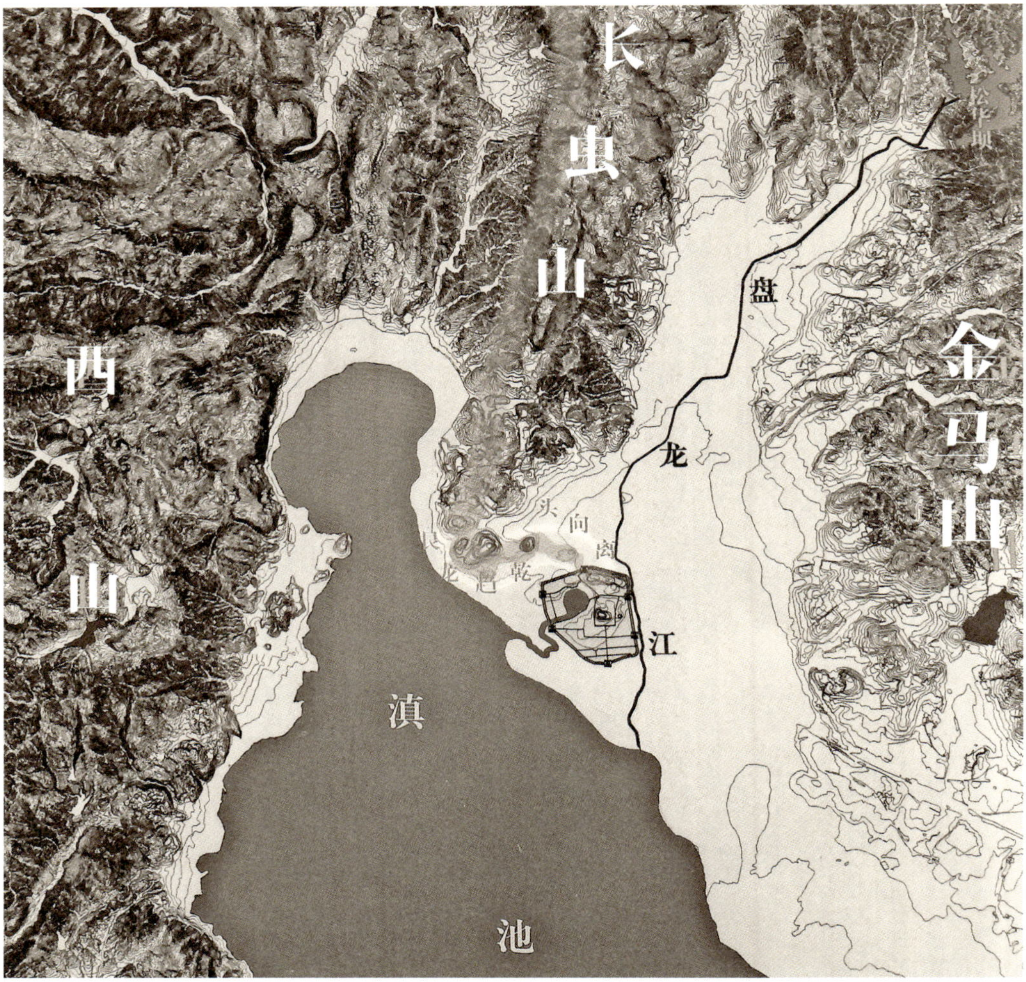

这是一幅诠释长虫山“艮龙趋乾、掉头向离”，下接昆明城的效果图（原载《春城昆明》）

会泽西北，可谓“来龙”遥远。这条龙脉蜿蜒而下，弯弯扭扭，起起伏伏，伸伸缩缩，延展了将近300公里，进入昆明境内，在铁峰庵形成一道高崖，脉气更加旺盛。接着又向南进入昆明城，九起九伏，层层降低，成为昆明城里的“三山”，就是圆通山、五华山和祖遍山。其中五华山又分为五脉，再往南延展，正中的一脉向南一直延伸到文庙才结束。这段文字中最重要的是这句话：风水师们无不认长虫山昂首朝天，自北向南而来，有紫微龙之气，极其尊贵。

在《纪我所知集》（《云南掌故》）的《铁峰庵》一节中，也有一段相关的记述，意思大同小异。最重要的也是这句：风水师都说，“蛇山为紫微龙”，“有北面之尊，至贵之龙气也”——风水师们都讲，蛇山是紫微龙，有“北面之尊”，即帝王之相。而所谓“至贵之龙气”，当然就是“帝王之气”了。

小东门外水塘中有二石，一似鱼头，一似鱼尾，“水满之时，犹如鲤鱼跃起水中，惟妙惟肖。而壁光楼（小东门城楼）临其上，如鱼吐之幻景”，因称“鱼吐蜃楼”，寓意祥和，曾被列为昆明十景之一（民国《昆明市志》）。所谓“龟蛇相交”的传说，也有求吉求祥之意

罗养儒还记录了昆明风水师更精彩的说法，称发现蛇山“紫微龙气”和“至贵之龙气”的是“大堪舆家汪湛海”。这位风水大师是朱元璋亲自派来重建昆明城的。来到昆明之后，汪湛海从头到尾、仔细查看了昆明的风水，终于看出了蛇山的“紫微龙之气”。于是，汪湛海就靠着蛇山修了座“龟形之城”，以“龟蛇相交”来“造福”昆明人。修建昆明城的时候，汪湛海在五华山右边山脉一个呈瓜形的高处定下罗盘，后来就在这里建起了巡抚公署（约在今福照街老昆八中校址）。汪湛海往西走，还见到一处靠南向北的背阴坡（约在今武成电影院处），于是建了座城隍庙加以镇压。汪湛海还看好圆通山南麓一个靠北朝南的向阳坡（约在今圆通街连云宾馆一带），又建了座太阳宫来突出那里的风水。经过整整 8 年的惨淡经营，昆明龟城“功始告成”，出现在蛇山脚下，以“龟蛇相交”为云南人造福——不过，在这段文字之前，罗养儒特别负责任地写下了两个字：“传云”——意思是“传说”，而非“确说”也。

在昆明城市规划展览馆的相关介绍涉及“龟城”时，用语十分谨慎，其称：

堪舆家一般认为，昆明形势“三面环山，一面临水”，为建城的风水宝地。特别是长虫主山，旺龙远脉，有“头在云南，尾在四川”之说。其蜿蜒曲折，势如游龙，从东北而来，行至昆明，龙气更旺，跌宕起伏，“由西绕南至圆通山而开玉屏，吐出五华秀气”。五华分五支，中支阳面结于文庙。由阴阳五行看，艮龙趋乾，掉头向离，乃是难得的“紫微龙”，极为尊贵。为接龙脉，昆明城池北移，囊龙首于城中，

城形如龟，呈龟蛇相交之态。

文中引用了罗养儒《纪我所知集》（《云南掌故》）中的原话。而罗养儒称此说原“据一般堪舆家（风水师）之所云”，此文则称“堪舆家一般认为”，有异曲同工之妙。

罗养儒老人的《纪我所知集》写了10多年，到1959年才完成，后来放进云南省图书馆，被“束之高阁”。1996年以《云南掌故》的书名正式出版。进入21世纪，罗养儒老人记录的昆明风水说突然大红大紫，在一些圈子里，已经到了人人争说“灵龟之城”，个个必称“龟蛇相交”“帝王之气”的地步。不过好多人都没提一下昆明龟城说的文字首发者和首发处：这个首发者就是罗养儒老先生，而首发处是罗养儒老先生的《纪我所知集》即《云南掌故》这本书。

○昆明“龟蛇相克”的“民间故事”

昆明有一首民谣这样唱道：“长虫山，长虫山，吃云南，屙四川。”老昆明人相信长虫山的“脉”起于滇东北的会泽一带。明清时期，那里曾经归四川管辖，于是长虫山就成了联系云南和四川的纽带。如果把长虫山南端的铁峰看作“蛇头”，它的“蛇尾”就盘到了四川——“吃云南，屙四川”就顺理成章了。昆明坊间传说，长虫山中有大蛇昼伏夜出，吃的是云南的庄稼，屙到四川的是财宝。后来仙道张三丰向太上老君要来一颗宝珠，在长虫山西面的山头建庙供了起来。那颗宝珠日夜放光，长虫日夜昏睡。张三丰又在蛇山的额顶建起一座道观，镇住大蛇。那寺庙就是今天的妙高寺，那道观就是后来的铁峰庵——传说“铁峰庵”早年叫“铁丰庵”，就有纪念张三丰的意思。坊间还有一种说法，认为昆明人不善于经商，许多四川人经常通过古代的五尺道从滇东北到昆明来做生意。他们赚了钱，发了财，又顺着这条古道衣锦还乡，回到四川——这才是现实生活中“吃云南，屙四川”的真实含义。

昆明还有个传说，明朝初年镇守云南的黔国公沐英梦见一条巨蟒窜到昆明，把城里的财宝一口吞下去。沐英急召翠湖九龙池的九龙。九龙骑着神龟赶到，用神龟镇住了巨蟒。后来沐英就建了座龟城，以求长治久安。早在元代，李源道就在《圆通寺记》中记了一条“俚俗传闻”：南诏时蛇山余脉盘坤山（今圆通山）中有岩洞，洞中潜藏蛟蛇，“大为害民”。南诏时在岩洞前建了座寺庙，才把蛟害镇压住了（明《云南图经志书》）。传说生活在元代的盘龙寺祖师觉照和尚最大的本事就是“咒蛟降龙”，他先在盘龙山咒蛟降龙而建盘龙寺，又在螺峰山咒蛟降龙而筑咒蛟台，而觉照降龙降蛟之咒，就是大禹治水时留下的岣嵝文，至今安宁温泉有“禹碑”、圆通寺后有咒蛟台，圆通寺大殿上还有巨龙盘柱，据说就是被降服后罚在殿前听经的恶蛟。圆通寺后有岩洞，据说可以连通蛇山。清代民间“古老相传”，有人游四川岩洞，竟从此洞钻了出来。官府认为此事不祥，唯恐有奸人藏在洞中，便将此洞封闭（清《滇海虞衡志》）。如今岩洞仍被堵塞，外人难进。

风水先生说蛇山有紫微龙之气，修龟城是“接旺气”。而在昆明民间传说中，蛇山又成了危害昆明的大蟒蛇，修昆明龟城不是为了“接旺气”，而是为了镇压蛇山，镇压巨蟒。从唐代筑拓东城开始，下至于清代，在昆明人心中，长虫山的“蛇气”从来不是一个吉祥之物。在昆明方言里，“吃家饭，屙野屎”从来都是骂人的话，“吃云南，屙四川”的长虫山就难免“恶名在外”了。昆明民间镇蛇、镇蛟传说不少，清代学者师范在《滇系》中记了一条：元代大德年间，滇池有蛟蛇“化美少年淫妇女，居民苦之”，后来大黑天神捉拿“美少年”，还其蛟蛇原形，斩杀除害。昆明南城外有东、西寺塔，塔顶有迦楼罗神鸟铜像，据说专吃恶蛟孽龙。昆明城东地藏寺有经幢，传说也是镇压作怪蛟龙的神物——如此等等，可见蛟蛇在昆明人心中的地位。

有意思的是，昆明“龟城”风水说流传到今天，还出现了另一个版本，与罗养儒的记载有所不同。此说称汪湛海所建龟城以大东门、小东门、大西门、小西门为四足，以东寺塔、西寺塔为龟须，而以金马坊、碧鸡坊为龟眼，还有一座忠爱坊，“则是锁着乌龟的一道枷锁”（《昆明建城传说》）——同是汪湛海筑龟城说，罗养儒所记和民间所说，既有“大同”，也有“小异”，值得推敲之处不少：一个说蛇山蛇恶，沐英引龟镇蛇，龟蛇相克而城安；一个说蛇山蛇吉，汪湛海以龟接蛇，龟蛇相交以造福；但“龟蛇万年”的吉相都造出来了，又建座忠爱坊给“灵龟”上一道“枷锁”——莫名其妙，孰是孰非？

昆明坊间还有一说，认为坐落在今天如安街的明清巡抚衙门（昆八中旧址）形似乌龟，那才是真正的“龟城”，是镇压全城风水的关键所在。此说也有个大问题：如果巡抚衙门真是镇压全城风水的关键，进驻此风水宝地的就应该是地位比巡抚衙门更高的总督署，否则，巡抚衙门的风水强势到可以“镇压”总督署，岂非“以下犯上”？历代云贵总督岂能住得安心，坐得安稳？

提到昆明建城，旧时有儿歌唱道：

丫乌丫乌团团，火烧龙船。
有人买米，掼下海底。
海底陷落，摸也摸不着。
官兵下马，救起一只癞蛤蟆。
爬上一只金龟，一崴一崴朝前追。
追过圆通山，力气耗干。

就地躺下，慢慢长大。

太阳出来火烧云，变座大城叫昆明。

童言无忌。但“变座大城”的是“癞蛤蟆”还是“金龟”，仍然不清楚……

○从“汪湛海”到“汪藏海”

至于罗养儒先生所记“一般堪舆家之所云”的汪湛海先生，虽然一般史志中都不见记载，但一些老昆明人对“汪湛海修龟城”都耳熟能详，津津乐道。求助于互联网，“汪湛海”三个字几乎只和昆明筑城有关，顶多再加上一个滇东的曲靖城。到互联网上寻找“汪湛海”的小伙伴不少，失望之余，甚至求教这位“汪湛海”是不是惊悚小说《盗墓笔记》中的“汪藏海”。看来罗养儒先生所记不虚，这位“汪湛海”只是一个“传云”中的人物。

据笔者检索到的另一个“传云”：明初的刑部、兵部、工部尚书吴中原名叫汪藏海，三岁时过继给吴姓，才随养父姓吴。吴中早年曾师从日本僧人，学到了唐代以后在本土失传的阴阳学和风水学。查阅《明史》，其中确有《吴中传》，但没有类似的“传云”记载，只说吴中勤敏而善于算计，当了多年的工部尚书，营造过北京的宫殿，还为皇帝修了三大陵墓：长陵、献陵和景陵。尽管事务纷繁，吴中都规划得井然有序。但吴中不体恤工匠，又迷恋声色，被当时的舆论所鄙视。按《明史》的记载，这个吴中生于明洪武六年（1373 年），昆明砖城始建于明代的洪武十五年（1382 年），这时吴中才九岁，不可能跑到云南来修昆明城。

至于“传云”中的汪湛海故事，民间版本不少：说这位“定脉寻龙”的“鼻祖”在筑昆明城之前，就修筑了南京城和朱元璋墓，修筑昆明城之后，还筑了滇东的曲靖城、滇西的巍山城，更在长白山的首领峰上筑过一座看似悬浮空中的宫殿，又跑到广东筑起了澳门老城。明永乐年间，汪湛海在广西桂林辞世，葬在此前他在海南为自己修建的海底墓中，无人可寻。

关于汪湛海的结局，罗养儒还有一段话：“昔人传云：明代汪湛海之建筑昆明城也，经八年之惨淡经营，功始告成。复于城内一一规划，如万寿亭（旧址在今五华山上）、如文武圣庙及重要祠祀，与夫各大衙署之所在处，均依龙气而规定。若贡院之地场，亦汪所勘定者也。缘以虹山气脉于蜿蜒入城之际，至五福寺侧竟分出一支，起顶开面，有如瓜蔓杈上突结一实，气势雄大，非寺观衙署得而镇压，宜以文场镇之。然建筑贡院时（旧址在今云南大学内），汪已去昆久矣，后人乃就其指定处而建筑之也。汪于筑城工竣，即走往禄丰县境内距县城数十里某山寺内剃发为僧，随殁于是处，禄丰人悉能言之。”

云南贡院始建于明景泰年间。明朝初年，云南生员要到应天府(今南京)贡院参加乡试，十分不便。明永乐九年（公元1411年）起改在昆明开考，当时还没有建贡院，就在官府衙门、文庙、学堂考试。明景泰四年（公元1453年）在昆明建成贡院，云南乡试才有了专门的考场。此时距昆明砖城建成已经70年，而地址也不在今云南大学东陆园址，而在长春观（今文庙）旁。在明代中期的一百多年里，贵州生员也要到昆明来赶考。后来应考生员大增,多至数千,老贡院规模太小。直到明弘治十二年（1499年），才在今天的云南大学东陆园所在地新建贡院，这已经是明初昆明砖城建成一百多年后的事了，要说它是“传云”汪湛海百年前的设计，恐怕勉强。

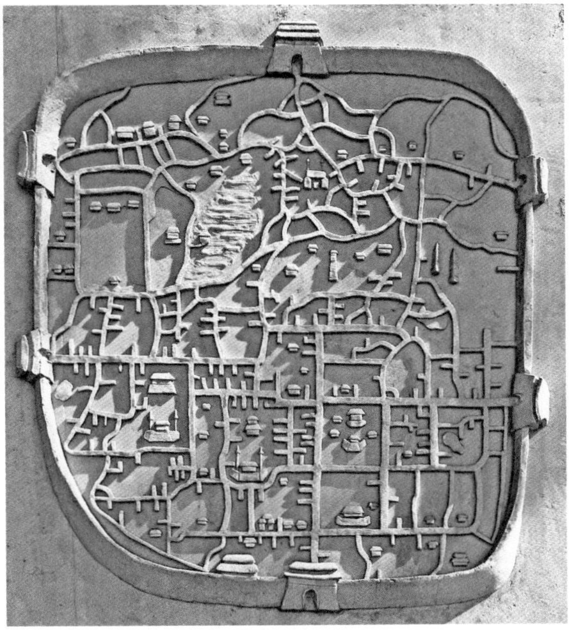

这幅“确凿”的昆明城图又诠释了“汪湛海”的“昆明龟城”论

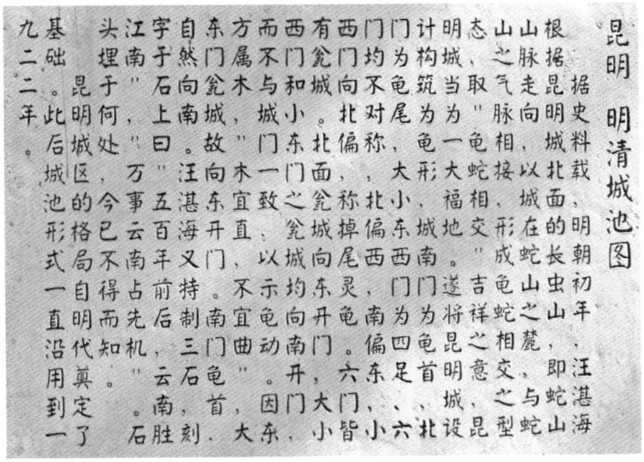

这幅“确凿”的刻字提到了汪湛海

至于说“传云”的汪湛海后来到禄丰山寺出家，并死葬其处，笔者在近代《新纂云南通志·金石考》中查到一方“汪藏海”墓碑，此碑就在“禄丰、罗次两县交界之姚林清莲寺后”。据通志编纂人员记录，此碑高四尺，文在碑头，高约一尺，宽两尺，字大六分，共三百多字。这位“汪藏海”是不是“传云”的汪湛海？再查了一下，姚林今称姚陵，清莲寺为青莲寺，在禄丰县城东北，距县城约20公里，与罗养儒所记差不多。这座青莲寺为明崇祯年间净土宗和尚大千所建，题写碑文的王锡衮是禄丰当地人，明天启二年（1622年）进士，后来做到礼部右侍郎，明崇祯十六年（1643年）回乡为母亲守孝，两年后倾其家财，招募义勇赴昆明抗清。其为汪藏海题碑，当在此两年间。《新纂云南通志·金石考》

说，王锡衮为汪藏海所题碑文记叙了墓主“出家始末”，其原籍为安徽歙县，精通“堪舆术”（风水学说），没有说他筑过城，只说他著有一本《滇南钳记秘本》——风水师的“钳记”又称“钤记”，是风水师对某个地势的分析和预测，一说就是风水师眼中的“富贵墓穴”，用隐语记录下来，以荫福后人，如此而已。

综合来看，“姚林”汪藏海出家、辞世都在明崇祯年间，其辞世更是在昆明砖城建成250多年之后，而王锡衮出身进士，身居礼部要职，也不至于把“汪湛海”写作“汪藏海”——显然，这位“禄丰人悉能言之”的汪藏海与“传云”修建昆明砖城的汪湛海无关。

○老昆明轴线“东移”说

按正史记载，明初与昆明城有关的著名风水师是费良弼。明正德年间的《云南志》、清康熙年间的《云南府志》、嘉庆年间的《滇系》、道光年间的《昆明县志》和民国《新纂云南通志》都提到此人，说他曾任苏州知府，明洪武年间因事充军昆明。费良弼精通天象，戍守昆明之时，每天披铠甲、执兵器，登临城墙，眺望星象，风雨无阻。镇守云南的西平侯沐春对费良弼以礼相待，在靠近昆明城墙的地方为他盖了所房子，不但配有厨房，还派一个小兵照顾他的生活。费良弼有几天卧床不起，沐春派人去探望。他给沐春捎话说：“我没有什么病痛，只是因为皇上晏驾，心中难受。”过了十多天，哀诏果然到了昆明。据说费良弼看风水还看出了门道。早先昆明的崇正门（大南门）在城池的西南处，“直下羊市街（今南通街）”。费良弼说这个风水不好，大南门才被迁移到偏东之处。后来费良弼被召回京城当博士去了——一说明代昆明砖城的城楼是到沐春手上才建好的，此时移动城门，并非不可能。

昆明坊间的传说把“迁移城门”的故事搬到了清朝。昆明老人杨汝洲说：“我的曾祖父杨瀛于清咸（丰）同（治）年间在藩台（衙门）办文案。幼时常听祖父讲，汪湛海筑的大南门位置正对总督署（今胜利堂），即从甬道街出城，两边有钟楼和鼓楼，再到南通街、东寺街，两旁有东西寺塔。总督署向北，经过民权街、华山西路、北门街到（北门）望京楼，都在一条中轴线上。迷信风水的总督范承勋把大南门（乌龟头）转移到今天的近日公园，即破了龙脉正气，免除产生帝王之忧。这个‘龟头移位’的传说，昆明城乡八九十岁的老人都能滔滔讲述。1947年翻修正义路，拆去青石块浇灌水泥路面，很多老昆明人都说，正义路昔为五华山下的突杉箐沟。”

再查近代《续云南通志长编》，其中有这样的记载，清康熙二十年（1681年），

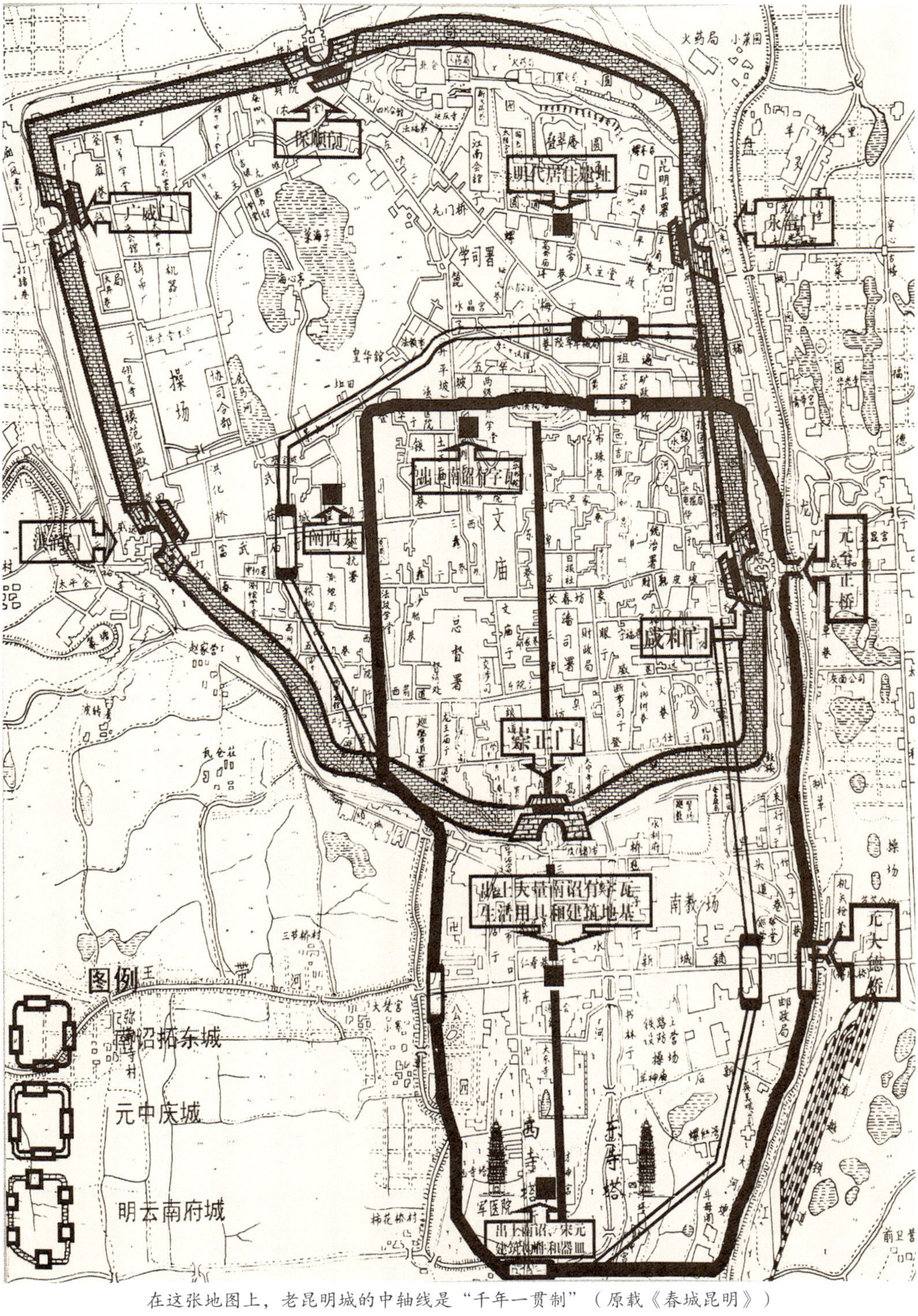

在这张地图上，老昆明城的中轴线是“千年一贯制”（原载《春城昆明》）

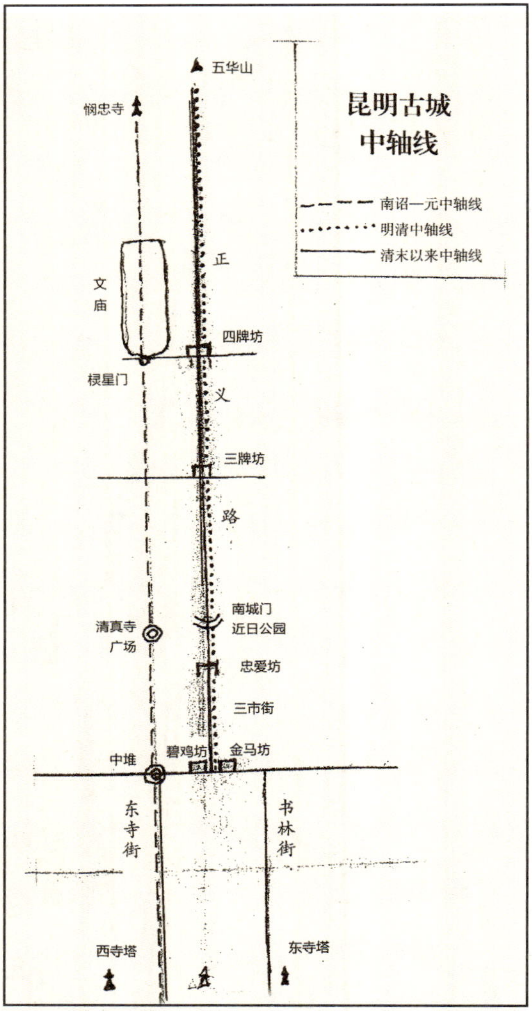

这张地图上昆明古城有两条中轴线（原载《昆明古城与滇池》）

朝廷“以大兵围攻吴三桂，（昆明城墙）倾圮，重修”。在这次长达半年之久的围城战中，大南门是主战场，创伤不少，战后重修，自不可免。主持重修的就是范承勋，但他是不是搞了“龟头移位”，《续云南通志长编》没有说。

另一条线索出现在光绪二十九年（1903年）年底，当时的《滇南钞报》报道说，为修筑从西辕门到大行宫正门的道路，工人先要筑沟，刚刚下挖几寸，忽然发现一条暗沟，石板、沟墙都很完整。工务局查勘后认为：“只需挖去淤泥，即与新筑无异。”这条路被称为“督辕东路马路”，应为从总督署到藩台衙门之间的东院街（今光华街东段），旧沟何时所建，为何填埋，是否和老昆明城中轴线位移有关，值得研究。

事实上，老昆明的南城门和北城门并不在一条中轴线上，二者偏离达数百米之多——如果昆明真是“龟城”，也是一只“歪龟”，不知这是传说中明代风水师汪先生造城的杰作，还是清代范总督精心改造昆明城的政绩？

上述两个说法相撞，“龟城论”就乱套了：道光《昆明县志》说主张移动城门的是明洪武年间的充军罪犯费良弼，而坊间传说中却被换成了清康熙年间的大总督范承勋。“传云”中的汪湛海建“龟蛇相交”的云南府城让明代镇守云南的沐家沾上“紫微龙之气”，而“史载”的费良弼则认为当时昆明城的中轴线对明代镇守云南的沐家不利。传说中的清代范总督则认为昆明城中轴线对清代皇室爱新觉罗家不利——那是一条“龙脉”，足以产生“帝王之气”，必须移动南城门，堵死甬道街，才能破除昆明的“龙脉正气”，根除云南内乱之源——可见范承勋等人的“大兴风水”，不仅在云南“状元”袁嘉穀的《滇绎》和罗养儒的《纪我所知集》（《云南掌故》）中留下了记录，在民间也颇有“口碑”，尽管虚实莫辨，仍有蛛丝马迹可寻。

○“五百年后云南胜江南”

据罗养儒的《纪我所知集》（《云南掌故》）说，昆明龟城建成以后，汪湛海还特别打制了一块石碑，刻上10个大字：“五百年前后，云南胜江南”，然后埋在昆明城地下。这块碑近600年而“不知何处”——至今没有下落，但传说却越来越玄。有人说汪湛海埋的石碑不止一块，是两块，还有人说不是两块，是三块。三块碑上所刻之字，除了“五百年前后，云南胜江南”以外，还有一块碑刻有八个字：“五百年后有王者兴”。另外一块碑的刻字就无从知晓了。这三块碑埋在何处？谁也不知道。不过，后来还是有人把第三碑上刻的文字也“考证”出来了，也是8个字：“万事此地当占先机”。

明太祖画像

民国初期昆明开始拆城楼、拆城墙，到20世纪中期，拆了30多年，昆明城墙全部拆完。近40年以来，昆明旧城改造，老昆明市区多次大兴土木，修公园，挖防空洞，修隧道，拆老房子，盖新高楼，挖老街，修新路，里里外外、上上下下不知挖了多少遍，也没有发现所谓“汪湛海石碑”。

○大南门出土龟石之谜

罗养儒在《纪我所知集》（《云南掌故》）中说，昆明龟城建成后，汪堪海还用石头凿了一块“形端体正、惟妙惟肖”的神龟，藏在“南城门之泥土中”，以证实昆明城是一个“龟城”。他还说，1923年拆除南门瓮城时，这块石龟出土，其“制作工绝”，有一尺多长，可以证明汪湛海“相龟形而筑城”之事不假——汪湛

民国初期施工改造后的正义门，据说龟石就是在改造工程时出土的（原载民国《昆明市志》）

海确实建了座龟城。另据万揆一《滇云旧闻录》记载："1923年5月，昆明大南门及其瓮城开始拆除。工程进行中，挖出一个1丈多长的大石龟，上面刻有'大明洪武'字样。石龟头部已风化泐蚀，出土时又损毁了尾部。据考证，那是明洪武十五年（1382年）改元代中庆路为云南府，建造砖城时的遗物。"但万揆一没有说这"遗物"可以证明昆明就是"龟城"。至于石龟本身，罗养儒说它长一尺多，万揆一说它"1丈多长"，不知究竟，也不能确定年代。

查民国《昆明市志》，民国初期，昆明刚刚建市不久，就拆掉了南门的瓮城，修建了近日公园，立了一座护国起义纪念标，又在四周挖开城墙，修成环形马路，还在城楼上建了护国起义纪念博物馆，这是昆明建市后的第一大标志性市政工程，也是当时的云南督军兼省长唐继尧的第一政绩工程。所谓"石龟出土"，就在此时。

这个工程完工以后，昆明市政公所（市政府）编写的《昆明市志》用很大的篇幅记录了拆瓮城、修公园、修道路的全过程，当中却没有提到这块"龟石"。主持这项工程的昆明市市政督办（首任昆明市市长）叫张维翰，他写了上千字的《整理城南交通工程记》，刻成一块碑，立在近日公园，对这项工程的来龙去脉说得很细，但也没提到"龟石"。

以当时的情势而论，护国起义胜利之后，唐继尧号称"云南王"，风头正劲，曾借"护法"之名，组织"靖国军"，号称要"会师武汉，立马幽燕"。此时在近日楼兴建护国起义纪念博物馆，在楼前公园建立所谓"唐公再造共和纪念标"，正是为唐继尧称霸西南造舆论。据说举行落成典礼时，空中突然"彩云南现"，唐继尧与众人乐不可支，举杯相互庆贺。此时挖出五百多年前埋下的"神龟之石"，正可证明"五百年后云南胜江南""五百年后有王者兴"等等，岂非"天命在身"之铁证？然而唐继尧们却不出一言，错失良机。当局先是拆了“龟头”南门瓮城，让昆明城变成“无头乌龟”；后来又在大南门以东开了个护国门，昆明城再变身“歪头乌龟”。如此自断“福气”风水，自毁称霸前程，实在不可思议——可见当时昆明的主流“官意”和民意都不认同“灵龟之城”和“帝王之气”的说法。否则，岂能一误再误，破了“龟蛇相交”、败了龟城风水、泄了紫微龙气？

如今来看，那块“神龟之石”，也就是修筑或修复昆明城墙时埋下的一块奠基石，挖出来后才被附会为汪湛海的“龟城之石”。

奠基是中国古老的习俗，大到建国都、宫殿、城墙，小到民间建房、安放猪槽、鸡舍，都要奠基。商周时宫室奠基用牛、羊、狗三牲，有时还用人作牺牲。后来用奠基石取代牺牲品，以此祭献神灵，镇煞驱邪，以求建筑物稳固，居者安康，还有为建筑物定点的作用，因此又称“镇石”，成为中国传统建筑的通例。

国内不少老城墙下都出土过各种动物形状的奠基石，其中老北京城就有三块，全都是龟形。北京南城正门（正阳门）东侧的崇文门旁有座镇海寺，寺中有个铁铸的镇海铁龟，号称“崇文铁龟”，名气很大。据说崇文门瓮城外的护城河桥

这是呈贡王家营黔国公沐氏家族的沐详夫妇合葬墓前的墓碑底座龟趺。昆明砖城就是沐家主持修的，不知昆明城墙下挖出的“石龟”是不是这般模样

如今金殿有一个石雕赑屃，是这般模样

下有个海眼，建城时铸了一只铁龟把海眼镇住，以保护北京城的平安。后来铁龟出土，就建了座镇海寺，把铁龟供奉起来，为北京城求福避灾。拆除北京旧城墙的时候，又发现了两块石雕龟趺，一块在东便门城墙下，一块在西便门城墙下，出土时都已经是残块，仅得以“半身”亮相。

龟趺，石碑的龟形底座，多为赑屃形状。赑屃，传说中龟名，在中国传统文化中，它是龙子，是灵兽，可驮三山五岳，其形石雕多用在重物之下。龟趺常被称为石龟。昆明城墙和北京城墙都建于明代初期，昆明南门石龟和北京城墙下出土石雕一样，都是赑屃形龟趺，都是奠基石。北京龟趺出土后，民间甚至出现了“赑屃驮着北京城”的说法，但也没有谁说北京是龟城。同样的道理，昆明南城门出土的那块残缺的龟石，正是昆明城南端的奠基石，又因为昆明城南临滇池，它还是一块“定海”之石，作用是为砖城“定点”，为官民“镇水”，祈求城固民安，而并非“汪湛海相龟形而筑城，特以此证明”［《纪我所知集》（《云南掌故》）］。

最后，按照清道光《昆明县志》的记载和坊间的传说，明初修建砖城时的大南门早已被拆除，重修的大南门在原大南门以东数百米处。所以，民国初期挖出来的这块龟石也不可能是汪湛海埋在“南城门之泥土中”的龟石——如果明初真有个汪湛海，而汪湛海也真埋了块龟石的话。

○“风水”正误

认真阅读罗养儒的《纪我所知集》（《云南掌故》），可以看出，罗老先生对昆明龟城风水的说法也是有保留的。他并没有完全肯定昆明龟城风水的说法。在该书中，老先生几次声明，自己只是“纪我所知”而已。比如说，罗老先生介绍昆明风水的时候使用了一些关键字：

传统风水学说的理论基础是《易经》和八卦，如今金殿的八卦刻石，仍然吸引了不少参观者

一个是“传云”［见《纪我所知集》（《云南掌故》）之《昆明城池之建置》］，意思就是“有传说这样讲”；

一个是“兹据一般堪舆家之所云而笔于下”［见《纪我所知集》（《云南掌故》）之《谈谈昆明城之山龙地脉》］，意思就是“这里所写的文字，是根据一般风水师的说法记下来的”；

一个是“一般堪舆家则云”［见《纪我所知集》(《云南掌故》)之《谈谈昆明城之山龙地脉》］，意思是“一般风水师还这样说”等等。

不难看出，罗老先生的《纪我所知集》（《云南掌故》）所记昆明龟城风水的说法，大多出自风水师之口，老先生仅仅是“纪我所知”而已——你讲我写、记录成文。实际上，对于昆明风水的说法，罗老先生在好几个地方作了保留。

青龙、白虎和八卦，既是风水先生的理论，也是风水先生的招牌

例如，在《昆明城池之建置》这一节中，罗老先生认为风水之说固然是一种“陈腐理论”，但情有可原。他说，从城市的方位来讲五行，就是一种“陈腐的理论”。不过早先600年，不只是中国人喜欢五行八卦的说法，在好多事情上说不清、道不明，就是那个时候的欧洲，也有好多让人笑破嘴皮的忌讳。所以，不应该来怪罪古代中国人相信五行八卦学说并以此自豪——罗老先生这样说，前提就是风水学说也包含了一些糟粕。

事实上，罗养儒老先生也纠正了一些风水师的谬误。比如有的风水师说，汪湛海修建昆明城，是在鄯阐城的基础上改建的。罗养儒说，“此则有误”（《昆明城池之建置》）——罗老先生是对的，明代新修的昆明砖城不是在大理国时期的鄯阐城的基础上改建的，它是一座新的城堡，而不是大理国的鄯阐城、元代的中庆城的“改版”。

○“紫微龙之气”靠谱吗?

再说“紫微龙之气”。在中国传统文化中，“紫微”这两个字不得了：天上有个“紫微垣”，是天帝的帝宫。而“紫微龙气”就是“帝王之气”，当然是“至尊至贵”，不是谁想要就可以要的。

当年元世祖忽必烈统一天下，以大都（今北京）为都城。他手下的大将霸突鲁就说：“幽燕之地（今北京、天津、河北一带），龙盘虎踞，山势雄伟，天子必须住在天下的中心，接受四方臣民朝觐拜见。所以，要当皇帝，君临天下，建都的地方，非此地莫属。”（《元史·霸突鲁传》）——意思是北京有帝王之气，龙盘虎踞，

明太祖朱元璋认为南京风水天下第一

朱元璋最喜爱的孙子建文帝就在南京丢掉了皇位，逃到昆明来避难

明永乐帝朱棣认为北京的风水大胜南京

朱棣的后裔南明永历帝被勒死在昆明逼死坡，明朝最后灭亡

风水好得不得了，是天子建立都城、雄踞天下的好地方。

到了明代，朱元璋选南京（顺天府）为都城，著名文人杨荣就写了一篇《皇都大一统赋》，吹捧南京风水，把“龙盘虎踞”搬到南京来了。他说：“金陵之都（南京），王气所钟。石城有虎踞之险，钟山又有龙蟠之雄，是天下万国朝拜天子的地方。”——南京风水天下第一，“帝王之气”旺得不得了。

明成祖朱棣迁都北京以后，情况又不同了，一般文人官僚和风水师就开始贬低南京的风水而称颂北京风水。明代隆庆年间（1567~1572 年），刑部尚书郑淡泉就说，南京并非“虎踞龙盘”之地，风水并不好，山势是散的，大江是外流的，没有“帝王之气”，就是有了“帝王之气”也留不住，不是帝王建都的好地方（明《金陵琐事》）。当然，明成祖迁都北京的风水就好得很。当时的四朝元老、大学者邱浚写了本《大学衍义补》，书中就说北京是“藏风聚气”的宝地，正好对应了天上的紫微垣，“上得天时，下得地势，中得心”，自古建立都城，没有比这个应和了“天垣之紫微”的地方更合适的了。

顺便说一句，当年解放军拿下国民党政权的首都南京城后，毛泽东写了首诗说“虎踞龙盘今胜昔，天翻地覆慨而慷”——仔细品味一下，也有国民党政权气数已尽、虎踞龙盘也没有用的意思。

○谁敢玩“紫微龙”？

进一步说昆明蛇山的“紫微龙气”。据说此气“至尊至贵”，而“龟蛇相交”的“灵龟之城”更可生出“帝王之气”，成为“皇城之地”——把“皇”“帝”二字摆到明处，那总管筑城工程的沐英敢吗？

明初修建昆明城之际，正是朱元璋在位之时。这位明太祖猜忌心特别重，在历史上以滥杀功臣著名。他靠手下的能臣悍将取得了天下，又生怕手下的能臣悍将谋自己的位子，只要是个人物，稍微有点儿纰漏，逮着个理由就格杀勿论。为了斩草除根，朱元璋不但株连九族，还株连上下左右，沾着就杀，成千上万地杀。

就在沐英修建昆明砖城前后，朱元璋办了四个大案，杀了一大批人，历史上叫作“明初四大案”，其中最大的是“胡惟庸案”。这个案子发生在明洪武十三年（1380 年），就是昆明砖城修建之前的两年，明代开国元勋、丞相胡惟庸被指控“谋图不轨”，被灭了九族，同时还“灭”了胡惟庸左右、下属的一大批官员。10 年之后，明代的洪武二十三年（1390 年），朱元璋又说另一个开国元勋李善长伙同胡惟庸图谋不轨，再株连一大批功臣，又杀个天翻地覆。这场屠杀整整持续了 12 年，先后要了 8 国公、12 侯共 3 万多人的命，一直到洪武二十五年（1392 年）才告一段落。为了集权，朱

手握绝对皇权的明太祖

征伐云南“三统帅”之一的蓝玉也被朱元璋杀了，这是后人为他立的雕像

元璋趁热打铁，干脆废掉丞相制和中书省，结束了中国几千年的宰相制度。

这段时间，镇守云南的是沐英。这个沐英也是明朝的开国功臣，据说他是朱元璋的养子，还有人说他是朱元璋的私生子。当初征讨云南的明军主将是傅友德，副将有两个，一个是蓝玉，一个就是沐英。云南平定以后，傅友德和蓝玉都被朱元璋召回南京，留下沐英镇守云南。蓝玉曾经大败逃到北方的元朝残余势力，把他们的满朝文武差不多抓了个一干二净。后来蓝玉居功自傲，行为不检，虽然罪不至死，但朱元璋硬说蓝玉谋反，还是把他杀了，还剥皮填草，拿到全国示众。蓝玉的左右和部下被牵连者有一公、十三侯、二伯，死者过两万。这个案子历史上叫作“蓝玉案”，为“明初四大案”之一。傅友德的下场也不妙。朱元璋有一次在宫中大宴文武百官，竟不由分说地逼着傅友德杀了儿子，傅友德也被迫自杀，全家被流放——比起蓝玉来，这算是轻的了。

明洪武二十三年（1390 年），办完胡惟庸大案以后，朱元璋还颁布了《昭示奸党录》，一方面解释杀“奸党”之事，一方面是杀鸡给猴看，警告众人不可放肆。在这种肃杀的恐怖气氛下，从满朝文武到封疆大吏，人人自危。

说到风水和天象，朱元璋并非不懂。帮着他打天下的谋士刘基，在民间名气很大，叫刘伯温，是和诸葛亮齐名的风水大师。明洪武十六年（1383 年）正月初三，朱元璋给正在镇压云南各地反抗的将领下了一道圣旨，说从当年的天象看，从六月到十一月，月亮会三次经过一颗叫“毕”的星宿，预示着军中会有大战，军队将领必须引起注意。他嘱咐说，军队要提防有人在水中下毒，提防有人搞阴谋诡计。部队扎营的时候，一定要自己打井取水喝，如果军粮不够，就不要长期守城——这个雨季多事，既要注意防外敌，也要注意防内乱，两手都要硬——就凭着这点底气，左右又有个正儿八经的风水大师，朱元璋要辨别个“紫微垣”“紫微龙气”和“帝王之气”，就是小菜一碟了。

在这种情况下，说朱元璋会派出个风水大师，来云南找一座有“紫微龙气”的蛇山，再修建一座会产生“帝王之气”的“灵龟之城”，岂非天方夜谭？而沐英修建昆明城的十多年，正好是朱元璋办胡惟庸案的十多年，就算沐英是朱元璋的养子，眼睁睁地看着昔日顶头上司和战友一个个被砍被杀，手上捧着朱元璋颁布的《昭示奸党录》，明知朱元璋正举着屠刀吹灰找缝，就算他沐英长了九个豹子胆，又岂敢冒天子之大不韪，不惧僭越谋逆之罪，大张旗鼓地建“灵龟之城”、搞“龟蛇相交”、求“紫微龙气”和“帝王之气”，硬往朱元璋的刀口上撞？如此顶风作案，岂不是拿着脑袋开玩笑？

在明初“四大案”中最早人头落地的是丞相胡惟庸

○朱元璋眼中的云南“紫微龙”

沐英一说为朱元璋养子，远在边疆镇守云南，不但用兵有方，多次平定地方反抗，还大兴屯田，发展农业，很有作为。另一方面，沐英又处处谨慎、事事小心。因此深得朱元璋的宠爱和信任。沐英从云南回南京述职，朱元璋曾经说：“能让我高枕无忧、不用担心云南的，就是你沐英了。”朱元璋在奉天殿大宴群臣，欢迎沐英，赐给沐英金银锦帛，数以万计。朱元璋又怕沐英不在云南，边疆会出意外，催着沐英回云南。他抚摸着沐英的后背，又说了一遍：“只要你在云南，我就不会担忧了。”

朱元璋为什么对云南有“南顾之忧”？当初朱元璋不惜血本，动用9个省的兵马粮草，大举进攻云南，想解决的，就是这个“南顾之忧”。

朱元璋“忧”些什么？为什么会“忧”？

第一个是历史。云南山高皇帝远，用《明史》的话来说，朱元璋认为云南“险僻”：“险”是山高；“僻”是边远。早在唐代和宋代，南诏、大理两个地方政权在云南立国共五百多年，元代灭了大理，设立了云南行省，算是统一了，但是还保留了个

明太祖朱元璋画像

大理总管，还留了半个国王——换句话说，云南的“帝王之气”太重，朱元璋不放心。

第二个是现实。当时朱元璋虽然在中原坐了龙庭，但元朝势力并没完全消灭，西北还有元朝悍将王保保的军队，东北有北元小朝廷的军队，云南还有个元梁王，手上还有10多万军队。当时元朝廷被明朝军队赶到北方的沙漠里去了，梁王仍然每年派人去朝见、联系，并以各种方式支援困境中的北元朝廷。这三股势力互相呼应，对立足未稳的明朝虎视眈眈，对朱元璋是一个巨大的威胁，明朝刚刚建立，政权还没巩固，这三股势力非得消灭不可。而稳住了云南，稳住了南方，朱元璋就可以全力应对北方的威胁。

第三个原因，云南地处边疆，境外也不安定，需要以云南为屏障，确保刚刚建立的大明王朝的安全。

对云南用兵，朱元璋也非常谨慎，他吸取历史上的经验教训，早年虽然拿下了四川，天下初定，正好乘胜南下，讨平云南。但他还是认为“云南险僻”（《明史》），山高皇帝远，不能轻易动武，最好是不战而胜。朱元璋两次派使臣招降梁王，结果使臣都被杀害。招降行不通，朱元璋才下决心动武。为什么？朱元璋对云南太了解了。他说，云南不但地势险恶，土著民族又多，各个民族的习俗还完全不一样，而在更边远的地方，那里的居民更不信理教，不遵纪守法，总是凭借险恶的地势，占山为王，称霸一方——朱元璋也知道云南“帝王之气”重，留着这个地方不动，对于大明王朝来说，早晚是个祸害。

早在战国时期，楚国的大将庄蹻打到昆明这个地方，后路被秦国切断，看着这块土地肥得淌油，一下又回不去，干脆从了当地民族部落的习俗，在滇池边上建立了滇国，自称滇王，在历史上叫作“变服称王”——换了套民族服装就称起王来了。这段“庄蹻王滇”的历史写在《史记》上，朱元璋为了了解云南，动不动就“稽之古典”——就是翻看古书，寻找答案。他肯定读过《史记》，知道“庄蹻王滇”这回事。“庄蹻王滇”必须要防，只是不好明说。

云南不好打，朱元璋事必躬亲，他亲自决定平定云南的战略，亲自挑选统兵的将领。他对手下悍将很猜疑，但是要打云南，又非悍将不能胜任。等打下了云南，朱元璋又担心这些悍将学着庄蹻“变服称王”，再弄出个“庄蹻王滇”的事来，还是麻烦。所以朱元璋派他的养子、很可能还是私生子的沐英担任副将，也有点儿让他监军的味道。平定云南以后，朱元璋把悍将都召回去，以后再找理由收拾他们，留下沐英镇守云南，就是因为沐英身份特殊，相信他没有二心，不会借着云南山高皇帝远的“帝王之气”搞事，学着庄蹻“变服称王”。

沐英画像

云南不好打，更不好守，不好管。云南打下来以后，朱元璋留下了从江西、浙江、湖广（包括今湖南和湖北）、河南、四川征来的士兵，守卫云南各地，控制要害。朱元璋让沐英镇守云南，还是不完全放心，又亲自挑选一批信得过的能人来云南担任地方官，再上一道保险。他对征滇三大将——傅友德、蓝玉、沐英说：“元代在云南设立行省，多次派德高望重的著名大臣来镇守。今天你们把云南拿下来了，我也要派德高望重的名臣来坐镇，那些等而下之的愚蠢之辈是成不了事的。”他还说，云南是君子建立功业、兴盛王道的地方。朱元璋故意对傅友德、蓝玉、沐英说这些话，也有敲边鼓的意思：云南是你们忠君报国、谨遵圣旨、兴王道、讨叛逆、建功立业的地方，不是骄兵悍将称王称帝的地方，不可胡来。朱元璋还说，云南这个地方，自古和中原相距不算太远，但是山川险恶，多民族杂居，即使打下来了，如果安顿不得法，大明军队主力一走，当地部落就会作乱，而留守的军队少，就难以制服，势必形成“官军打来他投降，官军撤走他反叛”的反复局面，打起拉锯仗和消耗战来，就很麻烦（明《云南机务抄黄》）。

○“防臣之心不可无”

朱元璋把云南交给沐英镇守，封侯的沐氏家族并非真正的诸侯、藩王、土司或流官，却同时兼有诸侯、藩王、土司和流官的某些特权。在云南设立了府州等行政机构后，朱元璋依然保留了沐英西平侯的世袭爵位和西南军权，甚至要求云南地方官员处理重大政务时必须征求沐府的意见——如此“双轨制”，在明代是绝无仅有的，显现了云南治理的复杂性。

谨慎小心的沐英

尽管如此，朱元璋又把选择官吏的大权紧紧抓在自己手上。朱元璋说，要想治理好云南，非得有超群的人才不可。这一方面是因为云南难管，一方面要和沐英处得拢，但又不能搞成沐英死党，这就非要“超群”不可了。

明洪武十五年（1382 年）二月，云南刚刚打下来，朱元璋就千挑万选，挑中了当时的通政使张纨来当云南左布政使（省长）。在下达张纨任命的圣旨中，朱元璋说：“你一定要不辱使命，忠诚朝廷，无愧于天地人神，那就是我的百姓的幸运了。”（明《云南机务抄黄》）朱元璋的话是个提醒，也是个警告。应该说，朱元璋没看错人，张纨在云南干了 17 年，干得还是不错的。

事情到了这一步，朱元璋还是不放心。他还是提防着封疆大吏拥兵自重，据险谋反。镇守云南的兵力多了少了都不行：少了怕控制不住局面，多了又怕尾大不掉，反成内患。他对沐英是相对放心的，不过，从历史上看，皇帝的亲儿子往往都靠不住，干儿子更要防着点。怎么防？朱元璋在今天贵州的安顺一带驻扎了大量军队，万一有事，云南出现外乱，就增援云南；云南出现内乱，就堵住云南，这又是一个万全之策。

对朱元璋的用心，沐英当然心知肚明，他更加谨慎，根本不敢造次。沐英的第十世孙叫沐叡，据说这个沐叡的墓里曾经出土一块金牌，正面刻着“黔宁王遗记”五个空心大字：“黔宁王”是沐英的封号，“遗记”就是遗嘱。这块金牌的背面刻的就是沐英的遗嘱：“凡我子孙，务要忠心报国，事上必谨慎小心，处同僚谦和为本，特谕，慎之戒之。”此话的意思是：“凡是我沐家的子孙，切记要尽忠心报答国家，为皇上做事要勤快、谨慎、小心，和同僚相处要以谦和为本。我在这里说了又说，你们要慎重对待，要引以为戒。”有的资料还说，在云南滇中的通海大村，沐家的后裔还把这段话刻在木牌上，作为祖训，挂在沐氏宗祠里。可见，沐英的谨慎，已经成了沐家的祖传家训了。

以沐英的智商和谨慎，明知朱元璋早就死盯着云南山高皇帝远的“帝王之气”不放，自己躲都躲不及，怎么会“癞子头专找刺棵棵钻”，明目张胆地修一座“灵龟之城”，和蛇山的“紫微龙气”连在一起，再生出“帝王之气”？

至于说汪湛海刻了一块“五百年后云南胜江南”的碑，埋在昆明城墙底下，更是一件大逆不道之事——这个“江南”和今天我们说的江南不一样。朱元璋的都城南京就在长江以南，叫作应天府。清朝又在这个地方设立江南省，包括现在的江苏省、安徽省和上海。昆明那个时候叫“云南府城”。朱元璋任命征讨云南的主帅为“征南将军”，就是“征讨云南的将军”——你汪湛海帮着沐英搞个“云南胜江南”，不就明摆着搞了个谋反宣言，可能吗？

前文提及，明初真正的神人是刘基，民间称刘伯温。他是朱元璋的军师，是明朝的开国元勋。当初民间就有一种说法：“三分天下诸葛亮，一统江山刘伯温；前朝军师诸葛亮，后朝军师刘伯温”——意思是刘基比诸葛亮还厉害。

“黔宁王遗记”金牌正面有言：“此牌须用印绶带之”

“黔宁王遗记”刻字：“凡我子孙，务要忠心报国，事上必谨慎小心，处同僚谦和为本，特谕，慎之戒之。”

厉害在什么地方？据说刘基先知先觉、料事如神，“前知五百年、后知五百年”。但是，明朝刚刚建立不久，刘基就莫名其妙地被毒死。历史上真的有个汪湛海，也厉害不过这个刘伯温。汪湛海他敢埋块石碑，说“五百年后云南胜江南”、说“五百年后有王者兴”、说“万事此地当占先机”？除非他简直就不想要脑袋了。

明代的洪武二十五年（1392 年），朱元璋办完了胡惟庸案，昆明砖城基本完工，沐英也病死了。沐英死的原因，一种说法是因为沐英的养母马皇后和皇太子先后病死，沐英悲痛过度，也得病而死；一种说法是朱元璋最后还是起了疑心，把沐英毒死了——不管怎么说，尽管沐英贵为皇上的养子，封疆大吏，但是，在朱元璋的淫威之下，压力大，也可想而知。

○清初昆明“风水战”

据说正是沾了“紫微龙气”和“龟蛇相交”所生“帝王之气”的光，沐英家族才得以世世代代封王封侯，镇守云南，“开门节度，闭门天子”。明初建文帝朱允炆曾到昆明避难，明末大西军四将军在昆明称王，永历帝朱由榔以昆明为滇都，“帝王之气”达到高潮。

清初吴三桂受封平西亲王，割据云南，以五华山南明故宫为王府，并大兴土木，将王府扩到翠湖。后来吴三桂反清而死，其孙吴世璠在昆明称帝，年号洪化，其府改名“洪化府”，辟翠湖为御花园。清政府全力平叛，用兵 8 年，终于赢得主

古画中的吴三桂是个作战高手

动，打进云南，平了吴周叛乱。

奇诡的是，昆明风水之说，就是在此时兴起来的。

罗养儒在《纪我所知集》（《云南掌故》）中引用风水先生的话说，清朝大军镇压吴三桂叛乱的时候，杀到昆明城下，久攻不克，最后还是听了风水先生的话，挖断了长虫山的龙脉，断了昆明的“旺气”——也就是断了昆明的“帝王之气”，才攻下吴三桂的孙子吴世璠固守的昆明城。这种说法在史籍上没有记载。相反，清代的史书和地方志都说，当时的昆明城最后被攻破，是因为清兵策动叛军内部的一些人“起义”，主动献出城门，才把昆明拿下来了。

清军将领、云贵总督赵良栋塑像

清代的康熙二十年（1681 年）三月，清军从四川、贵州、广西进入云南，会师昆明城下。吴世璠依托昆明城，拼命抵抗。清军扫清了昆明外围，把昆明城围了个水泄不通。等到吴军差不多弹尽粮绝了，清军又调来火炮，猛轰昆明城。守城的吴兵军心大乱。清军又趁机发布告示，用箭射进城里，要吴军官兵献城投降，可免一死。当时就有一些吴军官兵出城投降，清军就把他们派回昆明城里，进行策反。

《清史稿 · 吴三桂传》就说，清兵围攻昆明城的时候，好几个月都没攻下来。后来清兵逼近城下，重重包围，切断通往昆明城的粮道，又策动吴军“起义”。吴军将领线绒等人果然动摇了，他们暗中串联，准备把吴世璠和他的亲信抓起来投降清军。吴世璠看见情况不妙，只好自杀。线绒一伙打开城门，投降清军。清军这才进了城。清代嘉庆年间的《滇系》也说，由于清军的策反，守卫南门的叛军总管决定献城投降，和清军约好举火为号，内应清军入城。于是清军“五万齐进”，做好准备。到了夜里，昆明城中果然起火，“起义”军队打开南城门，清军一拥而入，轻取昆明城。

可见，当时的昆明城不是因为挖断了长虫山的龙脉才攻下来的，而是清军成功策反了叛军中的动摇者，不战而入昆明南城门，最后灭了吴周小王朝。

○平定吴乱后的“大兴风水”

尽管如此，“风水”仍然是平定吴三桂之乱后，当局清算历史的一场大规模的心理战。清代“状元”袁嘉穀在他的大作《滇绎》中说：清初平定吴三桂之乱，将南诏和大理与朝廷分庭抗礼的“雄风”，还有元代梁王封建一方、明代沐氏世袭镇守的“余威”，连同吴三桂“平西亲王”和“周太祖”的不可一世，全都一扫而空。清廷加强了对云南的控制，但仍然不放心，为求云南长治久安，除军事、政治手段之外，还在心理战上下功夫。当时在昆明“相继为政”的总督范承勋、巡抚王继文和按察使许宏勋等人“大兴风水之说”，告知昆明士人、百姓，“咸知帝王之不可幸邀”——靠碰运气称王称帝的时代结束了。在风水盛行之时，此招称得上一个“狠”字。袁嘉穀也叹道：“这几个人的心计也太深了！”

平定吴三桂乱后，总结历史经验者不少，从山水之间找乱源的也不少。清康熙年间，江西进士刘崑在昆明任云南府（辖今昆明一带）同知，因拒绝依附吴三桂作乱，被充军到腾冲。清军进攻昆明时，刘崑曾到军前献计破城。充军腾冲时，刘崑写了本《南中杂说》，认为“云南之山川，叛地也”。这里“山尽西向，水尽西流，汇为澜沧江，西入缅甸，出西海”，而没有一水一石“朝宗于海，北卫神京”，所

清康熙年间平定吴乱后，云贵总督范承勋在王帽山、荷叶山下辟地大建演武场，驻扎军队，一说就是为了镇压风水，镇压“紫微龙气”，这就是后来的北教场

范总督还到处培植风景，题词刻字，也有镇压风水之意。这是范总督在吴三桂大修过的圆通寺后崖题刻的大字

以号称“滇中”。这个“滇”意思就是“逆”，“山逆水逆”。不管是谁，生活在这片逆山逆水之中，不出20年，就会生出犷悍之心，难道不是山水在作怪吗？在这种舆论环境下，清初平定吴乱后，为治理这块“山逆水逆”之地，刻意从风水入手，在心理战上着力，就理所当然了。

袁嘉穀说，范、王、许等人“大兴风水”的办法是“修古迹、建新庙，培名胜，改城郭”——此之“改城郭”是不是移动了南城门，待考。但“自明以来，沐氏勋庄田税，富可敌国”，后为吴三桂所得，“储财丰厚”，康熙十四年（1675年），清廷平定云南之后，又变卖“吴庄”，府库充裕，范承勋等人“大兴风水”也就有了底气。

罗养儒在《纪我所知集》（《云南掌故》）中也说，范承勋深知阴阳风水，水平不在汪湛海之下。清军二次平滇之时，“始抵昆明城下。然攻城不克，乃取重堪舆家建议，断主山龙脉，以消昆明旺气。乃有挖掘铁峰庵前龙气过峡处之日月塘事。果尔，不久间，吴世璠就戮，乱事悉平”。这个“堪舆家”自非范承勋莫属。而“挖掘铁峰庵前龙气过峡处之日月塘”，标志着范承勋“大兴风水”初战告捷。事后，范承勋有《登陑山铁峰庵》诗，自得之意，溢于言表：

试马陑山带雨过，还登绝顶探云窝。

昆池波静消兵气，爨落烟生酿太和。

百雉望中双塔小，万山孤处一僧多。

边臣恋阙频搔首，直欲乘风振玉河。

罗养儒还说，拿下昆明之后，范承勋认为蛇山“起九顶入城”，有“紫微之气”，而以王帽山、荷叶山“龙气最旺”。虽然此“龙气”尚“散淡势弱”，但若“一乘旺运，龙气集汇”，五华山又将有帝王兴起，“不难有第二朝廷见于滇南也”。于是，

范总督在昆明西北郊聚仙山中西华洞留下的题刻

范总督决定“设法破泄其气，使不能乘旺而发生事故”。办法是“在此两山上极力挖掘轰炸”，开沟掘槽，以断此紫微龙之气。后来王帽山、荷叶山还有“若干的横槽直箐”，就是“范总督之遗迹”。而“荷叶山炸烂，后人遂名之为‘破荷叶’”。此后，还在王帽山、荷叶山下辟地修建演武场，驻扎军队，以镇风水，以压龙气，这就是后来的北教场。

镇压五华山以防“龙气集汇”，更是范承勋等人“大兴风水”的重头戏。清军攻占昆明时，五华山吴三桂宫室俱毁，范承勋又斩草除根，将劫后的吴府全部拆除，并把拆下来的木石运到西山修太华寺，而在五华山顶重修悯忠寺，改称五华寺，又建造拜云亭，每月初一、十五，召集地方官在亭前练习礼仪，每逢大清皇帝寿辰和元旦，更命令全城文武官吏齐集于此，举行朝贺仪式。后来康熙皇帝批准减轻屯民负担，又在亭内竖立了谢恩碑，还在五华山下建了座“万寿无疆”坊，同时在拜云亭东修建了诸葛武侯祠，每年春秋二季致祭——那诸葛武侯可是当年征服南中之人，此后“南人不复返矣”。

压住了五华山的风水，对“紫微龙气”源头的蛇山也不能放过。王继文接任总督后，自称在滇为官前后10年，山川形胜，民间疾苦，无不一目了然。他特别关注昆明“山之灵，川之秀”，是不是还藏着什么隐忧？他发现，蛇山堪称云南府城的“祖龙”，联结五华山、祖遍山，磅礴三百余里，雄镇滇中。山下有城郭村庄，东有金马山，西有碧鸡山，登临蛇山，省城名胜，历历在目，全在指掌之中。再一查，蛇山发源于四川，逶迤数千里，独峙滇池以北，襟江带湖，舞云腾雾，变化莫测，雄踞滇中，无上尊严。蛇山的关键则是“蛇额”铁峰，其势雄起于重岭叠嶂之中，孤岩秀出，直上青霄，岩色如铁，号称铁峰。范承勋曾“挖掘铁峰庵前龙气过峡处之日月塘”，此时王继文登临铁峰山，亦为之震撼，大叹：“奇哉铁峰，滇南人才风会，藏龙卧虎，必由此而振兴！”于是王继文亲自勘测，在此重建铁峰庵，镇住蛇山，并手书

《铁峰庵记》，自叹：“铁峰多变，而正因为它善变，所以亘古亘今，自有不变者存在，主宰金鸡而镇云南，人才风会，霞蒸云蔚。”王继文还在山门外石壁大书“彩云第一洞天”，以明其志。

在蛇山南脉的圆通山下，范承勋和王继文、许宏勋毁了混在菩萨塑像中的吴三桂及其亲信的泥像，在圆通寺后壁上建亭、摩崖刻诗，或大刻“衲霞”，或大书“瞻啸”，以示镇压。王继文还追踪到吴三桂在鸣凤山上所铸铜殿，手书“南无无量寿佛”六个大字，制成铜匾，高悬在这座道教真武殿的正上方。把佛匾挂上道庙，虽然有湖北武当山真武铜殿“让地不让佛”的典故在先，但吴三桂仿铸铜殿而不悬匾，王继文后来居上而悬之，自然也有镇压风水之意。

螳螂川边的温泉石壁上也留下了范总督的题刻

不但如此，各城门、城楼的风水也在“修改”之列。首先是昆明城的正门大南门和大南城楼。大南门称“尚明门”，有“尊尚大明”之意，范承勋认为“尚明”而不“尚清”，不合时宜，改其名为“丽正门”，门上城楼则即称“近日楼”，以王继文的名义大书“近日楼”匾，悬挂在城楼之上。据说原大南门上有对联云：

日月丽中天，双塔面临文笔秀；

关山雄万里，五华背枕彩云多。

联中“日月”为“明”；丽者，照耀之谓也；“双塔”“文笔”“五华”“彩云”事关昆明风水，极言此之地灵人杰，且涉嫌“龙气”，也被取下。正是在这个大背景下，才有了范承勋移动南门，另建城轴，以破昆明“龙脉”“龙气”的传说。

范承勋等人更一鼓作气，把昆明6道城门的名字全都改了：大西门原称“广威门”，改为“宝成门”，楼称“拓边楼”；小西门原称“洪润门”，改为“威远门”，楼称“康阜楼”；北门原称“保顺门”，改为“拱辰门”，楼称“眺京楼”，后再改“望京楼”。大东门原称“威化门”，此时定名“咸和门”，楼称“殷春楼”；小东门原称“永清门”，应该对大清有利，但还是被改为“敷泽门”，楼称“璧光楼”——“璧光”则“清”。康熙二十七年（1688年），范承勋还在昆明南正街立了块大牌坊，大题“怀柔六诏”“平定百蛮”八字，镇压街市之中，被称为“三牌坊”。至于城

昆明东寺、西寺塔是南诏王用俘获的大唐工匠建起来的，图为民国初期的东寺塔

内，翠湖以西的吴氏洪化府殿堂楼阁也被拆毁踏平，改作演武教场，以镇此地旺气，仅留一层正殿，作演武厅之用。

范承勋等人“大兴风水”之后，以为昆明的“紫微龙气”一破，清王朝在云南的统治就可以长治久安了。范承勋在其所修康熙《云南通志》中不无自得地说：“平定吴三桂之乱后，消灭了藩王尾大之势，边地万里无不臣服于朝廷，云南的叛逆从此可以永远消停了。”

虽然范承勋们的“镇压风水”最终也没能保住大清王朝在云南的统治，但他的“风水之说”却比大清王朝的命长得多。近年有老人回忆说，直到民国时期，不仅是风水先生，一些老昆明人都知道“汪湛海修龟城、范承勋破龙气”的故事，城乡八九十岁的老人都能说上一通，甚至还印成了书，影响至今。

○不“立”、不“破”的“紫微龙”

清朝封疆大吏范承勋挖绝了“传云”中的“紫微龙气”，断了“五百年前后云南胜江南”的念想，但“五百年前后”，昆明城仍然爆发重九起义、护国战争，“云南胜江南”似乎又回来了，被断绝的反而是范承勋的大清帝国的气数。

以建“灵龟之城”求“龟蛇相交”，以“龟蛇相交”再求“帝王之气”和“紫微龙气”，这种说法本来就不靠谱。早在昆明砖城修筑之前，昆明城就曾是滇国的王都、南诏的上都、大理的东京，“帝王之气”在此世代相传达数百年之久，他们在这座城里称王称帝，与中原王朝分庭抗礼，动辄兴兵攻掠内地，甚至逼婚天子姐妹，朝廷都奈何他们不得，早就“云南胜江南”了——昆明自古不缺“帝王之气”，无须汪湛海来建一座“灵龟之城”。

南诏在天宝战争中大胜，收大唐军队战死者尸体垒成这尊“万人冢”

战死在洱海的唐军主帅李宓成了大理土主神

南诏第四代国王寻阁劝写过一首《星回节》诗。诗中说，登上拓东城（今昆明）的鄯阐避风台，四处远望，不禁想起“伊昔经皇运”——意思是“先前获得了做皇帝的命运”。这个“皇运”当然就是“帝王之气”；接下来，“子孙堪贻厥”——希望子子孙孙一代代地把“皇运”继承下去。说白了，这就是拓东城“帝王之气”最清楚不过的文字表达。

元世祖忽必烈先前曾经亲自率领蒙古大军征讨云南，他对云南的印象非常好。做了皇帝以后，他还说：“云南是个好地方，我亲自去过。要不是天命在身，非要让我君临天下当皇帝，能封个云南王，我就心满意足了。”（袁嘉穀《滇绎》）元代封到云南来做王的龙子龙孙不少。元代的昆明城叫中庆城或者鸭池城，住在这里的“王”有两种：一种是云南王，更高一等的是梁王。梁王是一等王，位置还在云南王之上，驻地都在中庆城（今昆明城）。据统计，100 多年间，元代驻守中庆城的云南王共有 5 个，梁王有 4 个，都是成吉思汗和忽必烈的龙子龙孙龙曾孙——可见元代昆明城的“帝王之气”也非同小可。

明代以后，也就是传说中的昆明龟城建成以后，在昆明称王称帝的也有。主持修建昆明砖城的沐英世代镇守云南，直到明朝灭亡，共计有 12 代，200 多年，受封的有两王、一侯、九国公、四都督。他们世世代代镇守云南边疆，在昆明城里过着“开门节度，闭门天子”的豪华生活，和一般的“王侯”又不一样。而明初丢了皇位的建文帝朱允炆曾到昆明避难，也是“龙气”在城的一个证明。

到了明代后期，张献忠的大西军残部“四将军”占领昆明。在“四将军”当中，孙可望称平东王，李定国称安西王，刘文秀称抚南王，艾能奇称定北王，各自在昆明建立了王府。后来大西军“扶明抗清”，李定国被南明小朝廷封为晋王；刘文秀被封为蜀王。他们把南明小朝廷的永历皇帝朱由榔迎接到云南，把昆明作为滇都，在五华山为永历帝建了皇宫。清初吴三桂在昆明受封平西亲王，后来又造反称帝。吴三桂死以后，他的孙子吴世璠继承帝位，退守昆明，最后灭亡。算起来，好歹也是个“帝王之气”，只是差欠点儿而已。

可见，早在昆明砖城修建之前500年间，不需要那个“灵龟之城”，也不需要那个“龟蛇相交”，昆明城的前身拓东城、中庆城就充满“帝王之气”了，而且这个“帝王之气”还很旺，比所谓“龟蛇相交”后产生的“帝王之气”旺得多。无论是唐代的南诏还是宋代的大理，中原王朝都拿他们没有办法。唐王朝几次派大军征讨南诏，都遭遇惨败，几十万军队全军覆没，大唐王朝也从此走下坡路。南诏王世隆又打四川又打广西，还亲征成都，大唐王朝拿他一点儿办法都没有。到后来的宋代，一世英名的宋太祖打下了四川，手下大将要求乘胜进攻云南。宋太祖在地图上挥了几下“玉斧”，想来想去，还是不敢对称霸云南的大理国用兵，只留下一个“宋挥玉斧”的典故。

民国云南省主席卢汉在《新纂云南通志·序》中的一段话，似乎为云南和昆明的“帝王之气”做了个小结。他说，云南自古为荒瘠之地，素称僻远。然而雄踞神州上游，俯瞰中原，有高屋建瓴之势。战国时庄蹻王滇，以秦始皇之强势，也不能收为郡县。汉武帝全盛之时，威震四夷，才得抚滇国而有之。诸葛武侯要北征魏国，必先定南中，以为根本。大唐收服四夷，却驾驭无方，导致南诏称雄，侵凌巴蜀。宋代不敢出征大理，让后人惋惜不已。蒙古人问鼎中原，首取云南，以扼制南宋。南明小王朝据有云南和昆明，也延续了10多年的统治。

可以说，昆明城古代从来就不缺“帝王之气”，还在所谓“龟城”修建之前，早就“云南胜江南”了，无须等汪湛海来建座龟城，埋块石头，还要等上500年、让500年后的历史来证明，有必要吗?

○明初“大理战书”与“帝王之气”

云南和昆明历史上的“帝王之气”是由地处边疆的特殊地理位置决定的。清人刘彬深有体会地说：“云南远在边荒，山高箐密，路远林深，地势独特，民族杂居，无事则开荒自耕而食，有事则依山就势而起。如果看不到这个特点，措施不当，处置失当，就会造成严重的后果。”（近代《新纂云南通志》）民间常说的“山高皇帝远”在云南表现得特别突出，由于路途遥远，山水阻隔，皇帝的圣旨传到云南也要几个月，经常误事。对于古代中原王朝来说，云南确实有点鞭长莫及。加上云南民族众多，语言不通，形成了封闭、阻隔的地理人文环境，中原王朝衰弱之时，这里就容易“关起门来当皇帝”——“帝王之气”就这样产生、兴起了。

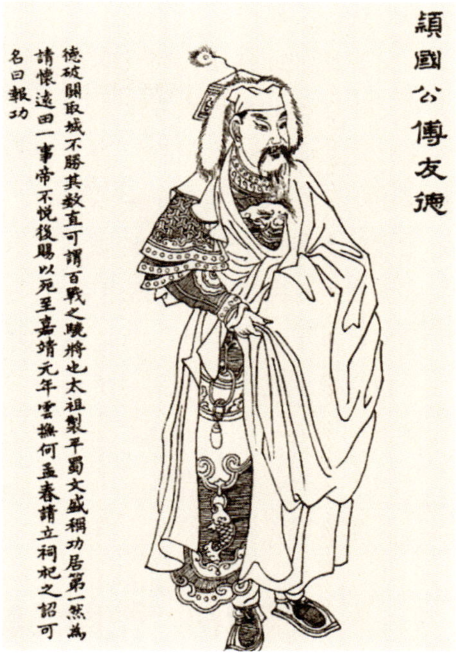

霸气驳回段明的明朝大将傅友德，后来也被朱元璋杀了

古代滇地的“帝王之气”盛于唐、宋，衰于元、明。在历史上，昆明曾经五次成为都城：古滇国王都、南诏国东都、大理国东京、南明滇都和吴周都城，其中三次在明代修建砖城（所谓“龟城”）之前，而且都很成功，时间很长。南诏立国 254 年，是当时中国西南最强大的地方政权，与中原的唐王朝和西部的吐蕃政权在西南互相抗衡，形成三足鼎立之势。大理立国 316 年，更是中国历史上立国时间最长的地方政权。就是元世祖忽必烈占领云南后，也对大理国王段氏有所忌惮，为段氏安排了一个“副国王级”的大理总管位置，让段氏继续“总管”滇西，可见云南的“王气”仍然很盛。

明洪武十四年（1381 年），太祖朱元璋派大将傅友德出征云南，先取滇东，再占昆明，势如破竹，然后挥戈向西。大战在即，盘踞滇西的大理总管段明慌了，先后写了两封信给傅友德，要求继续割据滇西，保证世代上贡，否则只有和明军决一死战。傅友德则回信敦促段明投降，否则只有死路一条。此次书信往来在历史上被称为《大理战书》，成为云南“帝王之气”衰落的见证。

段明对云南历史上的“帝王之气”念念不忘，以前车之鉴警告傅友德，在给傅友德的信中说：“我云南远在边荒，山川险峻，民气犷悍，语言不通，不可驭使。汉武帝穷兵黩武，征讨滇池，虚耗天下；唐玄宗自恃武力，大战云南，全军覆没，贻祸后人。”不料傅友德不吃这一套，回信称：“大明王朝已荡平天下，你小小的大理总管算得了什么？谈古论今，大讲得失，毫无作用，弄清兴废关键，审时度势，丢掉幻想，弃暗投明，才是正道。”

傅友德如此强硬，底气就在于他手中的大量“杀手锏”——“火铳”等热兵器。火药是中华民族的四大发明之一，从唐代开始用于军事，但到宋代才上了台阶，出现了“震天雷”“霹雳炮”等，成为手榴弹的先驱。元代更出现了火铳，这是中国兵器史上第一个金属管形射击火器，明代又进一步发展。傅友德率军进入云南后，朱元璋就考虑到云南情况特殊，下令星夜赶制火铳，煎熬火药，以增强战斗力。在火器面前，段明试图依托高崖坚城，据险而守，凭险而攻，再创抗拒中原王朝的辉煌，已经不可能了。段明的失败是必然的，标志着云南的“帝王之气”走上了下坡路。

自从昆明砖城（所谓“龟城”）建成以后，也曾两度成为都城，一个是在清军威逼下的南明小朝廷的滇都，一个是吴三桂残余小朝廷退守的吴周临时都城，两个都是短命政权，两三年就垮了，而且结局很惨，和南诏、大理根本不可比——可见，说昆明因为建了座“龟城”而生出“帝王之气”的说法，很不靠谱。

○清初“挖断龙脉”民初“英雄气短”？

如果真的像罗养儒所记录的那样，清朝封疆大吏挖长虫山，挖王帽山，挖荷叶山，早就把昆明城的“紫微龙气”和“帝王之气”挖绝了，早就断了“五百年前后云南胜江南”的“旺气”，清朝的统治就可以“万岁”了。但是，近代的昆明还是爆发

民国初年昆明五华山督军府的“王气”十足

了重九起义，推翻了清王朝在云南的统治，后来又发动了护国起义，出兵内地，粉碎了袁世凯复辟帝制的美梦。这个时候，正好是明初修建昆明砖城的“五百年前后”——也就是说，清朝封疆大吏挖断了“龟蛇相交”产生的“紫微龙气”和“帝王之气”之后两百多年，仍然出现了“云南胜江南”的大事，又如何解释呢？

实际上，罗养儒也注意到了“一般堪舆家所云”的矛盾。他说，从明代初年到清末，刚好是五百年前后。虽然昆明城的龙气被挖断了，但是，昆明人还是发动了重九起义和护国起义，做大事敢为人先，敢于担当，不怕牺牲，不落人后，这是为什么？风水先生解释说：“昆明主山蛇山的龙气只是受到了伤害，后世虽然还是出了英雄，但也不能完全得志了。”罗老先生一时无言以对，后来这样说：“这种回答虽然是迷信，不过还是有一定道理的。”［《纪我所知集》（《云南掌故》）］

其实，说到昆明的英雄“不能完全得志”，早在所谓清代“昆明主山龙气受伤”之前，从昆明走出来的不少“英雄”也都“不能完全得志”——且最后都完全不得志，失败得很惨。孙可望和李定国是进入昆明的大西军将领，打出了“扶明反清”的旗号，两个人都被南明朝廷封为王，但不久就失败了。吴三桂先投降清军，称霸云南，后来又发动叛乱，自称皇帝，最后仍然被清军镇压——这些都是真正的“不能得志”。而在所谓

蔡锷，云南首任督军

唐继尧，民国初期的“云南王”

五华山开武亭的“王者之气”

护国军在昆明誓师北上

“昆明主山龙气受伤”之后，清末的重九起义和民国初年的护国战争，目的是推翻清王朝和封建帝制，结果是两次“云南胜江南”，两次推翻帝制，先后断了大清帝国和袁世凯的“帝王之气”，兴起的是民主共和的世界潮流，这就是最大的“得志”。民国年间，割据一方的“云南王”唐继尧和龙云好歹也算个“王”，又算是“五百年前后有王者兴”。范承勋自以为挖断了蛇山的龙气，大清王朝在云南的统治就可以万岁万岁万万岁，结果他挖了也白挖，大清王朝该垮还是垮了。原因就是“世界潮流，浩浩荡荡，顺我者昌，逆我者亡”，和蛇山“龙气”无关。

如今昆明城墙被拆，在当年所谓“龟城”和蛇山之间扩建或者新建了圆通街、圆通西路、一二一大街、学府路、二环快速公路、三环快速公路，再加上一条条隧道，还有曾经肆无忌惮的采石取沙，早就把所谓“龟蛇相交”和“紫微龙气”冲得七零八落了。有人说这就是昆明某些贪官倒霉的原因，这种说法有点儿好笑，不值一驳。近年昆明的发展势头一直不错，直到21世纪，又重新发现了昆明环境生态优势（昆明的白云蓝天）、重新发现了昆明的地理区位优势（中国面向南亚、东南亚开放的前沿），这些都有点儿“云南胜江南”的意思——这是人算，还是天意?

从地质学上说，蛇山之称为蛇山，是地壳运动引起的，与“紫微龙气”无关。所谓“帝王之气”只是一种说法。它只是说，在一定的历史条件下，一个地方特别容易被古代帝王看中，或者比较容易“关起门来当皇帝”——出现地方割据。如果真的有“紫微龙气”和“帝王之气”，也是一种历史发展的内在规律在起作用，既不是靠“龟蛇相交”可以求得来的，也不是破了“龟蛇相交”就可以断绝得了的。而明清以后，云南“山高皇帝远”、与世隔绝的状况不断改变，昆明的“帝王之气”越来越不成气候，以致最后消失，这也不是“紫微龙气”的问题，而是历经几千年的发展，云南和中原文化认同、民族认同、国家认同、利益认同的结果，是云南与世隔绝的状况彻底改变的结果，这才是真正能造福云南、造福昆明、造福人民最靠得住的基础。

○依山就势建府城

明初修建的昆明砖城，当时叫云南府城，它确实建得不方也不正。从清代和民国时候的几张地图上看，从今天的卫星地图上看，昆明就是一座没有规矩、不方也不圆的城市。那么，明代的昆明城为什么没修建成方形、矩形，而有点儿“椭圆”，以至于被看作是“龟形”的“龟城”？

原因是四个字：依山就势。

从地形上看，昆明砖城北边靠着螺峰山（圆通山），东边沿着盘龙江，西南面

依山而建的昆明城马面墙墩

不是在坡上（今天的建设路坡），就是在坡脚（今天的武成路坡、福照街坡的坡脚）。山势不可能是规规整整的，顺着山势修建城墙，也不可能规整，只会建成不规不整的形状。罗养儒在《纪我所知集》（《云南掌故》）中也说，明代的昆明砖城首先是“就山川形胜而筑城凿池”（《昆明城池之建置》）——明代的昆明城是依山就势修建起来的。

老昆明城为什么要“就山川形胜而筑城凿池”？这首先是军事上的需要，同时又是防洪防涝的需要。古代滇池比现在大得多，现在的昆明南市区一带多半还是水乡泽国，当然谈不上在这里建城。历史上，从战国时期的“庄蹻故城”到汉代的苴兰城、谷昌城，再到隋唐两代的昆州城，滇池北岸的城堡都建在今天昆明城东、西两面靠山的高地上，一方面是为了把守金马、碧鸡两条要道、两个关口，同时也是为了避开滇池的湖湾和沼泽地，还要避开雨季、汛期的洪水，防止水灾。

到了唐代和宋代，滇池水不断退缩，滇池北岸才建起了新的城堡，如拓东城、鄯阐城等，逐渐向今天的昆明城中心靠拢。这些城堡靠近滇池，地势很低很潮湿，总是受到水灾的困扰（郭松年《中庆路儒学记》）。元代的时候，昆明城叫中庆城，又叫鸭池城，修得比较靠南，大概南到今天的土桥一带。史书上就说，雨季一来，汛期一到，洪水泛滥，不但中庆城外遭灾，村庄农田被淹，盘龙江水和滇池湖水还会倒灌城内，城里和城外一样被淹——所谓“夏潦暴至，必冒城郭”（《元史》）是也。在这种情况下，元代初期，政府组织人力，开挖滇池海口，降低滇池水位，防洪涝，防水灾。但几年过后，海口的淤泥又越堆越多，滇池出海口又越来越高，滇池又会涨水，水灾又会威胁昆明城，今天的南屏街和宝善街一带，都是经常被淹的地方。几反几复之后，统治者也认识到，在当时的条件下，最好的解决办法就是移城。用战国时期名著《管子》的话来说，修建城池的地方要高，同时要有充足的水源。城的低处不能太靠近江湖，免得花大力气去挖沟筑渠，防涝排水。因此，城郭没有必要非要建得中规中矩，道路也没有必要非要建得直来直去——明代修建的昆明砖城，就是这么一座外形不中规中矩、道路也不直来直去的典型的依山就势建起来的砖城。

昆明的街巷大多别扭，都不能沿着正南正北或正东正西方向延伸，总会在某个地段悠缓地转个弧弯，让路人在不知不觉之间改变方向。外地人进了昆明城，常常因为方向难辨而产生倒错感，甚至会有两条平行的街巷最后交汇在一起的错觉。归根结底，就是因为昆明街巷是依山就势建起来的，走向常常不以人的意志为转移。如果你认死了东南西北，就会进退失据，不是碰壁，就是迷失。

元代中庆城以北最为明亮干爽（郭松年《中庆路儒学记》），明代兴建昆明砖城时，就从五华山往北推到螺峰山（圆通山）的北坡，东面从盘龙江的东岸退到盘龙江的西岸，南面从东寺街的土桥一带缩回到今天的近日公园，西面从福照街再往西推到今天的东风西路一线，把城池中心建在五华山、祖遍山、螺峰山和这“三山”以南的缓坡地上，再把翠湖围进城里，水源问题就解决了，再加上滇池湖面的萎缩，昆明城的防洪排涝能力大大增强。而明代修建的昆明城是砖城，围着夯土城墙再砌上一道特别烧制的大砖，也有防洪的作用——砖墙肯定比土墙经水耐泡。

不过，就是如此，昆明砖城的东南部地势还是比较低，还是容易遭受水灾。罗

老昆明北城墙居高临下

养儒老先生就记载说，清代的同治十年（1871 年）和光绪三十一年（1905 年），昆明城都遭遇水灾之害，洪水从城墙的泄水涵洞反灌进城内，受灾的地方，就是昆明城地势最低、最平的东部和东南部。

○昆明城内外多少“湾”

老昆明城周边地名不少都含有一个“湾”字，透露出不少老昆明的地理、历史信息。

今天翠湖公园和环湖路一带原来就是和滇池连成一片的湖湾，一直延伸到五华山和商山（今云南大学）的山脚下。这就是说，不只是翠湖，今天的翠湖北路、翠湖南路和青云街都是滇池的湖湾。翠湖附近还有海潮巷、海源巷，这个“海”就是“滇池”。明代昆明砖城建成以后，翠湖被城墙圈进城中，翠湖才和滇池分开，成了一个潟湖，靠着一条小河和草海连在一起，从西城墙下流出，流入滇池（《新纂云南通志》）。

“翠湖湾”消失以后，滇池水退到昆明城外，又形成了新的湖湾，就是今天的潘家湾。潘家湾紧靠昆明城，其地势低，水涝灾害多。随着滇池水位不断下降，这一带逐渐沼泽化，和草海分开，被开成菱塘、水田，到清代形成村子，居民多半姓潘，就叫潘家湾。早年为了防止水患，还在这里建起了一座镇龙庵，又叫胜因寺，后来改成学校，就是后来的昆明第二十三中学和昆明师专。

今天昆明的老螺蛳湾早先也是滇池湖湾，早年此地多出“巨螺，池畔人贩之，遗壳山积，名螺蛳湾”（清道光《昆明县志》）——因为湖边堆积的螺蛳壳太多，就叫螺蛳湾。当初盘龙江就从这里流进滇池，螺蛳湾就是盘龙江的入海口，在这里形成了渡口和渔港。明代大旅行家徐霞客就是从螺蛳湾上船，坐船到晋宁去的。从螺蛳湾到南门（今东寺街和书林街之间）有一条鱼课司街，早年渔民在滇池打了鱼就拿到这里卖，形成了一个熙熙攘攘的鲜鱼市场，官府衙门为了方便收渔税，就把“鱼课司”设在这里。后来滇池水位下降，螺蛳湾也逐步沼泽化，变成一片水田。南门外的鱼市场也消失了，只留下一个“鱼课司”的街名。在螺蛳湾以南约 9 公里出现了螺峰村，再往南约 4 公里又有螺蛳堆村，都因螺壳堆积如山得名。可见滇池湖面不断退缩的痕迹。

此外，昆明还有不少河湾。如老南城外有波转湾，是玉带河支流的河湾。城东有佴家湾、董家湾等，又是金汁河湾，等等。

就是这些“湾”，这些滇池湖湾，决定了明代昆明城不可能建得中规中矩，只能依山就势，因地制宜，建成一座非规非矩、不中规也不中矩的砖城。

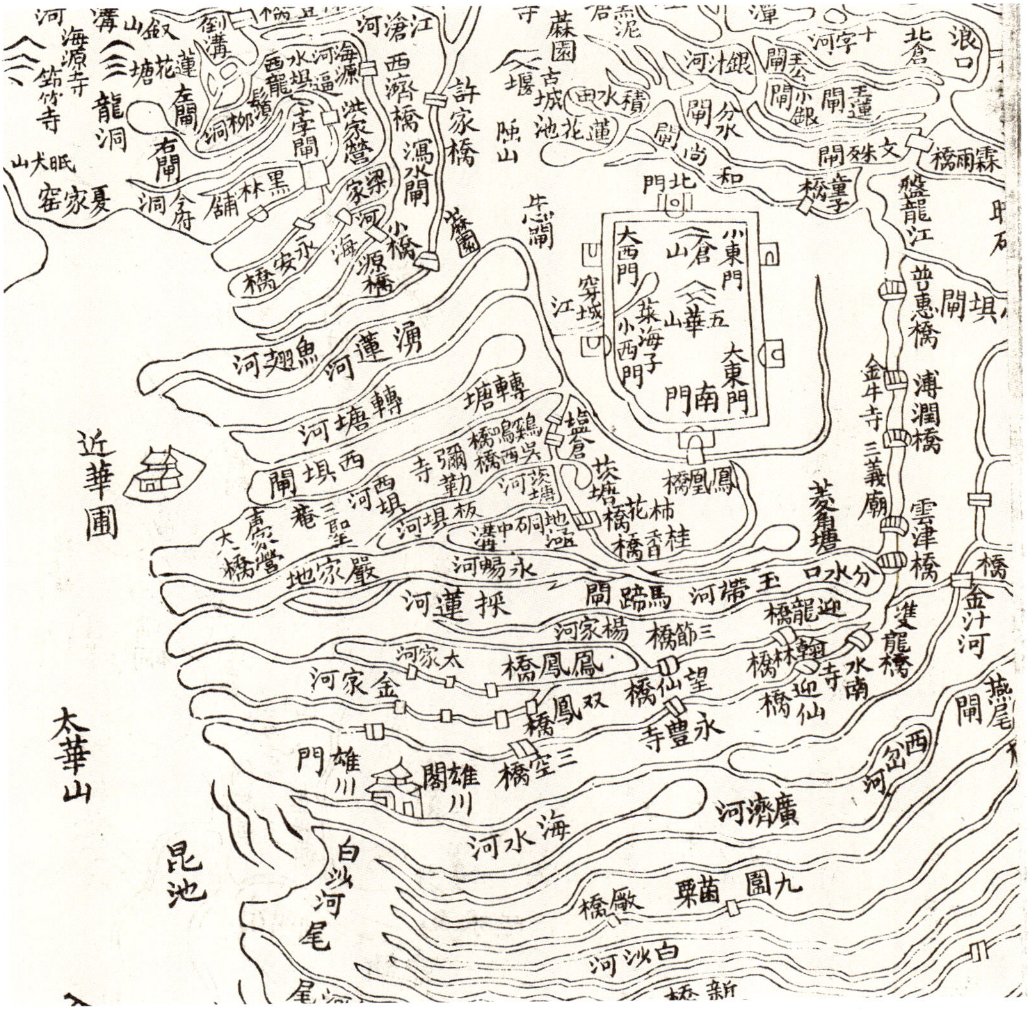

在清光绪初年绘制的云南省城六河图上，可见昆明城内外湖湾、河湾之多

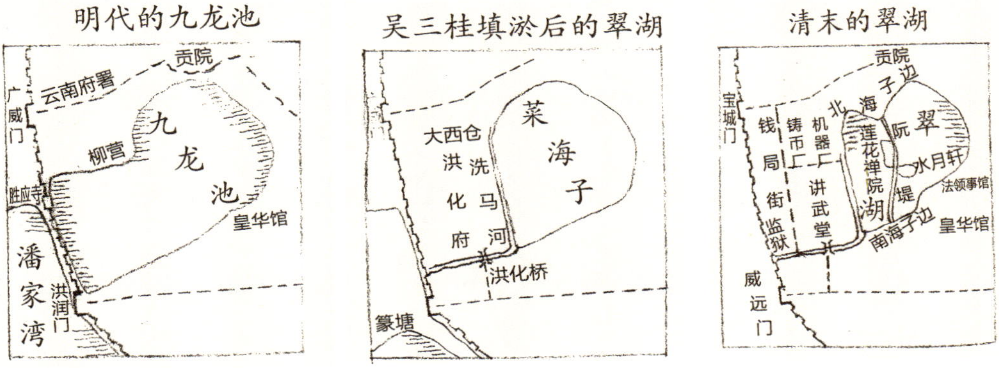

从明代到清代，翠湖（九龙池）和潘家湾的变迁（原载《昆明古城与滇池》）

○神秘的南诏“拓东龟城”

有意思的是，在古籍上没有找到“昆明龟城”的说法，却找到了“拓东龟城”的记录。这座“拓东龟城”是南诏时期修建的，也建在滇池边上，但不是昆明城的前身拓东城，修建的时间比拓东城要早一些，比明代修建的昆明城要早 600 多年，距离现在也有 1200 多年了。

早在元代，有个叫张道宗的人写了一本《纪古滇说集》，说南诏的第三代王晟

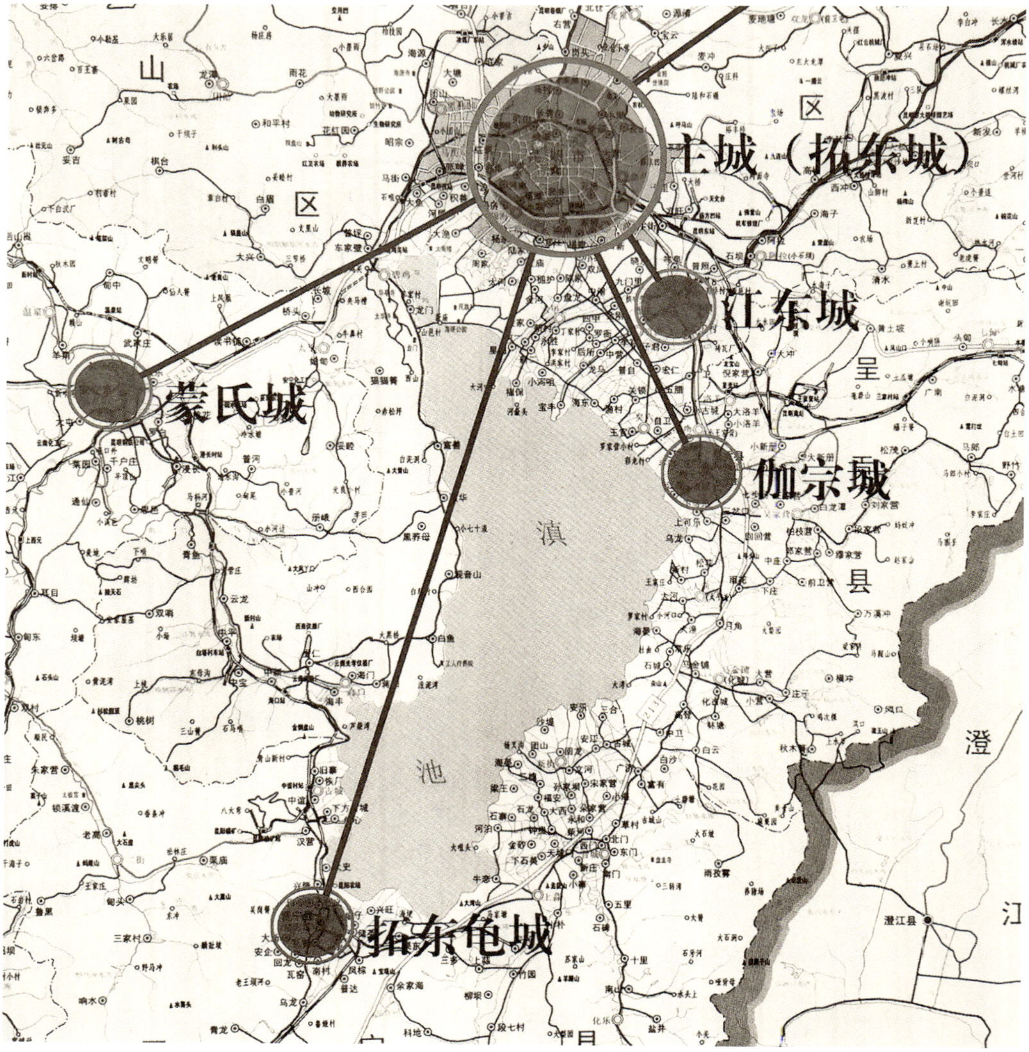

刊载于《春城昆明》的这幅地图上，拓东龟城被标在今天昆阳的位置上

逻皮在滇池边上修建了一座拓东龟城。它的形状像乌龟，还有一条江像蛇一样萦绕在城边。明代万历年间的《滇史》也有一段记载，和《纪古滇说集》的说法一模一样，并说这座城就叫“拓东龟城”。还说此城既有龟又有蛇，是为了符合《易经》中的“既济”卦，不过没有说“龟蛇相交”有“帝王之气”。在中国传统文化中，认为龟蛇属水，在《易经》中，“既济卦”就是水在火上，以水压火。按照这种说法，把一座城池命名为龟城，也有驱邪求吉之意。除此之外，从明天启年间的《滇志》到清康熙年间的《滇考》、嘉庆年间的《滇系》，前后三百多年，都提到了这座“拓东龟城”。

“拓东龟城”修筑的时间，各书所记不一，相差很大。按照《滇志》和《滇系》的说法，拓东龟城修筑的时间是唐开元二年（714 年）前后，比南诏筑拓东城（今昆明城前身）早了约 50 年。这两部史籍还说，拓东龟城的修建和南诏重臣张建成出使唐朝廷有关。当时南诏入朝频繁，多半要经过朝廷控制的姚州（今姚安）走灵光道（西夷道），若此道受阻，也可以经滇池走石门道（南夷道）。虽然当时滇池地区受爨氏政权控制，对唐朝廷时叛时服，但这里多半仍是朝廷势力可以到达之处。

按照《滇考》的说法，南诏于唐代的太极元年（712 年）“筑拓东龟城”，再按《大唐新语》《新唐书》《旧唐书》等记载，早在此前五年，唐代的景龙元年（707 年），唐朝廷曾派唐九征率军大破吐蕃，平定滇中，一直打到永昌郡（今保山），并“建铁碑（柱）于滇池以纪功”（《大唐新语》），这就是昆明大观楼长联中的“唐标铁柱”的典故。虽然铁柱立在什么地方还有争议，但当时滇池地区为朝廷所控制，是没有问题的。此后唐朝廷又在滇池地区修筑安宁城，以控制滇东、滇南，扼守通往安南（今越南北部）的道路（《滇史》）。在这个过程中，唐朝廷特别倚重南诏。后来爨氏发动兵变，夺取了安宁，朝廷督令南诏出兵收回——南诏借此在滇池边建个小城，以利往来，朝廷当然也乐得引入南诏，以平衡爨氏势力，都没有问题。

这座“拓东龟城”的修筑地点，各种说法都有，从滇中到滇西，相去甚远。《纪古滇说集》说此城建在滇池湖边。明代《南诏野史》更把它定位在“云南府昆阳州北平定乡”。清雍正年间的《云南通志》说拓东龟城的遗址在当时昆阳州以北的平定乡。这个“平定乡”就是今天昆明西山区的海口。海口是螳螂川的河口，是滇池唯一的地上出海口，当年拓东龟城的痕迹是完全找不到了。不过，今天海口的中滩镇就建在螳螂川河口的沙石滩上，沙石滩呈椭圆之状，貌似龟形，螳螂川夹滩而过，蜿蜒北流，恰似蛇形，和古书的记载大体相符——说南诏拓东龟城遗址在今天的海口一带，还是有根据的。如今出版的《海口镇志》也记载了这座拓东龟城，并说它的城址在今天海口西北十多里的白塔村母柏山。还有人说这座龟城建在晋宁（今昆阳城）以南数十里的地方。清康熙《云南府志》中有一段记载：“金龟山在（昆阳）州南十里，形如伏龟，群流环绕，松竹蓊翳，上建有阁。”这和《纪古滇说集》中对“拓东龟城”的描述也有几分相似。在2002年出版的《春城昆明》一书中，直接把“拓东龟城”定位在今天的昆阳城附近。

可见，滇池边确实有过一座龟城，但不是明朝所建的昆明砖城，而是南诏所建的拓东龟城。南诏先在滇池西岸或西南岸建了座拓东龟城做据点，后来势力大大扩张，又在滇池北岸建起了更大的新城，把原先的据点和地名一起搬过来，建立了拓东节度使，叫作拓东城——正因为新城扯不上“龟”，便把这个字省去了。后来有一些古籍常常把拓东龟城和拓东城混为一谈，造成了一些混乱，需要我们仔细辨别。如《纪古滇说集》把金马山和碧鸡山搬到了拓东龟城；而《南诏野史》又把南诏王子凤伽异修筑的拓东城搬到“云南府昆阳州北平定乡”；《新纂云南通志》则用拓东城否定了拓东龟城等。

○元、明昆明“龟城”的虚实

尽管具体时间和城址仍众说纷纭，南诏在滇池边建了座“拓东龟城”是毫无疑问的。元代云南诸路儒学提举、昆明人王升在《滇池赋》中也提到了滇池边的龟城。其开篇就写道：“晋宁之北，中庆之阳；一碧万顷，渺渺茫茫。控滇阳而蘸西山，瞰龟城而吞盘江。”意思是滇池在晋宁城北，中庆城南，一碧万顷，茫茫无边，北逼滇阳，南接西山，下泄龟城，上吞盘江。这里的“滇阳”指滇池北岸的中庆城，明代文人总结昆明城的景致也有“滇阳六景”之说；“西山”就是滇池西岸的山崖，今天的碧鸡山、罗汉崖；“龟城”指滇池西岸的拓东龟城，在今天的海口；“盘江”就是滇池北岸的盘龙江，滇池来水的主源，当时又叫“蟠龙江”（见《至正桥记》《悯忠寺记》等）。

王升笔下的“龟城”是不是元代的中庆城？答案是否定的。据考证，中庆城的

一说海口附近就是当年拓东龟城所在之地

北城墙在五华山、祖遍山，城东到盘龙江，城南、城西有玉带河，南城墙从双龙桥往西经土桥，再北上鸡鸣桥，全城近似于方形。“至于城市，南、北、西门似乎各有一个，而东门则有两个，大致是一个在今护国路南头，出门通大德桥；一个在今护国路北头，出门通至正桥”（《昆明历史资料汇辑》）——这座中庆城约为方形，四面开了5道城门，形状与“龟”风马牛不相及。元代《滇池赋》中的“龟城”是滇池唯一的地上出海口；而“盘江”则是滇池最大的入海口。可见南诏所建“拓东龟城”到元代仍然存在，而且在滇池西岸。另据清康熙年间《滇释记》记载，在元代的云南僧人中，有个叫悦颜的“滇阳人”，又有个叫玄坚的“古滇龟城人”（《新纂云南通志》）——可见“滇阳”和“龟城”是不同的两个地方：一个是滇池北岸的中庆城；另一个是唐代兴建的拓东龟城。

明嘉靖年间，四川状元杨慎被充军到云南，在昆明填了一首《鹧鸪天》，题为《高峣岸梅》，其中有“龟城春色添乡梦”一句，此中“龟城”距高峣不远，而且就在滇池岸边。杨慎曾为元人的《纪古滇说集》作跋，对《纪古滇说集》中所记拓东龟城的来历是清楚的。后来出了本《南诏野史》，署名为“四川新都杨慎升庵编辑”，或“成都杨慎标目”（《四库提要》）。这本书中也提到了“昆阳州北平定乡”有座拓东龟城——以《高峣岸梅》和《南诏野史》互证，可见拓东龟城原址很可能就在滇池西岸的“平定乡”，今天的海口镇附近。

○“龟城”的文化背景

中国古代“龟城”不少。如四川的成都、山西的平遥和浑源、甘肃的永泰、陕西的大荔、江西的赣州和谭邦、河北的高碑店等，据说都是“龟城”——大多城形如龟，城门如龟首、龟足、龟尾，街巷如龟纹等等。为什么这些城镇都拼命地向“龟城”靠拢？昆明城的形状有点儿“椭圆”，有6座城门，说是“龟城”——好，就算是个理由。那么，山西的浑源城是八角形，形状一点儿都不“椭”，就说成是“八卦龟形”；浑源只有两道城门，就说刚好一个是龟头、一个是龟尾，所以也是龟城。昆明城的南门和瓮城门都向南开，说是“神龟抬头”；甘肃永泰城堡的南门向南，瓮门偏西，又说是“神龟回首”，各有各的说法。河北高碑店古城本身没有可说的，就说城外的高地是龟头，石桥是龟脚，寺庙的旗杆是龟尾，绕了半天，还是座龟城——不管这个城堡修成什么样子，也不管城门怎么开，朝东还是朝西，都可以把它说成是龟城。

论中国资格最老、规模最大的龟城，是我们北方的邻居成都。据说早在战国时期，公元前311年，秦国攻下四川后，就追寻神龟爬行的足迹，成功地建起了成都

这是滇东北晋代霍承嗣墓室壁画上的龟蛇相交图，它表现的是五行之中的北方

城，所以叫“龟城”。这个说法最早出现在晋代的《搜神记》这本书上，到现在也有1600多年了。据说古代成都城有点儿狭长，6座城门如同龟头、龟尾和龟的四只脚，成为一座“龟城”。但也有人持不同意见，宋人赵抃就在《成都古今集记》这本书中说，当初修成都城的时候，虽然有神龟的说法，但也是“顺江山之形”修建城池的结果。这个“顺江山之形”，就是我们前面提到的“依山就势”。承德避暑山庄也是依山就势建成的，从空中看，外形酷似龟形，这座清朝的夏宫堪称中国最牛龟城。

再查一下，好像日本也有座龟城，叫串木野城。朝鲜也有一座龟城，是龟城郡的首府。抗美援朝时期，那里还发生过志愿军和美军对阵的“龟城三一三空战”。

这些“龟城”都在汉文化圈里，有的还扯上了蛇，为什么？

首先，在中国传统文化观念中，龟和蛇都是有灵性的，是祀物、灵物、图腾物和吉祥物。中国古代有“龟兆吉凶”之说。乌龟命长，成为长寿不死的象征，所谓“龟寿鹤年”是也。乌龟又出土入水，无所不往，被视为神的代言人、人与神沟通的桥梁，龟纹又非常神秘，更能知阴知阳，知前知后，能卜算凶吉，甲骨文就是从这里来的。《易·系辞上》有“洛出书，圣人则之”的说法。相传大禹时，洛水中浮出神龟，背驮“洛书”，大禹依此治水成功，遂划天下为九州，制定九章大法，成为圣人行事效法的神物。洛书还被称为“龟书”，传说有神龟出于洛水，龟背上就有最早的八卦图形，成为阴阳五行术数的源头。在古代，千年之龟为神龟，万年之龟为灵龟，龟还被请进皇宫，成为国家的重器，所谓“千岁而灵”（《洪范·五行》）是也。龟蛇相盘，阴阳相合，阴阳交感，又衍生万物。至于民间说法，“蛇长”而“龟寿”，“龟”加“蛇”就是长寿，“龟蛇”就成了管理生命的神仙，叫“司命之神”。于

这是如今昆明一家市场的龟蛇相交石雕，据说它可以生财、生旺

是，乌龟又象征了中庸平和、坚忍顽强、避难消灾、固若磐石、福寿久远、祥瑞永恒等等。

罗养儒在《纪我所知集》（《云南掌故》）中还讲了个故事：“衡山岳神庙有小白龟，大仅如钱，多历年所，土人以为岳神使者，藏于神龛中而敬祀之。三桂僭号后至衡州，涓吉祀神，呈舆图，卜龟所向，龟蹒跚而走，不越岳（州）、常（德）、澧（州），复至滇止。再三拜祷，三复如之。”后来吴三桂叛军果然只能在这个圈圈里打转，最后为清军所灭，可见其“上隆法天，下平法地；能见存亡，明于吉凶”，“神灵之精”是也（唐《初学记》引《洛书》）。

第二，中国传统文化中的北方之神叫“玄武”。在传统的星象学中，天上有二十八星宿，北方七宿组成了一个龟形，其下就有颗螣蛇星，合起来看，就是一个龟蛇合体。这个龟蛇合体位于北方，属水，颜色是黑的，古代称为玄色，玄武的“玄”就是从这里来的。玄武的“武”就是冥，在古代，“武”和“冥”两个字的发音相通。“冥”的意思是阴。古人请乌龟到阴间去，向祖先、神灵请教种种问题，然后把答案带回来，就叫龟卜。最早的玄武是乌龟，后演变为龟和蛇组合而成的灵物。中国的道教信奉四方四神，有青龙、白虎、朱雀和玄武，其中“玄武”的外形就是龟或者龟蛇合体。从这里又引申出个玄武大帝来，玄武大帝又叫真武大帝，也是龟蛇合体，可以“威慑万灵”。玄武大帝属水，能治水降火，解除水火之灾，叫作“水位之精”。据宋代文人高承在《事物纪原》中记载，北宋天禧元年（1017 年），宋军兵营中有士兵看见龟蛇，于是建起真武堂。第二年，真武堂旁边清泉涌出，不但解决了军民饮水问题，喝了还能治病。宋真宗又下诏建起寺观，并赐名叫“祥源”——据说真武神即从此诞生。民间相传，元代的至元四年（1267 年），元世祖忽必烈动手营造大都城时，今西直门外的高粱河上出现龟蛇，群臣说是真武神光临，其有水德，水

这是昆明金殿公园仿制的五台山铜房前的龟蛇相交，石雕，代表雄镇北方的真武大帝

能胜火，宋朝必亡。忽必烈大喜，下令在龟蛇出现的地方建起一座“大昭应宫”，祭祀真武大帝，又在城中心的海子边另建真武庙，供奉的也是龟蛇一体的真武大帝。后来真武更被加封为“元圣仁威玄天上帝”，成为北方最高的神。看来元朝的真武比宋朝的真武厉害，过了没有多少年，就把南宋灭了。我们在前面提到，北京崇文门有铁龟，东便门和西便门有石龟，地安门外还有个火德真君庙，供奉真武大帝，是一个龟蛇抱像，象征天地精灵——相比之下，北京的“龟蛇”之味比昆明浓，似乎更有理由成为“龟城”。

第三，龟、蛇被神化，也和军事有关。中国传统文化认为，乌龟有甲壳，可以避害；而蛇的身子柔软，进退自如，来去飞快，可以制胜。所以中国古代有“灵龟为盾、玄蛇为剑”的说法，认为有了这两个灵物的护佑，就可以求得百战百胜。古代行军、列阵，都要打出四面大旗，“前朱鸟（雀）而后玄武，左青龙而右白虎”（《礼记·曲礼》），把龟、蛇绣在战旗上，称为“龟旐”，用来求得神灵附身，“如鸟之翔，如龟蛇之毒，龙腾虎奋”（《十三经注疏·礼记·曲礼上》），战无不胜。古代作战之前要占龟卜，调兵要用龟符，将士盔甲模仿龟壳，士卒战衣绘有龟纹，后来在胸背各绘一环，环中书一“兵”字，也有龟崇拜的痕迹。在这种文化背景下，中国人修建城池，都要和神龟、灵蛇拉上点儿关系，就情有可原了。

其实，从常识上说，城墙可以看作是“龟壳”，城当然就是“龟”了。依托“龟壳”的掩护，“龟”退可守——把头缩回来不理你，进可攻——冷不防伸出头来咬你一嘴，这样才能自保，才能长命。命长了就是灵龟。从原始文化的意义上说，要获得灵龟的保佑，就必须与灵龟相“通”，让灵龟附身。

按照文化人类学的逻辑，这种“通”灵、附身的办法有两个：一是和灵物接触，叫作接触律；一是和灵物相似，叫相似律。一般人和灵龟、灵蛇无缘，“接触”不到，就只有走“相似”的路子了，这在文化人类学上叫“模仿巫术”。从古老的原始思维看，这是一种简单的类比方法，很容易就可以让神灵附身。如云南早年一些原始部落民

黑龙潭龙泉寺内院石板地上的龟蛇相交浮雕

众认为，村寨和人一样，既有四肢，也有心脏，于是就在村寨四方竖立四个寨门，在村寨中央立一根神柱，叫作“寨心”。这和“龟城”的说法如出一辙。总的来说，这种“模仿”有两条路子，如同汉字成形的规律：一条是象形，一条是会意。把一座城池说得有点儿像灵龟，这是象形模仿；不像也说像，这是会意模仿。按照这个思路，还可以把“灵蛇”也请来，搞成“龟蛇相交”，于是就有神灵附身，有玄武大帝保佑，这个城池就水火不入，牢不可破了。因此，所谓“灵龟”和“龟蛇相交”，说白了就是一个护身符，或者是护城符——宁可信其有，不可信其无。

昆明城北有点儿“椭”，背后偏偏又有座蛇山，按风水理论，把这座“龟城”和蛇山联系在一起，就有了“龟蛇相交”而生“紫微龙气”和“帝王之气”的说法——这叫建城者无意，论城者有心，典型的附会之说。

有意思的是，滇池东岸还有个“龟村”，就是今天呈贡区的斗南村。此村建于元代，清初因村形似龟，村南、北一街如斗柄，有“龟背驮金斗”之说，得名斗南村（《昆明地名志》）。龟为长寿之征，斗为二十八宿之一，通称南斗，街形如斗，使人想到天上的星宿，为吉祥之兆。

话说回来，其他地方的龟城也好、龟蛇之城也好，说来说去，只是想沾点“神龟”“灵蛇”的仙气，图个吉利。但是敢说本地的山有“紫微龙气”，甚至还敢说可以弄出个“龟蛇相交”，从此产生“帝王之气”，大概只有昆明的风水师——真是山高皇帝远，可以“关起门来当皇帝”了。

○“龟崇拜”的断裂和昆明龟城说

在中国传统文化中，麟、凤、龟、龙合称“四灵”（《礼记·礼运》），麟为百兽之长，凤为百禽之长，龟为百介之长，龙为百鳞之长。“四灵”之中，龟是唯一存在于现实之中的“灵物”。商周之时，龟是圣坛上的神物，是吉祥之物。古代“尊龟”典籍，如前面所引《洛书》《洪范》，都源自商周时期。秦汉之时，龟崇拜达于高峰，

滇池南岸出土青铜器上的古滇国蛇图腾（一说就是龟蛇相交）崇拜场景

并延续到唐初。当时出了个女皇武则天，“武”是“玄武”之“武”，在中国传统文化中，最早的“玄武”是龟，又把龟崇拜带进了朝廷。当时发兵用的是龟符（《朝野佥载》），五品以上官员要佩戴“龟袋”，三品以上饰金，四品饰银，五品饰铜（《新唐书·车服志》）。唐初不少人物的名字中都有个“龟”字，如唐宗室里有楚王李灵龟，唐玄宗最宠的伶人叫李龟年等。唐代初期，西部边陲的安西都护府驻龟兹城，成为统治西域的中心，又在北方边陲设龟林都护府，成为北域守护重镇。南诏臣服于唐朝，在唐朝龟崇拜影响下，“筑滇之城，以龟其形，江萦之蛇”，命名为拓东龟城，就非常自然了。拓东龟城建成后，南诏又很蹊跷地立了两座神像，“一镇龟城之顶，一镇城之南”（《纪古滇说集》），也意味深长。拓东龟城建成以后，南诏和唐朝廷反目成仇，激起天宝之战，唐王朝势力被赶出滇池地区，在滇池北岸兴建新城池后，就没有必要再跟着唐朝的龟文化走了，于是就有了座拓东城，而把“拓东龟城”中带有“唐彩”的“龟”字废掉了。

唐代中后期，龟文化出现了两极分化。神坛上的乌龟地位依旧尊贵，神坛下的乌龟却越来越卑贱。两汉流行谶纬之学，历史学家司马迁也在《史记》中留下了一篇《龟策列传》，记的就是以神龟占卜吉凶的方法，简直就是一部“神龟传”。到了唐代，这篇《龟策列传》受到三位著名历史学家的严厉抨击。《史记索隐》的作者司马贞认为：《龟策传》写得“烦芜陋略”，一无可取。张守节《史记正义》中说，《龟策传》“言辞最鄙陋，非太史公之本意也”。《史通》作者刘知几更说：“乌龟本来是异类异物，和人毫无可比之处。动不动就把它拿来和人相提并论，还和人一样为它立传，这不是太奇怪了吗？”齐已是唐朝晚期著名诗僧，他写了一首诗，题为《刳肠龟》——致剖肚剔肠的乌龟的诗。诗中说：“尔既能于灵，应久存其生。尔既能于瑞，胡得迷其死。”——你既然是神灵，就应该永存于世。你既然能显现祥瑞，怎么死得这样难看？唐代文学家韩愈有《月蚀诗效玉川子作》，他笔下的乌龟是这个样子：“乌龟怯奸，怕寒缩颈，以壳自遮”——这被看作是骂人为“缩头乌龟”的出处。

到了元代，走下神坛的乌龟境遇更加不堪。元戏曲家尚仲贤的《单鞭夺槊》中有这样一句话：“如今只学乌龟法，得缩头时且缩头。”元末明初的学者陶宗仪在《南村辍耕录》中引《废家子孙诗》云：“宅眷皆为瞠目兔，舍人总做缩头龟。”并注释说：“妻子有外遇，丈夫就被比喻为乌龟”——这几句话来自民间，又回到民间，“缩头乌龟”成了骂人的话。昆明人也会骂“缩头乌龟”，还爱拿乌龟来做歇后语，意思都不太正面。如“挨打的乌龟——缩脖子”，如“王八肚里插鸡毛——龟（归）心似箭”，如“乌龟爬门槛——翻一番”等。

历史上，就连青、绿、碧三色也被视为乌龟之色，并惨遭株连，成了卑贱之色。唐代延陵县有人犯罪，县令李封不动杖刑，而让罪犯裹上绿头巾，罪行越严重，裹绿头巾的时间越长，当时的人都以此为奇耻大辱（唐《封氏闻见录》）。宋代也把头缠青巾的人视为不肖子弟、卑贱之徒（沈括《梦溪笔谈》）。到了元代，更规定娼妓的家长和亲属男子一律要“裹青头巾”（《元典章》），表示和一般人有区别。

被捧上神坛的龟蛇相交

昆明龟龙湖雕塑表现的也是传统的龟蛇崇拜

明代也规定，教坊司的乐人、伶人、乐工必须头戴绿色巾（《明史·舆服志》）。因为官妓隶属于教坊，而乐户妻女大半为妓，于是“绿头巾”就成了专用名词，专指“人妻有淫者”——妻子有不贞行为的男人（明 郎瑛《七修类稿》）。

这个“绿头巾”之“绿”和乌龟有关。明人谢肇淛在《五杂俎·人部》中解释说：“如今人妻淫乱，丈夫就被称为乌龟，因为乌龟不能性交，只好让雌龟去和蛇相交。”——在古人眼里，由于龟壳覆盖得严严实实，雌龟和雄龟不能交配，只能与蛇相交，雄龟只能在一旁缩头干瞪眼。用清代作家曹雪芹的话来说，就是：“女儿悲，嫁了个男人是乌龟。”（《红楼梦》）于是开妓院的、以妻女卖淫的男人都成了乌龟。又因为龟头为绿色，更因为绿毛龟名气大，于是让这些男人头戴绿头巾，甚至还要穿上一身绿衣（清 赵翼《陔余丛考》），以显示其“乌龟”的身份。

直到清代，还有此类记载。清代乾隆时期学者翟灏的《通俗编》说：妻子出轨，丈夫就被认为是乌龟。因为乌龟不能相互性交，而让雌龟和蛇交配。清朝建立之初，也让这些“乌龟丈夫”戴上绿头巾，以示侮辱。后来坊间戏弄相骂，也会拿“绿头巾”来说事。由于“绿巾”形似帽子，到了清代又叫“绿帽子”。清末文人易实甫作《王之春赋》，提到当时官场的性贿赂，以“帽儿改绿，顶子飞红”八字著称，可见“绿帽子”早就用来称呼妻子不贞的男人了。昆明人更有自己的发明，清代官员冬天戴一种红缨官帽，帽形好似乌龟头，因为当时官员腐败堕落之极，昆明人由此引出“冬帽”二字，先指男妓，后来又以此骂人，骂“小冬帽”，骂“老冬帽”，开始有“扒灰”“乱伦”的意思，后来就和“混账”“混蛋”的意思差不多了——这也算是中国民间“贬龟”观念在昆明的余韵吧。五四运动时昆明人抵制日货，有人画个乌龟贴在街上，此龟背驮种种日货，头戴平顶日式草帽。一班昆明娃娃聚集于此，但见戴日式草帽者路过，就大叫“乌龟来了”，然后成群结队，跟随于后，嬉笑狂吼不止，直到此人取下草帽，扔在地下，这些娃娃才一哄而散。

龟在神坛之下沦落到这个地步，就很难再登大雅之堂了。有人统计过，以中国古代二十五史来看，元代以前二十二史所记，都有以“龟”为名的人物和事件。而在元、明、清“三史”中，以龟为名的人或事一个都找不到了。《明史》列传为忠臣、奸臣、烈女、流贼、方伎、外戚、隐逸等 3831 人立传，而没有一个以龟为名的。很难设想，如此“贬龟”的政治环境和文化环境中，会冒出一座昆明龟城来——虽然这个“龟城”在风水先生那里还高高在上，但在正统的文化领域里，却早已风头不再，仅仅在诗文中偶尔出现而已。明洪武三年（1370 年），朱元璋就把“教坊司伶人”视为龟之另类，低人一等，让他们“常服绿色巾”，不得与普通人的服饰混淆（《明史·舆服志》）。让人难以想象的是，仅仅过了 12 年，到明洪武十五年（1382 年），就有人胆敢大张旗鼓地在朱元璋的耳目底下建起一座昆明龟城——我们除了说句“匪夷所思”，还能说什么呢?

○“城防论”与“风水论”

大量的历史资料表明，明代修建的昆明城是根据中国古代军事防御理论建造起来的军事城堡，而不是根据传统的风水理论建起来的风水龟城。就因为一个不规整的形状，明代云南府城为什么就成了“龟城”？合理的解释只有一个：附会。用现在的话来说，昆明不是“龟城”，而是“被龟城”——明代昆明城建好以后，西南城墙走向有点儿弧形，东北角也不太正，不规不矩，不方不正，就被风水先生说成

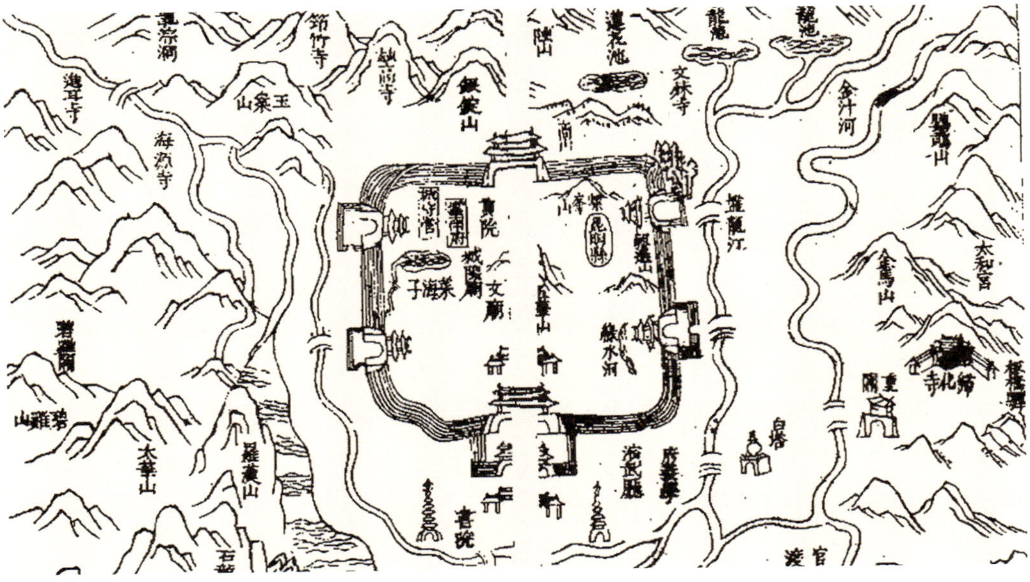

这是清康熙《云南府志》上的昆明县地图，可见当时的昆明城山环水抱，易守难攻，是难得的军事城堡，又暗合风水宝地之说

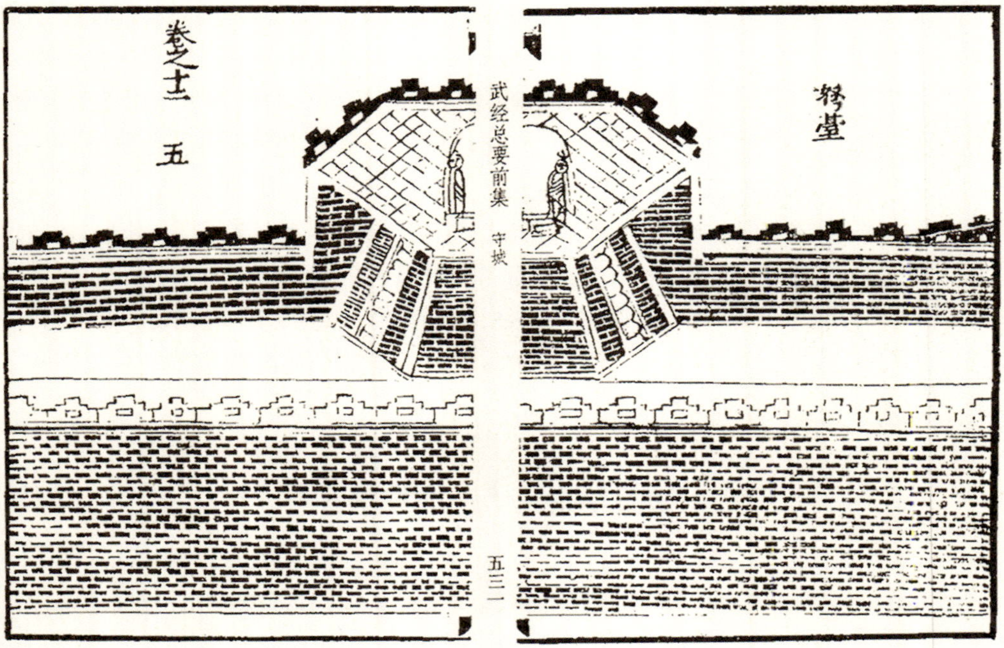

宋代兵书《武经总要》中的“军用”城堡设计图

龟城了。当然，出于政治、军事目的城址选择和堪舆师们的风水之说也有不少交集和重合之处，给后人的附会留下了不大不小的空间。

例如，按照中国古代军事理论，修建城堡必须“先居高阳”（《孙子兵法》）——抢占地势又高又朝阳的地方。《易经》说：“山川丘陵是险要之地，王公贵族为了把守地盘，总要在这些地方修建险要的城堡。”这是我们考察古代城堡选址的出发点。有学者认为，为了控制被征服者，征服者要住在中部有山的险要之地，而被征服者则被安排住在四周又低又平的地方，这样，既便于管理，又便于从事劳动生产。古代修筑军事城堡，地势不能太低，否则平时容易遭受水灾，战时容易遭受水攻；但也不能太高，否则会受困于水源，难以长期坚守。用《管子》的话来说，就是：“非于泰山之下，必于广川之上。”宋代兵书《武经总要》更发挥说，筑城于“太山之下，广川之上”，选址不但要高，而且要有足够的水源，城址低处要和江河湖水保持距离，要讲究天时地利，形势可靠，水流畅通，有险可依，有利坚守，这才是兵法上所说的“攻不下的城池”。明代昆明城就建在险要的“三山一水”之间，位于山上和山坡上的“险要之地”，“高毋近旱而水用足，下毋近水而沟防省”（《管子》），而进驻昆明城的多半是统治者的军政机关，而把大多数百姓都甩在城外低平之处。

按照风水理论，营造城池最重要的也是选址，要选一个最吉利的地方造城。这

民国初期，一队滇军步入威势不减的昆明城北门

抗战时期，昆明又成了军事大城堡。这是圆通山东北角城墙的拐角处，这里有一座巨大的城台，是军事城堡必需的军事工事

个地方要有马蹄形的山丘作为靠背，自身要干燥，在南方向阳不远的地方要有曲折环抱的流水。城池要建在主山脚下的风水穴上，而在环绕风水穴的东、西、南、北四个方位上，要有青龙、白虎、朱雀及玄武等山体，叫做“四神砂”。

可见，无论是中国传统军事理论还是风水理论，都要求新建城市必须占据高处，要靠山、要向阳。再看明代昆明城，作为省会，这里有浩森的滇池湖，有高耸的太华山，“沃野平铺，群山四拱，坚城深池，雄踞中央，信哉！”（《新纂云南通志·刘彬传》）这是一座按照军事原则修建起来的城堡。而昆明城北面、东面、西面三面有山，南面是浩瀚的滇池，正好又是风水学说中最注重的三面环山、一面临水、坐北朝南的风水宝地。清康熙《云南府志·地理志序》盛赞昆明称：“惟滇会区，西南要地，握两迤枢，应井鬼位。地灵所钟，物华所萃，昆水深凝，金碧高峙，秀谷苍峦，奔赴而至。疆域既雄，形势自异；时序既和，畜植自利。”有风水研究者说：昆明城北边有蛇山，是昆明的主山。这座山自北向南一级一级下降，成为商山、螺峰山、五华山、祖遍山，这个就是玄武尊贵，安泰吉祥，而昆明城就建在这里的风水穴位之上。这里群山环绕，有河有湖，生气聚合，叫作明堂，而且是上等的大明堂。昆明城的东方，从北向南，有鹦鹉山、金马山，像一条长龙环抱明堂，这就是青龙。在昆明城的西边，从北向南，有妙高山、玉案山、进耳山（也叫笔架山）、碧鸡山、太华山、罗汉山等，无不挺拔秀丽，如同高踞的白虎。昆明城的南面是滇池，烟波浩渺，湖岸青翠，和昆明城北面、东面、西面的群山形成绝妙的对景，是天造地设的绝佳境界，名副其实的风水宝地。

面对昆明这座坐北向南、依山面水的城市，政治家和军事家看到的是避害防灾、易守难攻，堪舆家和风水师看到的是藏风得水，造福一方。后者虽然只是一种说辞，但也表达了良好的愿景。再从现代地理科学的角度看，昆明城的“依山”有利于抵挡冬天从北方南下的寒流；昆明城的“面水”又有利于接纳南来的凉风，还方便农田灌溉、行船交通、水产养殖；面朝阳可以得到很好的日照；城市建在缓坡台地上，可以避免水涝灾害；城池四周茂盛的植被，既可以涵养水源，保持水土，又可以调节气候，还可以供应烧火做饭的柴火——从所有这些方面来看，昆明的确是一块“风水宝地”。

○“龟城风水”走红的背后

明初大兴土木建起昆明砖城，至今已经600多年了。罗养儒老先生写《纪我所知集》，到现在也有半个多世纪了。如今昆明龟城风水突然被“旧事重提”，在昆

如今蛇山余脉荷叶山、王帽山早就被切割得七零八落，“风水”不再

明红火起来，也是有原因的。它和城市的无序扩张，历史文化的割裂、人们对城市生态环境的忧虑甚至焦虑都有关系。

清朝末年，昆明也搞起了洋务运动，在翠湖边建起了机器局（兵工厂），当时就引出了一段“风水大战烟囱”的故事。一些老昆明人硬说烟囱建起来会破坏本地风水，站出来坚决反对。后来双方妥协，把烟囱建得矮一点，造成的后果是炼不出好铁，造不出好机器，只好做吹大烟的盘子。后来，迷信破除了，烟囱高了，大概铁也炼得好了。再后来，到了如今，昆明城里的烟囱又全都拆掉了——前后百年，是烟囱赢了，还是风水赢了？谁笑到了最后？都不好说。

民国初年，昆明要抽取翠湖九龙池的水建自来水厂，也有老昆明人反对，说安装水管上山会破坏风水。后来水管还是装了，水厂还是建了。过了半个多世纪，由于采水过度，昆明的地下水位下降，翠湖水源都要断了，那些水管到头来还是拆了，水厂也迁走了——最后是抽水管赢了，还是风水赢了？谁笑到了最后？还是不好说。

当然，如今搞房地产开发，规模更大更广，有的房地产商很注意开发位置的风水，有的还把风水作为一个卖点，这个也是昆明风水走火的一个原因。

科学与迷信，如何区别？罗养儒老先生有言在先：“堪舆家之立论，是首重山

徘徊在新昆明和老昆明示意图之间的昆明人

龙地脉。深于此者曰形象。就其层次言来，究不外乎阴阳五行。惟过偏于是，转失山脉龙气之真谛，以故有人鄙之。若有扼定阴阳五行而营谋福利者，便成为迷信。”（《谈谈昆明城之山龙地脉》）

另一方面，近年北方雾霾严重，有人分析说，城市盲目扩张，道路如网，车流如梭，高楼林立，阻断了地脉风向，破坏了气候环境，天气不顺，地脉不畅，这才造成了雾霾，至少是“致霾”的一个重要因素。这种说法有点儿道理，也有现代科学的支持，都是值得我们思考的。

在谈到老昆明风水时，我们大可以读一读昆明大观楼长联。长联中有四句话点明了昆明城的位置，就是“东骧神骏，西翥灵仪，北走蜿蜒，南翔缟素”——老昆明北面以蛇山为依靠，东面以金马山为屏障，西面以碧鸡山为护卫，南面以滇池为明堂，对着湖那边的白鹤山，形成了大“三山一水”的城市格局。用《新纂云南通志》的话来说，这里“左环金马，右拥碧鸡，列昆海以为池，枕碧峰而带郭，川原平远，沟洫纵横，水秀山明，南州冠冕”。再者，碧鸡山下又有滇池，金马山下又有金汁河和盘龙江。在“三面临山，一面临水”之中，老昆明城还“三面临水，一面临山”，体现了“人法地，地法天，天法道，道法自然”（《老子》）的道家思想，将儒、道兼容于城市营造中，左右逢源，进退有据，确实妙不可言。

清道光年间的《道光云南志钞》中有这样的描述："云南府（辖今昆明一带）为全滇首郡，山川壮丽，原野膏腴，带海襟山，兼擅陂池之利，甲于三迤诸郡，足与楚、蜀比肩，宅是南邦，洵一大都会也。"在这个大格局下，昆明城不但有低纬度、高海拔的优势，还有依山傍水的便利。冬季寒流南下，有"靠山"（蛇山）阻隔；夏天清风北上，可以顺着滇池引来；到处河湖纵横，可以通船，还有利于农田灌溉；坐北向南，就不缺日照，常常晒得到太阳；缓坡和阶梯形状的台地，可以减少洪涝灾害；四周植被茂盛，有利于水土保持，不愁活水不来，还不缺烧柴。这样，昆明才夏无酷暑，冬无严寒，成为一座名副其实的春城。

不过，老天给我们的东西，也要靠我们爱惜，不然，好东西也会被破坏掉。虽然现在昆明空气还好，抬头就是白云蓝天，但搞得不好，也可能"被雾霾"。昆明"被龟城"还可以一笑置之，万一"被雾霾"，那就是祸在当代，罪在千秋，贻害子孙，我们不能不慎重，不能不警惕，不能不敬畏。如今昆明风水说到处传播，认同的人不少，也反映了一种社会心理甚至社会焦虑，值得我们三思。

120 年前，有人在昆明发现了天下独一无二的云南闭壳龟。它的龟壳分为背甲和腹甲两部分，由韧带连接，可以自由开合。人们还发现，如果受到蛇的侵犯，闭壳龟会快速闭合甲壳，把蛇夹住，然后满地翻滚，把蛇弄死，再慢慢地吃掉。闭壳龟因此又被称为"克蛇龟"和"夹蛇龟"。云南闭壳龟是中国十大名龟之一，是中国二级保护野生动物，被世界自然保护联盟列为极危物种。保护云南闭壳龟，不仅可以维护生物的多样性，还可以证明"龟蛇相交"的荒谬，证明"龟蛇相交"而生"紫微龙气"的虚妄，让人始料未及，一声叹息："原来如此！"

老城堡

昆明绝非按照风水理论建起来的“灵龟之城”，而是按照古代军事城防理论和实战经验修建起来的军事城堡。

昆明之城，始于南诏兴建的拓东城，时间是唐永泰元年，即公元765年。南诏王阁罗凤决定在此建筑新城的第一个理由就是这里“山河可以做藩屏”，在《南诏野史》中，拓东城被称为拓东节度使城，可见从建起之日起，它就是一座军事要塞。大理国时期，拓东城改称鄯阐城，驻守城中的最高军政官员是“将军”，有“定远将军”高明清和“安东将军”高观音等，还是一座扩大的将军府城。元初在这里设置鄯阐万户府，成为一个“军区”，下辖昆明两千户，后又改为中庆城，云南政治、军事中心安置之地。明代建为云南府城，把元代中庆城南城（今三市街、金碧路一带）划到城外，在城南形成居民区，而在城外东关、南关形成商业区。所有官府、衙门和一部分卫所、寺庙都圈在城内，再把螺峰山（圆通山）、翠湖围进来，形成一个全封闭的政治、军事城堡，周围“九里三分”，实测面积约3平方公里。城内一般居民很少，所有城门都派兵驻守，早上定时打开，晚上定时关闭。城中又分为“坊”，坊与坊之间设立木栅，派兵值守，早上打开，盘查路人，晚上关闭，禁止出入，以防意外。于是，王公贵族无论行政、休闲、拜佛、求神，都可以在城里解决，无须

出城，非常安全，所谓“三里三分穿城过”是也。明军在昆明城内外层层设防，有卫、所、堡、哨、关、营等军事组织，形成了一道道严密的军事防线，组成了一个内外结合、坚不可摧的军事城堡。

到了清代，昆明仍然是一座“兵民错居，闾阎栉比”（清雍正《云南通志》）的军事城堡。直到民国之时，学者们坚持认为“云南一府，山盘水曲，较诸郡稍平衍，用建省治，控驭两迤，东以曲靖为门户，西以楚雄为屏藩，澄江卫其南，武定障其北，大理居迤西之中，设提督标，与省会相策应焉”（《新纂云南通志》）——说的还是昆明的军事区位优势。

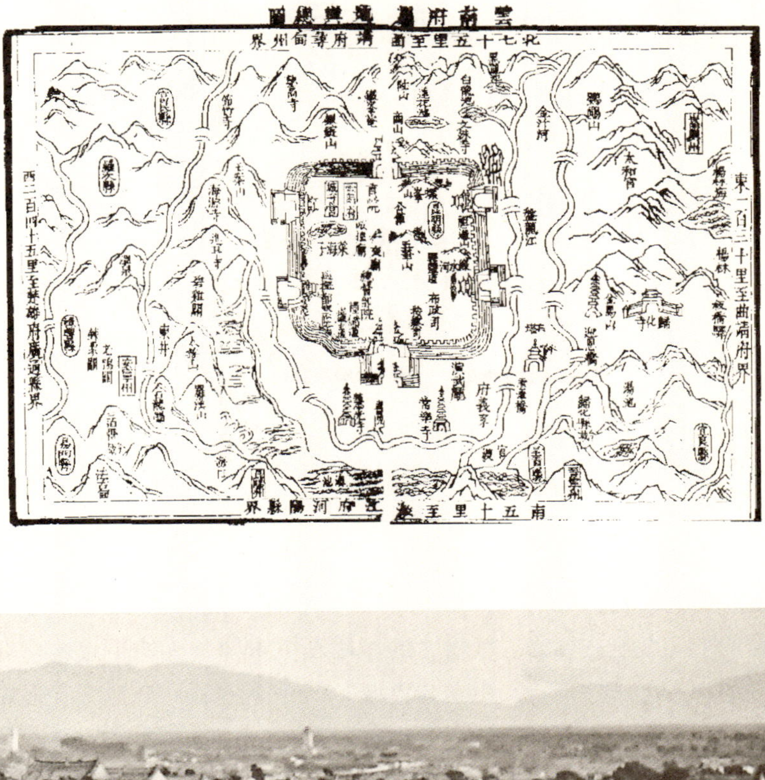

○拓东节度城“山河藩屏”

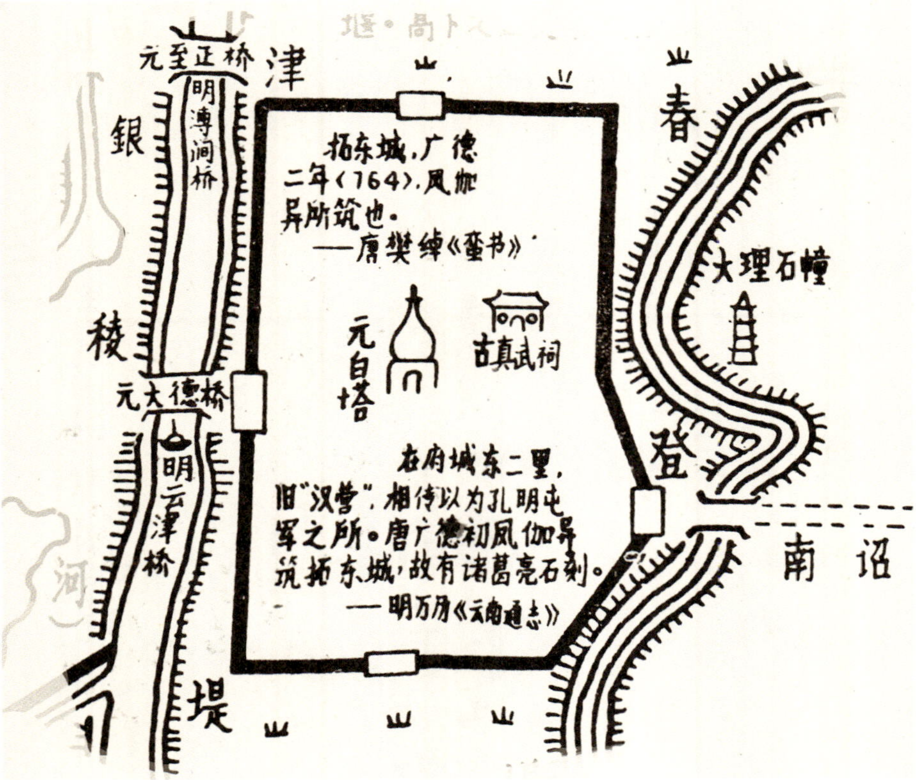

《昆明建城沿革示意图》中的唐代南诏的拓东城（原载《昆明地名志》）

从昆明建城的历史来看，它从来就是一座军事要塞和军事城堡，或者说首先是一座军事要塞和军事城堡。

在冷兵器时代的战争中，“城堡”的作用至关重要。无论进攻或防守，关键都是“城”，所谓“攻城略地”，要先“攻城”，才能占领一个地方。而城的作用，军事为先，民事为后，这是中国古代建城的王道。

《易经》是风水学说的“祖籍”，其中有一段话说，统治者要修建险要的工事，守卫他的领地，就必须建造城池，强化军事防卫，同时也保护他的属民——修筑城堡的原则是军事第一，民事第二。中国古代兵书《尉缭子》也说，修建城池，并不是劳民伤财去聚集民众，圈占地盘，说到底还是为了军事防卫。滇池北岸的古代城池，都建筑在今天昆明城的东、西两面的高地上，就是为了把守金马、碧鸡两个关口，以巩固地盘，防御外敌。

公元8世纪上半叶，唐代的开元、天宝年间，朝廷收服了称霸云南的东爨和西爨，又扶持南诏统一了洱海地区，不料南诏乘机东扩，灭了爨氏政权，打进滇池地区。后来朝廷、南诏交恶，唐军竟两次大败于南诏之手，不得不退出云南。南诏乘胜占领昆州，国王阁罗凤到此查看地形，决定在滇池北岸建筑新城，第一个理由就是这里“山河可以做藩屏”——山脉河流湖泊都有利于军事防御，第二个理由才是“川陆可以养人民”——有水有地有利于发展生产，养育人民。这在《南诏德化碑》上都有记载，体现的就是《尉缭子》中提到的先军事、后民事的建城思路。

正因为滇池北岸山河险要，鱼米富饶，又正当五尺道要冲，在这里修建城池，既可以控制西边的碧鸡关，又可以控制东边的金马关，还可以控制从四川到交趾（今越南一带）的南北交通要道，对于南诏“向东拓展”的军事战略，意义重大，阁罗凤才决定放弃碧鸡关下残破的昆州城，命令长子风伽异在盘龙江下游筑城据守。新的城堡建在今天得胜桥、状元楼一带的坡地上，命名为拓东城——意思是“拓展东部土地之城”。用《南诏德化碑》的话来说，拓东城的修建，可以“威慑步头、恩收曲靖”——向南可以威慑元江、滇南一带，向东可以扩张到曲靖、滇东一带。南诏在这里设立了拓东节度使，管辖今天滇中、滇东广大地区，于是拓东城又称拓东节度城。此时是唐永泰元年，即公元765年。

从现有的史料上看，南诏时期挑战拓东城的人好像没有。从南诏国到大理国，几次改朝换代，都没有拓东城发生大战的记录。到了后晋天福二年（937年），当

唐代南诏时期拓东城“遗物”：东寺塔和西寺塔

昆明拓东路被认为是南诏拓东城故地

时的通海节度使段思平联合乌蛮的三十七个民族部落联盟，从今天的曲靖起兵，杀进洱海地区，夺取了政权，建立了大理国。他们从滇东杀到滇西，不可能绕过拓东（鄯阐）城，在此是不是有过攻防大战，不见史载。《南诏野史》中简单地写了四个字：“所向皆克”——乌蛮三十七部分布在拓东（鄯阐）城的东、南、北三面，就是打了一仗，也不会太激烈，轻松拿下拓东（鄯阐）城后，段氏便一路向西，杀奔洱海去了。

○鄯阐城“既险且固”

从南诏后期到大理国时期，拓东城又叫鄯阐城。鄯阐城还是大理国的东京。北宋的庆历元年（1041 年），大理国第 10 代国王段素兴继承了王位，在东京鄯阐城大兴土木，建造宫室，兴修水利，可见鄯阐城的“帝王之气”仍然很重。

大理段氏夺取政权，滇东乌蛮三十七部的支持起到了很大的作用。大理国初建，三十七部又得封官又得封地，大家也都相安无事。但到大理国中期，权臣高家执掌朝政，三十七部与大理国政权的矛盾逐渐激化，多次起兵反抗，又多次被镇压下去。北宋政和元年（1111 年），由于利益受到侵害，三十七部起事造反，进攻鄯阐，被大理丞相高泰明率兵讨平。高家立了大功，更是大权独揽，被称为“国主”。高泰明对滇东不放心，派他的儿子高明清来镇守鄯阐城。不料刚刚安静了几年，到宋代

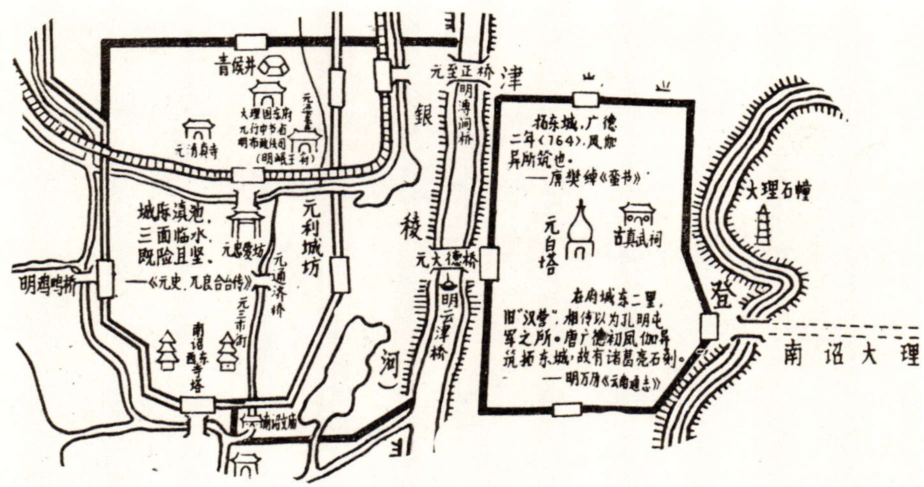

《昆明建城沿革示意图》中的宋代大理鄯阐城（原载《昆明地名志》）

的宣和元年（1119 年）的正月，三十七部又一次造反，不但攻下了鄯阐城，还杀了高明清（杨慎《南诏野史》）。到宋代的乾道八年（1172 年），大理国权臣高家内乱，鄯阐城又成了双方拉锯战的受害者。经过六十多年的战乱，鄯阐城损毁十分严重，几乎被夷为平地，成为“废城”，后来不得不放弃，向西越过盘龙江，另筑土城，称作新城，又沿袭原来的称呼，叫鄯阐城。

这座新建的鄯阐土城防御能力更强，战略地位非常重要。镇守鄯阐新城的还是大理国丞相高家的人。他们在这里独霸一方，私相授受，世袭王侯，在鄯阐城设置相国，还和属下以君臣相称，俨然就是一个“国君”，完全不把大理国王放在眼里——这也是一种“帝王之气”，只是比南诏时期要差多了。

南宋宝祐元年（1253 年），后来成为元世祖的忽必烈率领蒙古大军南下，万里迂回，包抄偏安江南的南宋政权。忽必烈率军乘革囊渡过金沙江，一举攻克大理国都羊苴咩城。大理国王段兴智逃到东京鄯阐，忽必烈奉诏班师。清代昆明人孙髯翁所撰大观楼长联中有“元跨革囊”之句，记的就是忽必烈的战功。忽必烈班师后，蒙古军大将兀良合台率部继续东进，打到鄯阐城下。此时蒙古兵看到鄯阐城前临滇池，三面环水，地势险要，城池坚固（《元史》）。蒙古军队不善于水战，兀良合台避开鄯阐城临水的三个方向，选择了五华山北门作为突破口。这个北门的位置今天有几个说法，一种说法是在五华山上，还有一种说法是在五华山下的长春路口，这两个地点都不临水，便于蒙古军队攻城。

兀良合台挑选精兵强将，先占领鄯阐城北城门外的制高点，在五华山头或螺峰山（圆通山）上架起大炮，轰击北门，不能奏效，又放火攻城。大理守军顽强坚守，兀良合台攻城失败，又改变战术，命令部下佯攻城门，猛敲战鼓，忽进忽退，日夜不停。

古幢公园的镇园之宝大理经幢，这又是大理鄯阐城的遗物（原载民国《昆明市志》）

宋代大理国时期留下的安宁法华寺石窟

大理守军不明底细，疲于奔命，最后也松懈下来。七天之后，蒙古军队乘夜偷袭，终于突破了鄯阐城——最终，蒙古大军还是靠着计谋占领了鄯阐城。大理国王段兴智兵败后逃到昆泽（今宜良），被蒙古军生擒，立国三百多年的大理国到此灭亡。

这回轮到蒙古军队建城守城了。元代的至元元年（1264 年），一个叫舍利畏的部落首领集合滇东三十七部兵马数十万人，攻下了鄯阐城，接着又准备进攻大理，和元军在安宁大战，失败后退兵而去，蒙古军队收复鄯阐。到元代的至元十二年（1275 年），舍利畏再次起兵，后来被暗杀而失败。

○鸭池城“三面背水”

大概就在舍利畏失败之后，元朝在云南设立行中书省，这是云南第一次建省，任命赛典赤·赡思丁为平章政事（省长），由于鄯阐城在几次战火中损毁严重，元朝当局也要重修鄯阐城了。他们吸取自己攻城、守城的经验教训，在鄯阐城的基础

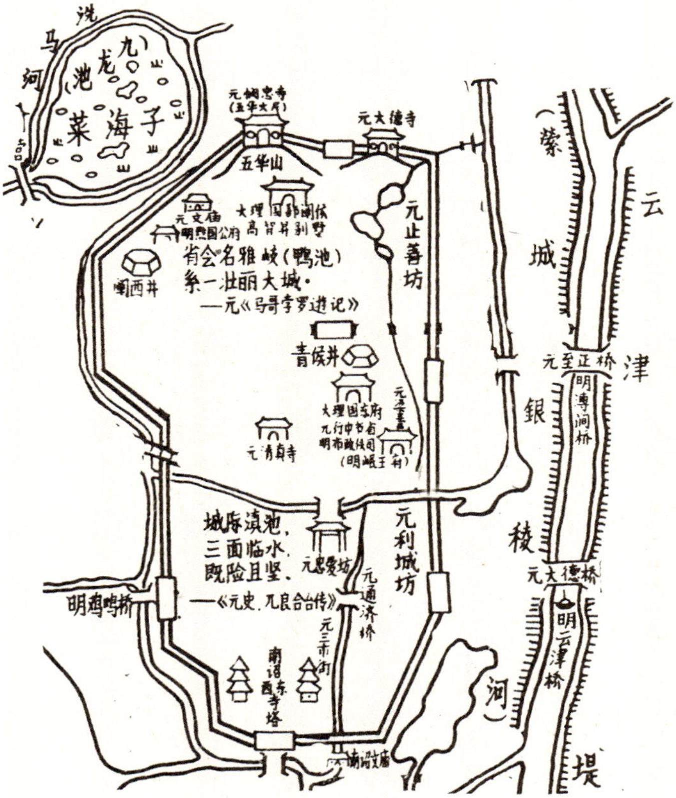

《昆明建城沿革示意图》中的元代中庆城（原载《昆明地名志》）

在明天启《滇志》云南府（昆明）地图上，老昆明城仍有“三面背水”之势

上进行重建，改名叫中庆路城，又称押赤城（鸭池城）。赛典赤把省会从洱海边的羊苴咩城迁到中庆城，实现了全省政治、军事中心的大转移，以巩固元朝在云南的统治。

元代在鄯阐城址再建中庆城时，将北城墙向北移到五华山、祖遍山以北，西城墙从今福照街、鸡鸣桥延伸到土桥，南城墙从土桥沿玉带河抵达盘龙江，并在盘龙江西岸建起了东城墙。这样，中庆城西、南两面濒临滇池，西靠盘龙江，不但保留了“三面背水”的格局，更有“一面靠山”的优势，补上了一个致命的短板。中庆城从此居高临下，更加易守难攻——就是有人想仿效蒙古军攻破此城，也难上加难了。

不过，堡垒最容易从内部攻破。元代的至顺元年（1330年），元朝统治集团内部矛盾爆发，被封到云南为王的秃坚起兵造反，智取中庆城，自立为云南王。不到一年，官军在滇东大败秃坚，会师中庆城。

元代的至正二十三年（1363年），红巾军在四川建立“大夏”政权，又兵分三路进攻云南，其中一路一直杀到了金马山。镇守云南的元梁王看见势头不对，逃到今天的楚雄，红巾军轻取中庆城。后来红巾军作战失利，中计退出中庆城。再到明代的洪武十五年（1382年），明朝大军进逼中庆城下，元梁王逃跑自杀，留守的元军献城投降——修建中庆城的元朝统治者失败了，但元朝统治者修建的中庆城安然如故。

得胜桥原名大德桥，始建于元代的大德年间，有“一桥横贯日之虹”之誉

○云南府城“深濠高墙”

明代的洪武十五年（1382年），明军不战而取中庆城，但整个云南并没完全平定，到处都在反抗明军。明军不得不分兵出击，只留下少数部队守卫昆明城。这个时候，一个叫杨苴的部族首领乘明军主力在外、昆明城内空虚，联合各地武装共36营、20万人围攻昆明。当时留守昆明的明朝军士多半是老弱病残，军粮也不足，仓促应战，全城危急。但是，明军还是依靠昆明城墙，布置强力弓箭，多次打退攻城的地方武装。明军还看准机会，地方武装一有松懈就出城突击，打他个措手不及。地方武装一时攻城不下，就屯兵城外，准备长期围困。当时明军的主将沐英统兵在外，得知昆明城危急，急忙回师解围。地方武装一看不妙，急忙退兵，结果被沐英各个击破，斩首六万，生擒四千。一番屠杀之后，事件终于平息（《明史纪事本末》）。昆明城墙在这次保卫战中立了大功，但也损坏严重，好几段城墙被大火烧毁。也就是这一年，明军开始修筑昆明砖城，当然也和昆明城墙在这次战争中显示出的作用有关。新的砖城墙和土城墙相比，不但更能防水，还更防火、防箭，更符合军事防御的需要。

当时云南初定，局势不稳，各地反抗不断，明朝当局一味武力镇压，激起的反弹不小。起初数十万明军打进云南，军事进展顺利，朱元璋底气很足，遇到反抗，就命令“军都督去断杀”，顺我者昌，逆我者亡，要“杀得回族畏服”。但没有多久，粮草问题就出现了。征滇大军“好生无粮”，朱元璋的办法是强逼当地百姓供应粮

昆明城北之“高墙”

食。明代的洪武十五年（1382年）的七月二十二日，朱元璋颁下一道“杀人诏”，命令“杀得回族畏服了”，并叫他们供应军粮，而且要供应充足，一点儿都不能少。当时云南到处烽火连天，沐英疲于应付，经常要请朱元璋从内地派兵助阵。那时云南反抗者的口号是“朝廷有百万精兵，我们有百万大山”。他们依托云南特殊的地形地势和明朝军队周旋，明军来了就上山躲藏，明军走了又下山造反。结果明军疲于奔命，四顾不暇。朱元璋就是在这种局势下颁发了这道用口语写给云南官员的“杀人诏”。这一年的十一月二十五日，“杀人诏”下达四个月后，朱元璋在南京皇宫华盖殿早朝时说：“云南已经平定，元梁王是自杀的，他的家小我都宽大处理了。云南各地的土官不懂事理，还反叛什么？如果他们懂得事理，就不要为非作歹。他们搞叛乱被我大明军队杀伤的人口、收缴的财产，都够他们拿来上好几年的贡、缴好几年的税了。那些家伙占着那么大的地方，为什么就没有一个懂事的人出来管理，一个个都不通天道人事，可惜败坏了自家的地方，也是自作自受。云南的官员要赶快把告示贴出去，让各地的土官百姓都听到我的话，安分守已，好好当差，休要作歹，如果硬不听劝，我再用心对付他们，他们就吃不了兜着走了。”（明《云南机务抄黄》）——朱元璋这番话说得很生动，气很粗，也有点儿气急败坏的味道。

后来，事实教训了朱元璋，知道一味打杀是不行的，言语也谨慎了许多。他对征滇将领说，云南土著民族太多，要“威、德并行”，才能控制局面。朱元璋下诏说，云南山高水险，道路崎岖，崖陡林深，当地人像猿猴一样灵活，来无踪，去无影。对付的办法，还是应该“驻点屯兵种”，做长期打算，打持久战。明洪武二十一年（1388年），朱元璋又颁布了一道圣旨，下令实行军屯——“明年屯种直到云南”。这里的“云南”指“云南府城”，就是今天的昆明。他说，军队要屯田种地，内地犯罪的人也要送到云南，编进军队卫所，参加屯田。种地打了粮食，再把军人家属也接来，随军生产，进一步扩大屯田规模。这个时候，朱元璋也搞明白了，“云南这个地方，虽然和中原隔得也不算远，但是山川险阻，物产也不多，如今虽然拿下了云南，军粮供应就是个大问题”（明《云南机务抄黄》）。朱元璋本来想就地强征军粮，但打来打去也不能从根本上解决问题，于是大举移民，“以夏代夷”，改变云南的人口成分，建立卫所，实行屯田，到处修建城堡，驻军固守要害，保证交通往来，从根本上巩固明朝在云南的统治。

按照朱元璋的思路，云南基本平定以后，应该调整战略，转攻为守，以守为攻。为贯彻这个战略，朱元璋在云南也搞起“深挖濠（护城河）”“高筑墙（城墙）”来了。他下了道圣旨说：为对付当地民族武装造反，要在云南各地建立卫所，修建军事城堡，

昆明东城之“深濠”

城墙要筑得高，护城河要挖得深，还要配备当时很先进的武器火铳，根据需要，或者一两千杆，或者几千杆，凡是能造火药的地方，要星夜生产，煎熬火药，以供军需。敌人来攻，不能轻易出战，要看准时机，有必胜的把握，才能出战（明《云南机务抄黄》）。

明代昆明城的重建，就是在这个大背景下，按照朱元璋的圣旨施工的。为了军事上的急需，沐英总结了当时昆明保卫战的经验教训，把土城改建为砖城，先夯土墙，外面再砌上大砖，这样不但可以抵御火攻，还可以抵挡弓箭、抛石等其他投射武器的攻击。只要有条件，就把城墙建在险要之处，这样，守城一方的军事态势就更加优越。所以，沐英新建的昆明砖城不但囊括了五华山、祖遍山，还把原来位于北城门外的螺峰山也围进城来。这样，城门就比城外的商山还高，可以控制险要，加强城防。沐英还把城西的翠湖圈进城内，解决了城内的水源问题，一旦有事，就可以长期固守。南边从土桥、玉带河一线退缩到今天的南屏街，把南城的三市街、金碧路一带的居民区和商业区作为"包袱"甩到城外，而把军政指挥机关留在城内，并且重重设防，以应不测，以求自保。

当时昆明城外环绕着护城河，东护城河外有盘龙江，南护城河外有滇池湖湾河网，西护城河外有滇池草海。如此依山托水、"就地之势"筑城，云南府城更居高临下，三面双重临水，一面双重靠山，迫使来犯之敌不得不暴露在坚城之下，仰攻高墙，陷于被动。自己防卫时则可居高临下，向来犯之敌射箭、投掷木石，痛击来敌。再加上翠湖也被围进城内，解决了水源问题，还开挖了护城濠，"环城有河，可通舟楫，外有重关，跨隘阛市"（清康熙《云南府志》），军事态势就更加优越，可以做到"守者不出"而可"一而当十，十而当百，百而当千，千而当万"（战国《尉缭子》）——在大、小"三山一水"之间建起来的明代云南府城，正是一座易守难攻的军事要塞和军事城堡，目的就是保护明朝在云南的统治机关。当时为了应急，先修筑城墙，局势稳定以后才陆续建造城楼。前后耗时十多年，最后完成了云南府城这座军事城堡的建设。此后一直到清代和民国初期，这个大格局都没有变。

昆明城自古就是座军事要塞和军事城堡，明朝初年新建的昆明砖城，军事化程度比南诏、大理时期和元代更高，更是一座军事城堡。从军事上来说，打胜仗是硬道理，修建军事要塞，有利于打胜仗也是硬道理。就是从这种军事需要出发，明代新建的昆明城依山就势，建成了一座非规非矩的军事要塞和军事城堡，而不是后代风水先生说的"灵龟之城"。明洪武年间，在滇阳（昆明）从军的史公谨有《云南诗》，可见其时昆明城"杀气"之重：

城南双塔高嵯峨，城北千山如涌波。

隔断中原万余里，耳边无处闻弦歌。

我来正值兵戈后，厌听边声出刁斗。
壮士沈雄细柳营，岂效棘门空赳赳。
金戈铁马拥云雾，顾尔群凶如培塿。
军中大将汉武侯，气吐虹霓横素秋。
七擒七纵平其酋，杀气惨淡空中收。

○老昆明城里的“官府”和“军部”

明初新建的云南府城是明朝在云南的统治中心，是一座军事城堡。而从整个城区来说，它还兼顾了其他功能，有一些功能分区。总的来说，当时的城内是政治、军事指挥中心，城南是居民区，而东关、南关是商业区。

沐英新筑云南府砖城，把元代中庆城南城、今天的三市街、金碧路一带划到城外，在城南形成居民区，而在城外东关、南关形成商业区。所有官府、衙门和一部分卫所、寺庙都圈在城内，再把螺峰山（今圆通山）、翠湖围了进来，形成一个周围“九里三分”、实测面积约 3 平方公里的全封闭的政治、军事区域。城里一般居民很少，所有城门都派兵驻守，早上定时打开，晚上定时关闭。城中又分为“坊”，坊与坊之间设立木栅，派兵值守，早上打开，检查路人，晚上关闭，禁止出入，以防意外。于是，王公贵族无论行政、休闲、拜佛、求神，对全省实施政治、军事、精神统治，都可以在这座城堡中解决，不需出城池一步，非常安全。

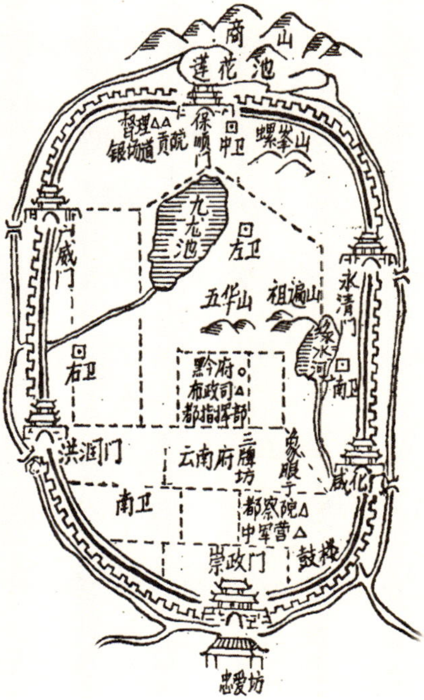

《昆明市志长编》刊载的明代昆明城图，标示的只有官府、军事机构及贡院

在这种情况下，官府设在城中就成了政治、军事的需要，还是一种特殊的政治、生活待遇。据地方志书记载，明代昆明城中的官府和军府有：世袭云南总兵官府、世代镇守云南的沐氏黔国公府，还有布政使署、巡按察院、提刑按察使署、都指挥使署等，都集中在今天的正义路和威远街一带。清初吴三桂盘踞昆明，为培养自

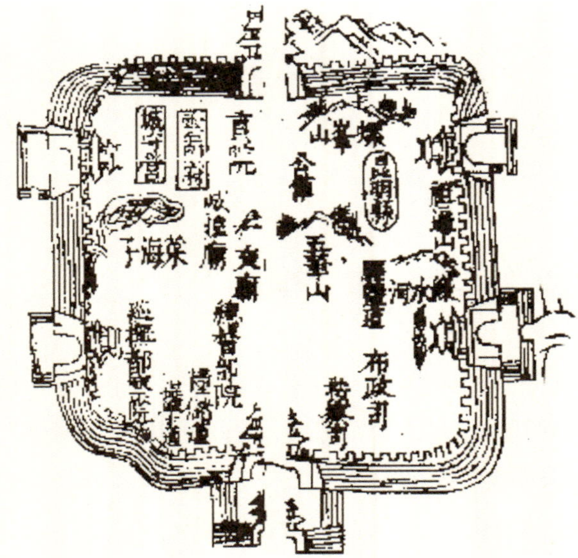

在清康熙《云南府志》刊载的地图上，昆明城里多是官府和军事机构

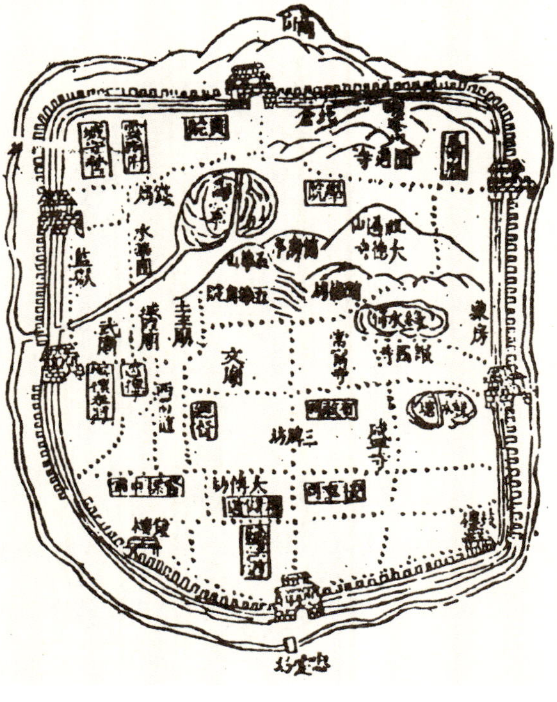

清道光《昆明县志》刊载的昆明城地图上，除了官府和军队，还标出了不少寺庙和街道，可见当时正从“城堡”转向“城市”

己的势力，占用“省城大小衙门”，以北半城为公园别墅，以南半城为亲信府宅，而将朝廷命官全部赶到城门外的大街上去了。城里只留下一座巡抚衙门，位于城南五灵庙西，即今如安街老昆八中校址。总督衙门被移到了曲靖，后来更移到贵州，平定吴三桂叛乱后才迁回昆明，在今天的胜利堂址。藩台衙门（布政使司署）原在大东门内，被移到城外三市街，平乱后移入城内，在今威远街。知府衙门被移到城外的云津铺，平乱后移到城内大西门内，在今文林街师大附小校址。提督学政署原在城内左卫十字街按察司东南，被移到城外土桥，平叛后移到南门内，后再移到北门内，在今华山西路北端。按察司署原在左卫十字街东，被移到城外羊市街，平乱后移进城内，在今庆云街原中级人民法院址。粮储水利道署原在左卫十字街按察司东北，被移到城外云津桥，平乱后移到城内，在今文明街。盐法道署原在左卫十字街按察司东，也被移到城外，

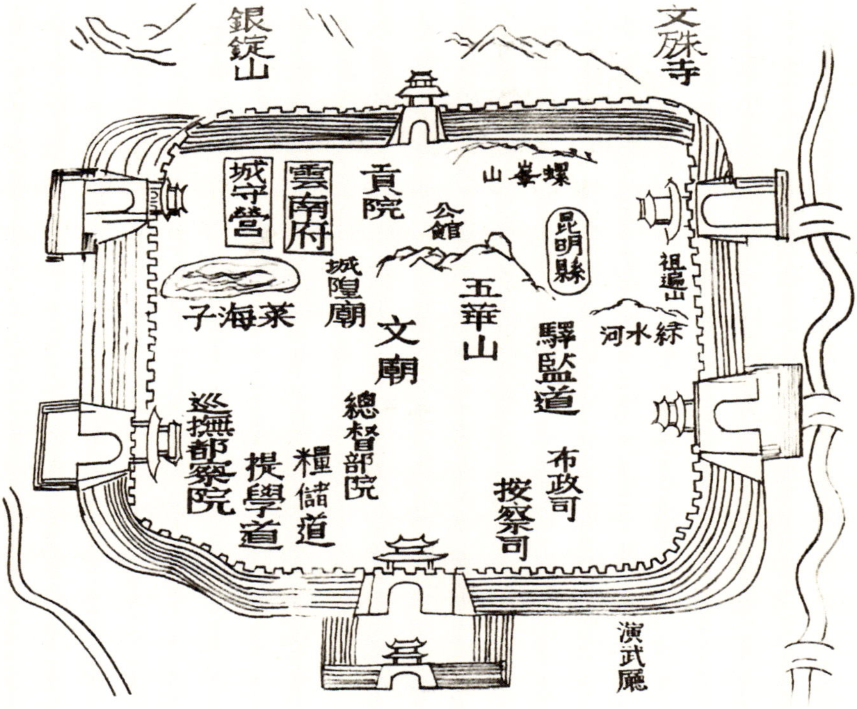

在云南省博物馆悬挂的古代昆明地图上，老昆明城里除了官府就是“军府”

平乱后移入城内，在今东风西路原中华小学旁边的万钟街。知县署，原在府城东南，被移到城外千佛殿，平乱后移到小东门内，在今圆通街原昆七中校址。当初吴三桂把朝廷委派官员的衙门弄到城外，一旦有事，就可做昆明城和王府的挡箭牌，后来这些衙门果然在平叛之战中全部被毁，“茫然无可追寻”。朝廷恢复对云南的统治后，一大措施就是“举废坠”（清雍正《云南通志》）——把各级官府衙门搬回城里，利用吴三桂集团原先盘踞的官署楼院，重建统治中心。

这个大格局一直持续到清代后期。清嘉庆年间的《滇系》称，当时的昆明“坚城高峙，深池周环”，仍然是一座军事城堡。由于商业发展，昆明已经“闾阎接地，罗十万之人家”，但依旧“戈甲连营，拥八千之组练”。据清康熙《云南府志》、清道光《昆明县志》、近代《新纂云南通志》和《续云南通志长编》等记载，清代昆明城里的大小衙门达四十多个。

先看行政机构。前面已经提到的有云贵总督署，有云南巡抚署。还有云南布政使署，内有经历司署、库大使署、济用署等。提学使司署内有督学考场。按察使署内有司狱司署，旁有经历司署。粮储水利道署内设有道库。盐法道署内也有道库，还有盐库大使署。此外，“省级机关”还有交涉使司署，在今福照街；有劝业道署，在今报国街；有巡警道署，在今景星街；还有分巡迤东道行馆，在今长春路；有分巡迤西道行馆，在小西门内。此外还有考试官公馆，在今翠湖南路；有贡院，在今翠湖北云南大学址。“府级机关”除今文林街的云南知府署外，还有今武成路上的同知署，大西门内的南关通判署，小西门内的经历司署，五华山学宫东边的教授署和训导署等。“县级机关”多在圆通街的昆明知县署附近，有县丞署和县考棚，还有教喻署、典史署等。

再看军队首脑机构。有总督署直属部队“督标”的中军守备署，在今象眼街；中军副将署，在今端仕街；中军都司署，在城内西南隅；左营游击署，在今威远街；左营中军守备署，在今报国街；右营游击署，清末改为新军第十九镇统制署（镇统署），在今长春路昆女中址；督标三营公所，在今小富春街；前营游击署，在今庆云街；后营游击署，在今马市口。巡抚直属部队“抚标”有中军兼左营参将署，在今如安街；有抚标中军守备署，在今富春街；有抚标两营公所，在今如安街；有右营游击署，在今如安街；有城守营参将署，在今文林街；还有汛防千总署，在今青云街；另有提督军门行馆，在今文林街。

此外，昆明还有四个演武场，一个在城内翠湖以西，今天的省图书馆和讲武堂址；一个在今天的胜利堂以西、福照街以东；一个在南门外，又叫南教场，在今天的宝善街东段；一个在北门外，叫北教场，作为地名沿用至今。

昆明城内外还有不少官办的“事业单位”，也多与军事有关。有硝磺局，在五华山后，后来改为军械局。有宝云钱局，在大西门内的钱局街。南门外祥云街有京铜局、白铜局，头道巷有官铅局等。如果再加上高官显贵的府邸公馆，昆明城的“涉官建筑”就更多了。

○昆明城楼和城楼武神

明代云南府城是依山就势建成的，南面和北面的城墙要短一些，这两面各有一座城门就够了，而东面和西面的城墙要长一些，需要修建两座城门进出才方便。从军事上说，一个方向上城墙太长，多设一个城门，也有利于兵力机动，这还是军事需要。

昆明城有6座城门，6座城门上都建了城楼。根据地方志书的记载，正门是大南门，又叫崇正门，后来改名为丽正门，城楼原来叫尚明楼，后来改名为近日楼，在今天的近日公园。一座是大东门，又叫咸和门，城楼叫殷春楼，在今天的青年路中段的小花园。一座是小东门，又叫永清门，后来改名为敷泽门，城楼叫璧光楼，在今天

老昆明城的北门城楼

的青年路北段圆通街口。一座是北门，又叫保顺门，后来改名为拱辰门，城楼叫眺京楼，后来改成望京楼，在今天的北门街北边的坡头上。一座是大西门，又叫广威门，后来改名为宝成门，城楼叫拓边楼，在今天的文林街和龙翔街的交接处；一座是小西门，又叫洪润门，后来改名为威远门，城楼叫康阜楼，在今天武成路和人民路的交接处。

古代修建城楼，绝不仅仅是“以壮观瞻”的面子工程，更是一个重要的军事工事。城楼一般都修建得很大，可以储藏兵力，成为临时兵营；城楼还修建得很坚固，可作军事掩体，可作战时指挥部；城楼又很高，可以瞭望敌情；作为箭楼，它可以扩大弓箭的射程，加大攻击的范围。最后，万一城池被攻破，城楼还是防守一方在城墙上最后的堡垒。

老昆明城的6座城楼上都塑有神像，其中南门城楼、大东门和小东门城楼、大西门和小西门城楼上都塑有“关圣帝”像，成了五座关帝庙。这个“关帝”是三国时期名将关羽，是中国传统文化中公认的“武圣”和“武神”。直到清末，昆明城内还有三座“马王庙”，祭的是关羽的坐骑赤兔马，供的却是关羽像。三座马王庙全都是“军用”：一在总督衙门（今胜利堂）内，为总督直属的“督标三营”所有；一在西箭道（今兴隆街一带），为巡抚直属的“抚标三营”所有；一在云南府衙门（今文林街）旁，为“城守营”所有。早年昆明城外南天台小庙供着“灵光天子”的神像。据说在清光绪年间的中法战争中，有人举报南天台的“灵光天子”不保佑清军。正率部参加抗法战争的云贵总督岑毓英一怒之下，派人砍下“灵光天子”的脑袋，换上关圣爷的头颅，以求“武神”的庇护，昆明也因此有了最早的“攒言子”：“天子老爷改关圣——假头假脑”。明朝廷曾封关羽为“三界伏魔大帝神威天尊关圣帝君”，清代更10次加封关羽，最后的封号达26个字：“忠义神武灵佑仁勇威显护国保民精诚绥靖翊赞宣德关圣大帝”——在城楼上塑立关帝像，请神兵神将坐镇昆明城上，自然是为了护佑地方，抗敌御城。在昆明城北门，供奉的是“都天太岁”之像，其法身三头六臂、挥舞奇刀法器，威风无比，此像据说塑的是殷郊，是商纣王的太子、《封神榜》上的神将，还是道教的护法神。把殷郊请到北城楼上，不仅因为他武艺超人，可以御敌，还因为殷郊法术高强，北城门外坟墓太多，可以借以驱凶避邪。有昆明旧时童谣为证：

娃娃单独莫出门，
野狗躲在小北门。
下下听见野狗叫，
莫让野狗进家门。

即使是昆明的城隍庙（今五一电影院址），大殿里供的总督城隍也是明代的兵部尚书于谦。这于谦是守城能手，凭借北京城墙挡住了蒙古铁骑，在关键时刻

老昆明南门城楼

老昆明小西门城楼

老昆明大西门城楼

挽救了大明王朝。把于谦请来做昆明城隍，为的就是保佑这座军事城堡牢不可破。

清代桂林桥上建了座聚奎楼，此楼本来就是为振兴昆明文运而建的，原名就叫魁星楼。其三孔石砌拱洞通道之上有两层飞檐殿阁，顶层有“魁星占鳌”泥塑，楼前有“文启南滇”行书大匾，这都正常。让人大跌眼镜的是，此楼下层塑像竟然是关公夜读《春秋》——堂堂“文楼”之上，供的还是武神。

20世纪三四十年代，昆明城楼和城隍庙里的武圣、神将塑像先后被毁，没有重立。此时现代热兵器轰然崛起，关帝、殷郊手中的冷兵器惨淡过时，不能再护佑城池，只

老昆明小东门城楼

老昆明大东门城楼

好“无可奈何花落去”了。无论关帝、殷郊塑像的来或者去，都是老昆明城作为军事城堡的证明。

清乾隆年间，布衣名士孙髯登上昆明大西门，曾赋《登拓边楼》诗云：

炎荒万里静秋鼙，试倚高楼瞰碧鸡。
六诏关河资锁钥，百年生聚重耕犁。
青山势绕金沙外，黑水波流铁柱西。
寄语南中诸将帅，武乡祠与彩云齐。

说的还是军事。

○南城鼓楼和钟楼

老昆明城除了6道城门楼外，另外还有两座城楼：近日楼西有“钟楼”，民间又称“撞钟楼”，坐落在南门的西边，今天五一路和东风西路交汇处，楼上悬挂一座铜铸大钟，用来报警。此楼叫宣化楼，约建于明洪武十五年（1382年），楼下有万钟街。近日楼的东边有一座“鼓楼”，坐落在昆明城墙东南的拐角处，就是今天的青年路和东风东路交会之处，楼上置放有一面大鼓。此楼建于清嘉庆二十一年（1816年），称启文楼，楼下有启文街。据说早年鼓楼被烧毁，清道光年间重建时，需用36根巨木，已找到35根，独缺一根，四处难寻。后来主事者听说嵩明有一棵大树，树干粗直，有人夜晚看见树上挂满红灯，认为有神灵附身，谁也不敢砍。主事者认为此为栋梁之材，让人砍下运来，正好契合鼓楼之需。鼓楼建成当年昆明就有6人考中进士，前所未有。后来鼓楼三次遭受雷击，都逃过一劫。当时的云贵总督伊里布为其题名曰“启文楼”（清·何彤云《赓缦堂矢音集》）。

查不到昆明南城钟楼的影像，只有从民国书画家赵鹤清的作品中一窥钟楼的雄姿了

昆明钟鼓二楼一个称“文”，一个称“化”，其实都和军事关系密切。

曾悬挂在南城钟楼的永乐大钟现在保存在金殿公园的钟楼上

明代昆明砖城的西面和北面的地势比较高，而东面和南面的地势比较低，为了政治的需要，南门及其瓮城、大东门及其瓮城门的朝向都相同，都朝前开门，显然对城门防卫不利，为了补上这个短板，在昆明城墙的东南角和南城墙上分别加盖一座城楼，实际上增加了两座堡垒，为的是强化防守，军事意义非常明显。

钟楼和鼓楼的另外一个作用是撞钟、敲鼓报时。城内外的居民听见钟鼓声就知道时间时辰，好安排一天的生活生计。昆明的城门和城中各坊的木栅，都要按照钟声、鼓声或开或闭，早上要开、晚上要关。各官府衙门要按钟声、鼓声上班点卯，下班回宅。如果发生火灾、水灾甚至战争，敲钟打鼓还可以报警，指挥抗灾、作战。

清咸丰年间（或说光绪末年），昆明鼓楼毁于战火，直到民国时期，在鼓楼的旧址还摆放着一尊大铁炮，昆明人叫“大将军”。罗养儒老先生还见过这尊铁炮，说这尊铁炮的长度有一丈多，炮管口径有七寸。据说它的射程有十里还多，是百年以前的一种凶猛的火器［《纪我所知集》（《云南掌故》）］。这也从一个侧面证明了鼓楼的军事用途。

昆明钟楼的外形和近日楼差不多，只是规模稍小。楼上挂着一口大铜钟，这口钟是明代的永乐二十一年（1423 年）铸造的，楼上装有“沙漏”，那是古代的计时器，用铜壶装沙，下面开个小孔，沙不停地漏出来，漏到一定的位置就是一个时辰，到了一个时辰就要撞钟，这叫作“报更”。如果有火灾、打仗，更要撞钟报警。后来昆明经常打仗，火灾又多，为了避免混淆，就不再撞钟报更了，撞钟专门用来报警，钟声一起，不是有人攻城，就是城中起火。1953 年，钟楼和城墙一起被拆，大钟被搬到拓东路的古幢公园，只留下一条“万钟街”。后来古幢公园废弃，又把大钟搬到金殿，专门修建了一座钟楼，把大钟保存起来。这口铜钟高 3.5 米，口径周长 6.7 米，壁厚 15 厘米，重达 14 吨，钟上铸有“大明永乐二十一年岁在癸卯仲春吉日造”字样，铸造时间是 1423 年，被称为“永乐大钟”。它是云南现存最大的铜钟，在全国位居第三，已被列为昆明市重点文物保护单位。据说当年此钟一响，声闻数十里，远在大板桥都听得到。今金殿钟楼有联曰：

钟镇中天，声闻千里，钧音可奋边防士；

楼凌绝顶，势拱九霄，酹酒能招报国魂。

这是一副军用“警钟”联。

○江东三楼——穿心鼓楼·大鼓楼·状元楼

老昆明城盘龙江以东有三座名楼：小东门外有两座鼓楼，一座是穿心鼓楼（又叫穿心古楼）一座是大鼓楼（今称大古楼），南城外以东的金汁河上则有座状元楼。三座楼都骑街而建，开有拱洞，可以行车行人。

穿心鼓楼始建于元代，位于今天的圆通街、北京路、穿金路交会处，楼高两层，

早年的状元楼，仅有一个供人、车通行的门洞

抗战时期的状元楼已改建为三个卷门洞，以利交通

占地面积575平方米，砖木结构，单檐歇山翼角大屋顶，下层砖砌而成，四面有门，形成十字交叉的对穿通道，可供人马通行，民间称穿心鼓楼。

穿心鼓楼扼守在出入昆明城的要道上，是早年从城东、城北出入昆明的必经之处。楼上安置有大鼓，平时击鼓可传报灾情，战时击鼓则传报军情，成为古代昆明警报系统的一个重要环节。据老人回忆，20世纪50年代初，穿心鼓楼周围建成椭圆形花园，楼上曾办过识字班，后来有挑夫封堵底楼，借以栖身。1953年，穿心鼓楼被拆除，但仍然以地名的方式留在昆明城中。

在穿心鼓楼以北约300米处，又有一座大鼓楼，位于今天的灵光街和鼓楼路的交叉处。此楼高两层，骑街而建，土木结构，有彩绘斗拱，单檐四角椽尖顶，南北宽12.2米，东西长13.2米，下层有通道，南北对穿，以供通行。楼上置鼓，擂鼓则报警，与穿心鼓楼成犄角之势，屹立昆明城小东门外、盘龙江以东，与小东门跨江鼎立，相互呼应，成为昆明城东北方向军事预警、防卫系统的前哨。

大鼓楼一说建于宋代大理时期，一说建于明代，还有人认为它和穿心鼓楼一样，都是元代中庆城的遗迹。两楼在历代战火中多次被毁，又多次重建。大鼓楼后来成为居民住所，直到20世纪90年代才被拆除。

在“江东三楼”中，最有名的是状元楼，建在金汁河桂林桥上，楼高三层，土木结构，宝顶重檐，巍峨壮观。楼顶高悬一方直式匾额，蓝底金字，大书“聚奎楼”。顶层有魁星塑像，底层有石砌单孔（后改为三孔）拱洞通道，长10米，宽5米，高6米，可供车、马、行人通过。此楼原称魁星楼，清光绪年间重修后改称聚奎楼，后因出了个史上第一个也是唯一的云南本土“状元”袁嘉穀，昆明民间又称此楼为状元楼。

看起来，状元楼“文”气十足，但究其实，却是一座“武”楼。其地扼昆明通京大道与金汁河相公堤相交的交通要冲，清代昆明经历几次战争，这里都是据守昆明城的一道重要防线。清康熙年间建起高楼，稳“骑”大路，居高临下，俯视四围，成为昆明城外盘龙江、得胜桥东的又一道军事屏障。有意思的是，状元楼顶层有魁星塑像，其下的二楼却供奉着手捧《春秋》的武圣关公——以武奠文，以文论武——此中有深意，谁人领会得来？

○老昆明城门和“瓮城”

明初修建的昆明砖城有6道城门，城门外都连接有一座很小的月城。从老照片看，昆明月城的周长也就200多米，一面紧靠城门，和主城墙连成一体，和其他3道城墙围成一座小城，一般为半月形，所以叫“月城”，也叫“瓮城”——瓮是大瓦罐，瓮城就是小小的圆形城池。不过，昆明瓮城全部是矩形的。这些瓮城都会另外再开

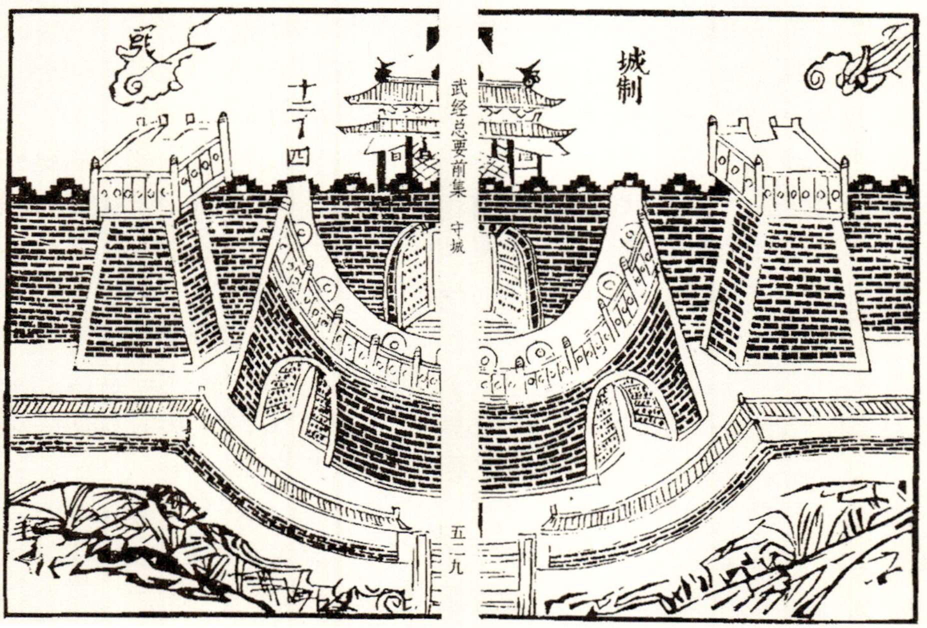

宋代兵书《武经总要》中的瓮城设计示意图

老昆明北门瓮城还是军队通道

一道城门，一般都不开在正面，多或左或右，开在两侧。昆明的6座瓮城大小都不一样，没有一定之规。最大的是南门瓮城（在今近日公园），最小的是小东门瓮城（在今青年路、圆通街交叉处）。大东门瓮城（在今青年路、长春路交叉处）中的空地很大，聚集了不少菜贩、摊贩，成了一个市场。小西门（在今文林街、建设路交叉处）的瓮城也不小，后来公然有人在里面开起了一个饵饫作坊。

在风水师的眼中，老昆明的六座瓮城都和“灵龟之城”有关：东西两侧的四座瓮城是灵龟的四足，瓮城门向南是灵龟往侧边扒着往前走。不过，查清道光年间《昆明县志》所载“形势图”，大东门和瓮城门一致朝东，昆明小东门的瓮城门明显朝北而不是朝南——如此“龟之四足”，可谓乱矣。

其实，瓮城和瓮城门都是中国常见的军事防御建筑，是城墙的有机组成部分。城堡的薄弱环节在于城门，攻城方一般很难“破墙而入”，但“破门而入”就容易得多。在城门外修建瓮城，就为主城门上了一道保险，大大强化城堡的防御能力。早在两千多年前的西汉时期，中国的城堡就有瓮城了，五代、北宋时修筑瓮城成风，并非明代才有。从汉唐到明清，各地城池几乎都有瓮城，与“龟”无关，与“龟足”无关，更与“龟城”无关。

瓮城门多半开在主城门外的侧面，也是军事防御的需要，古代兵书早有记载。北宋之时，为抵抗北方游牧民族的铁骑入侵，宋仁宗下旨编写了一部叫《武经总要》

昆明小西门瓮城内的税卡

的兵书，钦定颁布全国，参照实行。当时威胁宋王朝的金兵、西夏、蒙古都来自游牧民族，他们的骑兵很厉害，擅长运动战。宋朝军队总是吃亏，就改用阵地战对运动战。宋朝的基础是中原农耕民族，修建城池沟渠是长项，正好以己之长，克敌之短。而在平原地区，宋军最可靠的防御阵地就是城堡。经过血与火的战争考验，宋朝设计修筑的城防工事日益牢固，守城武器装备也日益完善。不但挡住了金兵、西夏铁骑的进攻，就连横扫欧亚的蒙古军的蒙哥大汗，也被困在南宋合州的坚城之下，整整5个月不能得手，最后身负重伤，死在合州钓鱼台。可见，宋代的城堡防御确实厉害。

宋代城堡要塞的修建方法，都可以在这本《武经总要》中找到，而且图文并茂，一清二楚。当时城门外必建瓮城，而城外三十步必挖沟壕，上面悬有吊桥。在书中的筑城绘图上，画有坚固的砖砌城墙，外面围着又宽又深的壕沟（护城河），上面架着吊桥，敌人进攻的时候就把吊桥升起来，用深沟宽濠挡住敌人。而在主城门外，都修筑着半圆形的瓮城。《武经总要》这样写道：“城门外的瓮城，或圆或方，根据地形而定，城墙的高厚与主城相同，但门要开在侧面，是左是右，各随其便。”——这就是说，瓮城门开在主城门的两边，并不是要制造“龟足起动”的效果，而是军事防御的需要：

第一，可以控制护城河吊桥，阻击来犯之敌。

第二，迫使进攻者只能从瓮城的侧面攻击瓮城门，陷入主城与瓮城的夹角中，遭到守城军队立体、多面的夹击。昆明瓮城门多半向南，也因为昆明城地势北高南低，瓮城门向南，不但迫使来犯之敌别手蹩脚地从侧面攻城，而且迫使他们从一个更低的角度仰攻瓮城，进攻难上加难。

第三，为了对付攻城槌等古代攻城利器，瓮城门避开正面，使敌人的攻城槌难以展开，就是勉强展开了，必定会暴露在守军多面打击的杀伤范围内。

第四，如果敌人攻入瓮城，守城军队可以关闭主城门和瓮城门，凭借主城、瓮城的城墙城垛，张弓射箭、抛投檑石、炸药，消灭攻进瓮城的敌人——从消极防御转为积极防御。

当然，古代城堡的瓮城门也有开在正面、和内城门的朝向一致的。如昆明大东门和瓮城门都朝东而开，昆明风水先生说这是因为“东方属木，宜伸而不屈也”〔见罗养儒《纪我所知集》（《云南掌故》）〕，但昆明小东门和瓮城门就是一个朝东，一个朝南（或朝北），谁说“木不能屈”？

古代城池的瓮城门有时和内城门一样开在正前方，这主要是出于政治上的考虑：皇帝、钦差、王公、贵族、封疆大吏、外国显要出入城堡，要从瓮城的侧门弯着绕着进城，当然有伤脸面，不成体统。于是就在城堡的瓮城门中，留出一两座直门，作为官道或御道的出入口。按夏光南《云南文化史》的说法，早年昆明城内南关道宽一丈多，中间分成三股道：左边走官员、右边走商旅、中间走王公贵族。这样一来，为了维护统治者的尊严，作为昆明城堡“正门”的南门瓮城大门就只能直开。而大东门瓮城直门是南门瓮城直门的“备份”。昆明通京大道往东而去，今天的东站一带旧称迎恩铺，就因为早年这里有座迎恩牌坊得名。据明代景泰年间的《云南图经志书》记载，这里原来是滇阳驿，建于明洪武十六年（公元1383年），这座迎恩坊“雄跨街市”，很有气势。名曰“迎恩”，意思就是迎接天子恩惠，迎接天子沿通京大道传来的圣旨和派来的官员。因为南城外商业太盛，人多地杂，当朝大员出入昆明城，多半从东边而来，往东边而去，这叫“紫气东来”，旧时举办“迎春”“祭先农”等大典，敬天法地，“神”来“神”往，总督、巡抚和群官也得进出大东门，这也是“紫气东来”，岂能委曲？于是大东门和瓮城门就不得不直来直去了。

当然，昆明南门、大东门和瓮城门都朝前开，在军事上就有问题。瓮城前方的防御面窄，攻城的一方就容易占便宜。明代修建昆明城的时候，在南门的两侧修建了钟楼和鼓楼，而鼓楼离大东门也不远，正好补上城防的短板，这在前面已经提到了。

○女子禁出入府城，男子出入凭腰牌

在富于想象力的统治者手中，瓮城还另有妙用。

南明永历元年（1647 年），大西军不战而下昆明城，此后“增修昆明城池，内设重城，作敌楼突门数十”（《李定国纪年》）。为防止敌人渗透，大西军严守昆明城门和瓮城，妇女一律不得出入，男子出入以腰牌为据。这腰牌类似今天的身份证，上面写着持牌人的年龄、相貌和住址。进城办事要把腰牌挂在瓮城右边廊内，办完事再到此取回腰牌出城，由守卫士兵查牌后放行。出城办事则须把腰牌挂在瓮城左廊，办完事回城时又到此取回腰牌，守兵凭牌放入城内。外地人进城，守城士兵要在他的脸上盖章作为记号，出城时凭此记号放行（清《滇南纪略》）——不知这是古代城防常态，还是大西军的独创。

乱世之中，风雨飘摇，大西军控制的昆明城数遭强敌攻击而“金身不破”，证明此举并非虚设也。

清末老昆明瓮城门口的关卡

○昆明城的“马面”墙墩

城池是中国古代最重要的军事防御工事，事关生死，不可不慎。它是中国古代数千年军事科学发展的结晶，是死了无数的人、亡了无数的国才总结出来的。中国古城墙的设计建造十分精到，远远超出我们的想象。在宋代《武经总要》的造城“图纸”中还可以看出，每隔一定距离，就有一段城墙凸出到主城墙的外侧，成为一个矩形的墩台。从平面上看，这是一段矩形齿状墙体，也有的是曲形波形的墙体。凸出的城墙又叫作墙台、敌台、墩台，因为外观狭长，有点儿像马脸，又称“马面”。昆明城也有“马面”墙墩，在地方志书的文字中没有查到，但是在地方志书的地图和一些老照片上都找得到，昆明人俗称“墙墩”。昆明城“马面”墙墩规模已无可查，南宋守城名将陈规写了本《守城录》，按其记载，“马面”墙墩一般是六十步立一座，凸出城外至少要两丈，大小根据地形来决定。墙墩上面一般还建有小城楼，叫作敌楼。从昆明城的老照片看，昆明城的“马面”墙墩为矩形，其上无楼，但建造坚固，雄壮威严，成为昆明军事城堡的一个重要组成部分。

“马面”墙墩的出现，全出于军事需要。墙墩上也建有垛墙，垛墙之间有垛口。“马面”墙墩的作用和瓮城差不多，可以和城墙、城楼、瓮城互为犄角，克服一般城墙平面防守的弊端，最大限度地消除防卫死角，形成立体、多元的防守面，把攻城者尽可能暴露在守城者的兵器打击范围内，自上而下，从正面和两个侧面反击来

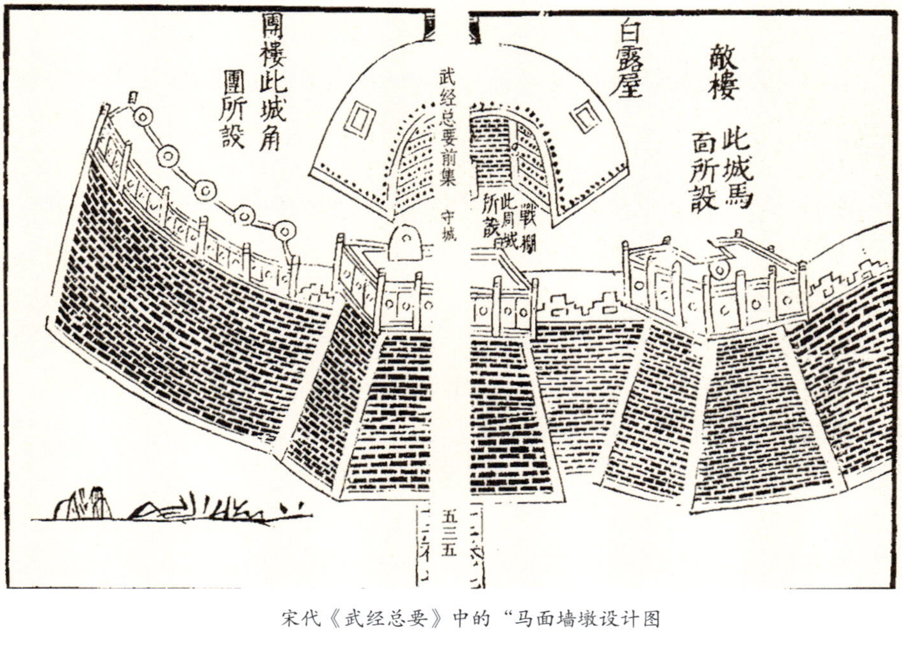

宋代《武经总要》中的“马面墙墩设计图

早年昆明北城墙段的“马面墙墩”

犯之敌。北宋学者沈括曾考察过西北边城的马面墙墩，他在《梦溪笔谈·官政门》中写道，那城墙不怎么厚，但结实得像石头，马面墙墩更大而密集，长达四丈，相互间隔六七丈，很难攻破。按沈括亲眼所见，因为马面墙墩较长，可以用弓箭反射城下的攻城者；又因为马面墙墩密集，箭矢、炮石的射程可以相互交叉连接，敌人攻到城下，四面矢石交下，从天而降，处处受敌，无法立足。

具体来看，“马面”墙墩外侧三面都有垛墙，左右两侧垛墙开有垛口，便于抛檑木、砸砖石，发射箭弹，阻击敌人攻城。墙墩正面的垛墙一般不开垛口，但比左右垛墙高出两尺，可以阻挡敌人从城外发射过来的箭、弹。“马面”墙墩的宽度一般为 12~20 米，凸出墙体外表面 8~12 米，墙墩之间距离是一百多米，火力交叉点约 60 米，恰好在古代弓箭、弩、飞钩、掷枪、檑石等抛掷类武器的有效射程之内。这样，就可以在主城墙外形成一个密集的空中交叉杀伤网，有效提高城墙的防御功能，夺取战争的胜利。

《守城录》是宋代专门论述城防战的军事专著，由宋孝宗诏令刻印并颁行天下，让各地守城将领参照筑城，抵抗强敌进攻，在中国军事史上影响很大。《守城录》总结了南宋初年成功抵御金兵猛攻的德安保卫战的经验，根据当时攻城武器的发展和实战经验，提出要改革守城战法，要“守中有攻”，要注意沟通城内外道路，以便随时乘机出击。它主张改革原有的城门、城墙、瓮城，收缩容易受到炮击损毁的四方城角，拆除马面墙上的附楼，另外修筑又高又厚的城墙，还应该改变原来的一

早年昆明北城墙段的“马面墙墩”，右侧马面墙应为今昆明动物园内的城墙残段

城（一道城墙）一濠（一条护城河）的城池设计，建设“重城重濠”（双重城墙，双重护城河）的新型的城防体系，来增强城堡的防御能力。

明代昆明城的修建，到处可见这部《守城录》的影响。如城东、城西加开一座城门，以便调动兵力，反击攻城的敌人；又如马面墙墩上多半没加盖敌楼，而墙体修建得十分坚固、厚实；再如昆明城的四个角，除了西北角外，另外 3 个城角都收缩成或大或小的弧形，西北角因为地势限制收不回来，也添建了一座马面墙墩，把短板弥补起来；最后，昆明城门外有瓮城，城下有护城河，东面还有盘龙江，南面、西面还有滇池、草海，这又是《守城录》上说的“重城重濠”等等。

○清末民初地图上的昆明城墙

清宣统三年（1911 年），昆明出现了经实测编绘而成的地图。当时的云南陆军测地局对昆明街市里巷按比例尺实施测绘，制作了《昆明市街图》（即《清末昆明街道图》），比例尺为 1/5000，这是昆明的第一次现代城市基本地图测绘。这张

清末昆明街道和城墙（原载《昆明地名志》）

地图特别标出了昆明城的马面墙墩，有的墙墩上还有敌楼，印证了早年昆明“五城十七楼”的说法。这些马面墙墩都建在要害部位或者城墙的薄弱环节上。在西北、东北、东南 3 个城墙角上，都建有马面墙墩和敌楼。昆明城南、西南的地势低平，城墙走向为不规整的弧形，在这两个方向修建的马面墙墩和敌楼比较多，明显是为了弥补短板，加强昆明城的军事防御能力。另从清末昆明城的老照片看，昆明城的“马面”墙墩是方形的，建造得十分坚固，是昆明军事城堡的一个重要组成部分。

民国初年出了本《昆明市志》，书中绘有一张昆明城地图。这时的地图测绘技术更加成熟，昆明的主体城墙也还没有拆，在这张官方地图上显示的昆明城墙应该是最接近真实的。从这张地图上看，昆明城墙北面绕圆通山而居高临下，北城门东边的城墙建在圆通山高地上，北城门的西边有护城河，城市东面有盘龙江和护城河，南面和西面也有护城河，东北角呈小弧形，西南角呈大弧形，东南角接近于直角，西北角就是个直角，但向北面凸出一块，应该是个加强型的“马面”墙墩，用来强

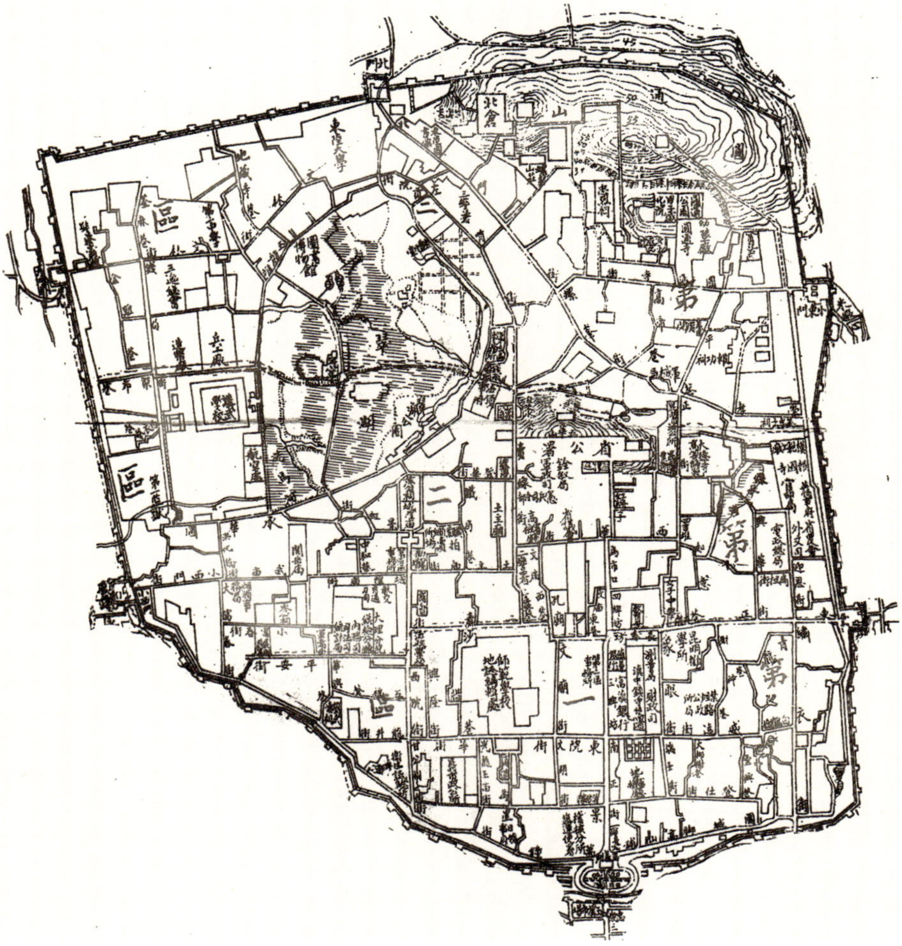

民国初期《昆明市志》地图中的昆明城墙

化薄弱环节。

在这张地图上，昆明北门瓮城门朝东；大西门瓮城门向南；小西门瓮城门也向南，连接迤西大道；南城门瓮城门向南，连接迤南大道；大东门瓮城门向东，连接迤东大道，也就是通京大道；小东门瓮城门向南。整体看来，昆明城防卫的薄弱面在正南方向，就是今天的南屏街、近日公园和东风西路东段，为了加强这个短板，在这段城墙的两边修建了钟楼和鼓楼。从这张地图上还可以看出，昆明城的“马面”墙墩不少，在城墙走向不规整的地方，都特意修筑了马面墙墩，以强化防守态势。

可见，明代昆明城是按照古代军事城防理论和实战经验修建起来的一座军事城堡。

○杯状街道架构背后的军事布局

2003 年出版的《春城昆明》发现，昆明老城有不少杯状布局的街巷。这种独特的“道路形式与重要建筑的布局密切相关。重要建筑多布局在丁字路口的顶端，且向前突出，使道路呈杯形或弓形”。这些杯状街巷架构“尤以督部堂最为典型，今从胜利堂到甬道街尚完整保留其形态”。这里说的“督部堂”即清代的总督府（今胜利堂址），其坐北朝南，大门前临南北向的甬道街，南端被东西向的景星街迎头堵住，形成一个“丁”字路口。整个道路布局酷似一个巨大的高脚酒杯：总督府是杯体，甬道街是杯柄，景星街是杯脚。

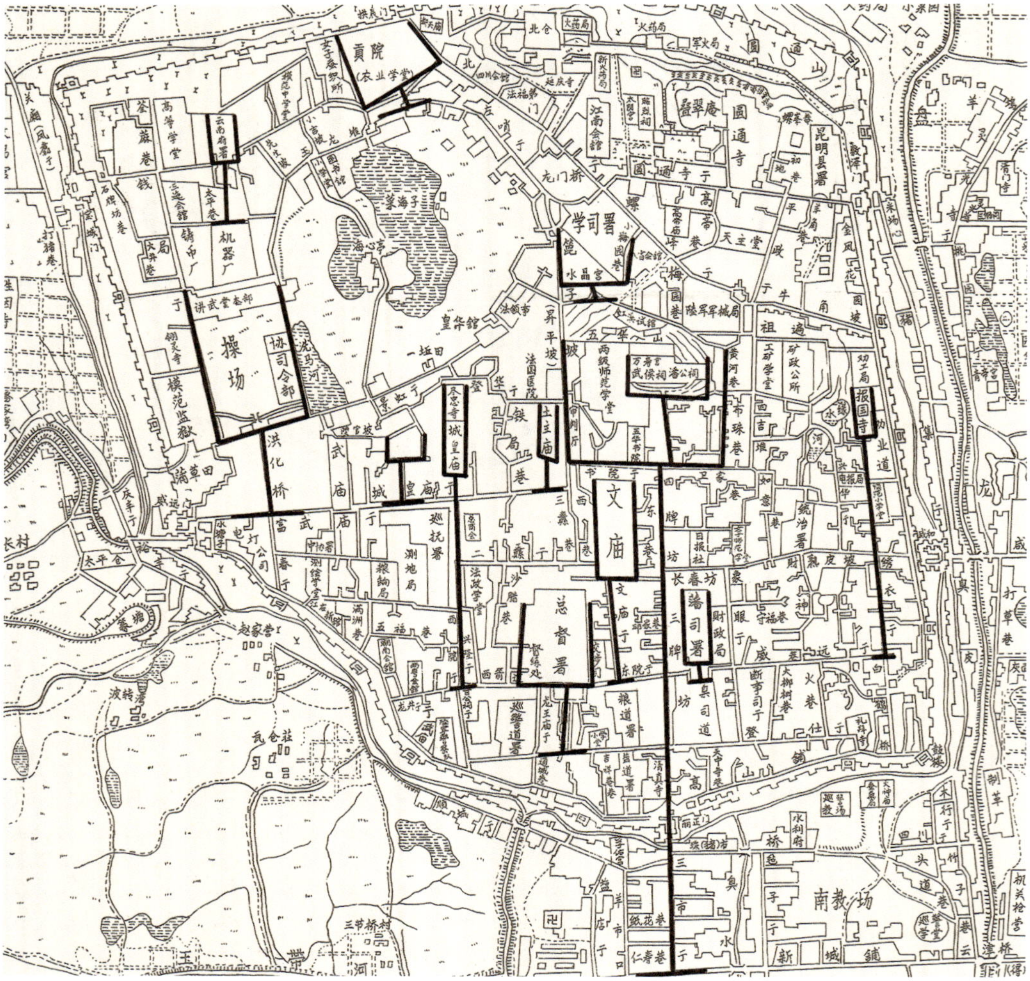

老昆明城中遍布“杯状街道架构”（原载《春城昆明》）

在《春城昆明》的示意图上，诸如此类的杯状街道还有不少：五华山五华书院前有五华街、正义路、三市街南下，后被东西向的金碧路堵住，成为昆明老城的中轴线。文庙前有文庙直街南下，后被东西向的光华街截住；城隍庙前有劝业场南下，后被东西向的城隍庙街（武成路中上段）截住；武庙前有清泉巷南下，被东西向的武庙街（武成路中下段）截住；演武场（原吴三桂洪化府）前有洪化桥南去，也被东西向的小西门街（武成路下段）截住；督右署前有大柳树巷南下，被东西向的庆云街截住。接下来被标注为弓形的两段街道其实也为杯形，贡院前有贡院坡南下，被东西向的庆云街截住；学署前也有通道南下，被圆通寺街截住——其实还不止于此，如云南府衙门前也有条府甬道，南下后被东西向的西仓坡截住，形成又一个杯状街巷架构；昆明土主庙前有华山巷，南端被东西向的土主庙街（武成路上段）截住；圆通寺前也有长长的甬道，南端被圆通寺街截住；忠烈祠前有连云巷，也被圆通寺街截住……

这些杯状架构的“杯体”都是建筑物，不是官府、军府、学府就是庙府，一律坐北朝南，大多居高临下，一个四合院是“方杯”，几进大院相叠就是“长杯”，“杯柄”和“杯脚”都是道路。此路短，算是矮脚杯；此路长，就成了高脚杯。

本来，在传统风水师眼里，府院建筑大门“直冲”迎面而来的道路是一大忌讳。此路被称为“直冲路”，有“枪煞”之危，对府院主人不利。旧日昆明人迷信，有鬼行直路之说，若鬼得直行入府，则主人行事难稳，身体渐衰，恐有血光之灾。府院之后又有“冲背煞”，会招致暗箭伤人、小人纠缠、贵人乏力、损财伤丁等等。

既然如此，为什么昆明古城的军、政、教要害建筑都不惧“枪煞”和“冲背煞”，不顾安危，在方圆不过九里三分的主城区布下了如此多的“杯状”街巷？按照风水之说，这些要害之地一旦犯煞引祸，则昆明危矣，云南危矣，江山危矣，后果不堪设想。

其实，昆明古城遗留至今的杯状道路架构，都和古代军、政、教建筑前的甬道有关。如清代总督府留下的甬通街、云南府留下的府甬道等。这个“甬道”指两旁有墙或其他障蔽物的驰道或通道，天子的皇宫有甬道，天子出行要修甬道，以策安全，以防万一。各地官府也有甬道，同样是为了安全。这个“甬”字的一个含义就是“钟柄”，是掌控钟铃的关键和“抓手”，而甬道也是宫室、官府安全的“抓手”。

表面上看，官府前的甬道是进出官府的正式通道，两侧各建有一排棚舍。有官员乘轿马来拜来访，人从甬道进入官府，轿子和马匹就放在甬道两侧，卫兵、马夫、轿夫则到棚舍歇息、等候。而在明代，一说这里曾是全省72大姓土司弟子值班之地，甬道两旁成了人质居住之所。有资料说，甬道街心横镶五面石，称为官道，只让官家轿马通过，两侧又有边道，用石条直镶，称为民路，让一般商民通行。夏光南的

《云南文化史》称："或谓明时（昆明城道路）广丈余，中分三道。行之者，左仕官，右商旅，中则王公贵人。"——此道很可能即甬道。在古代云南府衙门前的滇南胜景坊老照片中，还见得到旧时昆明府甬道的路面，中间横条石清晰可见。今甬道街两侧各有一条L形的狭窄巷道，分别称东卷洞巷和西卷洞巷，据说就是小吏和百姓的通道，后来演变成小巷。

战时的甬道更是官府前的一道军事防线。官府有内围墙，有外围墙，薄弱环节是大门，于是在门前和门后修建坚实的大照壁，在大门外两侧建东西辕门，驻兵防守，大门前的甬道相对开阔，两侧建有遮蔽物，既是交通工事，又是掩蔽工事，还是射击工事，如昆明总督府甬道两侧的棚舍或"人质寓"，甬道两端又各有一条横街，呈"工"字形布局，平时可进可退，以保障官员出入安全，战时可攻可守，又是一道可靠的防线，有利于扩大防御面，分散敌方兵力，取得军事主动。官府如此，学府、庙府、军府也如此。

清代总督府所经历的战火，最激烈的莫过于昆明重九起义的总督府攻防战。当时清军以甬道、辕门、大门、照壁、围墙为依托，利用北高南低的地势，设置层层防线，互相呼应，顽固抵抗。起义部队伤亡不小，一时束手无策。幸而此时已是热兵器时代，义军调集重兵，避开正面，从南城墙上炮击总督府，打乱敌军，又从东西两侧炸开围墙，突击而入，清军腹背受敌，首尾难顾，不得不束手就擒。

重九起义的另一重要战场在五华山。清军抢先占领山上的高等师范学堂一带，居高临下，迫使起义军沿红栅子（后称五华路，从今马市口到五华山）北上仰攻，伤亡重大而无法得手。后来还是得力于火炮轰击，打乱清军阵势，这才拿下五华山，取得重九起义的最后胜利（刘存厚《云南光复阵中日志》）。

○老昆明城的卫、所、旗、堡、哨

明代军队编制主要是卫所制。军队组织有卫、所两级。省以下，一个"府"（相当于今天的州市）设一个"所"，几个"府"组成一个防区，设立"卫"。"卫"的主官是指挥使，手下兵士5600人，大概相当于今天的一个师。"卫"以下有千户所，统兵1120人，大概相当于今天的一个团；千户所辖10个百户所，每个百户所统兵112人，大概相当于今天的一个连。百户所下面有两个总旗，10个小旗。总旗统兵50人，大概相当于今天的一个排，总旗下面是小旗，各统兵10人，又相当于今天的一个班。各卫、所归指挥使司管辖，主官叫都指挥使，驻在省城昆明，直属中央五军都督府管辖。兵士另立户口，叫作军籍，世袭当兵，平时屯田或驻防，打仗的时候，由朝廷任命将领，卫、所出兵，组织征战。

昆明城南的安江村东古楼，实际就是一座小型城楼

明军在昆明城内外层层设防，形成了一道道严密的军事防线。根据有关史料，明代云南府（辖今昆明一带）有六卫，六卫之下设 32 个千户所、两个军堡（铺）、24 个军哨和 4 个关，全部都是军事据点。据明万历《云南通志》统计，当时云南府驻有左、右、中、前、后、广南共 6 个卫指挥所，另有 4 个直属都指挥使司的 4 个千户所。其中左卫在五华山东坡脚（今报国街）；中卫在城北（今北门街）；右卫在城西（今文林街西段）；前卫在城西（今钱局街）；后卫在城东（今圆通街）；广南卫在城东（绿水河东）。今天五一路的一段原来叫前卫十字街，也算明代昆明城里设立卫所的遗迹。至今昆明郊区还有中卫、前卫、左卫、右卫、中卫、广南卫（今称广卫）等地名，可见当时昆明城郊也设有六卫，以保护省城。在更远的郊区，在呈贡、安宁、宜良、杨林也设立了守御千户所。据统计，明代昆明驻军总数达 23583 人，随军家属 50631 人，共 74214 人，而当时昆明民户不过 1.4 万，人口 56240 人。另有学者估计，当时昆明城里的普通居民也就是 14300 人，而城墙内外的驻军多到 15000 多人——说它是个军事城堡，一点儿都不过分。

明清两代，军事据点遍布云南府城内外、远郊近郊，点线结合，形成了一个壁垒森严的城防系统，而驻军也大多落籍云南，成为云南汉族人口的又一来源。由于城外据点多实行军屯，家属也随军大量移民，这些军事组织所在之地后来成了一大批村镇，军事组织的名字也成了村镇的名字。昆明城郊地名如今还有一些带了个“旗”，如宋旗营、王旗营、陈旗营、杨旗营等，均为总旗、小旗之军的驻地，因

清末昆明城南的玉带河上，河道、石桥、关楼共同形成了老昆明城西南的一个重要城防点

昆明城北的小厂村也有形制相同的关楼，可见是根据统一安排打造的城郊防御工事

官、兵军职世袭，旗官之姓沿袭为旗军之名，再转为一地之名。清代以绿营兵把守昆明四周要地，在当时的昆明县设四关、十二哨、二汛、二十四塘，都是驻兵之地，后来大多成了村寨，“关”“哨”“汛”“塘”也多成了地名。这样，明清两代驻军遗留到今天的地名到处都是，昆明称为卫、所、堡、哨、关的地名不少。

抗战时柿花桥头的穿心关楼

昆明城郊地名有前所、后所、中所、左所，黑林铺原称黑林堡，“哨”更遍及各处。这个“哨”不是“哨所”，是指清代乡勇的编制，一个“哨”大概有一百个人，相当于今天军队编制的一个连；三个“哨”为一个旗，相当于今天的“营”；五个旗为一个营，相当于今天的一个加强团。清代山东进士桂馥说“云南屯戍多称曰‘哨’”（《滇游续笔》），此言不虚，如昆明城外的普吉哨、黄土坡哨、太平哨、双桥哨等，如今地名则有大哨、小哨、新哨、中哨、平地哨、青龙哨等。昆明城内青云街上段原称左哨街，旁有老马地巷，原名养马地巷，早年是左哨衙门的马厩，可见城内也有军哨。昆明城郊板桥原称板桥汛，牛街庄原称牛街塘。至于昆明四关，首先是前面多次提到的金马关、碧鸡关，此外还有重关，在城东四里，今东站附近，原建有驿站、石塔和迎送亭等；有高峣关，与碧鸡关相望，此外城东南还有个石虎关，今天的地名则有关上。

昆明地名中带“屯”“庄”二字的，也和明代移民屯田有关，如小屯、前卫屯、老邑屯、官家屯、上古屯、官庄、小庄、西庄、中庄、下庄、上庄子等。城南还有个瓦仓庄，原称瓦村，明代在此建仓库、囤军粮，得名瓦仓庄。此外还有龙马村，因明军在此屯田、牧马得名；而军马场则因明代驻扎骑兵得名。

○老昆明城的“堆”和“铺”

由于昆明城门夜晚关闭，为方便城外居民，不少米铺都开在城墙外

老昆明城的地名还有不少“堆”和“铺”，最早都和军事有关。

“堆”又叫“堆子”。清代在昆明城中街头巷口设立哨卡，立起“堆子”，搭建“栅子”，并建立“铺房”，设哨报警，派绿营老兵驻守，白天查街，晚上巡逻，防火、防盗、防造反。“铺”是他们管辖的地段，“栅子”是各铺之间的隔断，“铺房”就是绿营老兵的“办公房”。据罗养儒的《纪我所知集》（《云南掌故》）记载，昆明城里有堆子的地方很多，如马市口、四吉堆、西华街等处，都有“堆子”，当时又叫“堆子房”。三牌坊下的牢房边就有一个“堆子”，看守“堆子”的有两三个绿营老兵，被称为“老将”。“老将”们“负有查缉奸宄之责”，“堆子”前挂着两块虎头牌，这些职责都写在虎头牌上。

不过，在要害地段，驻守“堆子”的可能就是“亲兵”而不是“绿营老兵”了。五华山下的马市口东边有个地方叫红栅子，再往东边有四吉堆、五家堆等等，都是

清末昆明城南石桥铺集市

如今“石桥铺”地名得以保留

古代“堆子”留下的地名。青云街南段有个地方叫栅子坊，民国初年栅子被拆掉，又改称堆子巷。圆通山南边又有个小堆子巷，巷名也从堆子而来。莲花池西边的大昌巷原来叫后栅子，莲花池南面的居安巷原来叫前栅子，可见早年昆明城里、城外都有栅子，防卫滴水不漏。早年每天下午5时，城上一声炮响，大东门、小东门、北门、大西门、小西门等五城门关闭；晚上9时炮声再响，大南门关闭；夜里10时又响一炮，全城坊门、栅门关死，禁止通行。坊、栅有楼，有乡约、保正值守，若是熟人，12时前尚可通融，一般情况下，坊、栅一旦关闭，即不准开放，实际上已经戒严宵禁，昆明成为一座死城——这炮声就是昆明这座大兵营的起床号、作息号、熄灯号。旧时昆明有童谣唱道：

城门城门开开，有位先生要进来。
——不能开，变只麻雀飞进来。

城门城门开开，有位奶奶要进来。
——不能开，变只花猫爬进来。

城门城门开开，有个小姑娘要进来。
——不能开，变只小狗钻进来。

作为一座戒备森严的军事城堡，清末昆明城内外计有十八铺之多。这十八铺有：云津铺，在今天的巡津街；新城铺，在今天的金碧路东段；三义铺，在今天的竹子巷；石桥铺，在今天的书林街中段以西；三元铺，在今天的拓东路西段；咸和铺，在今天的长春路东段；敷泽铺，在今天的珠玑街；鱼课司铺，在今天的司马地巷；碧鸡铺，在今天的金碧路西段；太和铺，在今天的北京路中段，即太和街；近华铺，在今天的大观街；临江铺，在今天的临江里；羊马市铺，在今天的羊市口；庆丰铺，在今天的庆丰街；迎恩铺，在今天的东站；高山铺在今天的南屏街西段以北；东寺铺，在今天的东寺街北段；西寺铺，在今天的东寺街南段。

另说昆明城内外有二十四铺，和十八铺互有参差，先后被列入的有：忠爱铺、中端铺、土桥铺、鸡鸣桥铺、十里铺、金牛铺、桃园铺、商山铺、绳蜂铺、文林铺、胜应铺、龙翔凤翥铺。

这些“铺”名后来多半变成了街名和巷名，只是那个“铺”字被换掉了。如文林铺成了文林街，龙翔凤翥铺成了龙翔街和凤翥街。也有没改的，比如石桥铺，高山铺、三义铺就完整地保留到了今天，十分难得。

○老昆明城的“营”

清末昆明西郊山坡上的小城堡，为当时的军队营地

昆明地名，又多“营”字。罗养儒在《纪我所知集》（《云南掌故》）中说，距城不远的麻线营村民多以捻线为生，席子营村民多以织席为生，稿荐营村民则以打稿荐为生，村名皆“由此而来”，“名实相符”。此话只说对了一半，这些村落为何称“营”，没有交代。罗养儒又说，昆明城郊叫作“王旗营”之类的村子，“是此一村中多系一姓之人”，早年兵荒马乱之时，各村村民“起而联合成团，各保其村居。此村姓王者多，旗帜上则标一王字，遂名其村为王旗营。自此，原有之各个村名，竟弃置而不用”。此话也只说对了一半：战乱之中，村民为营自保是可能的，但王旗营之类村名，却正是“原有之各个村名”，并非后改之名。

据考证，“营”为军队驻扎之地，地以“营”名，与古代昆明驻军和军屯之制分不开。元代屯田，最早在中庆路（昆明地区）实行。明取天下，以 30 万大军入滇，军饷难继，后来实行军屯，“兵自为食”，结地为营。再后来，“军名”转为“地名”，留存至今，就数“营”最多。按明代制度，昆明驻军一分为十：七成以屯田为主，称“屯军”；三成以作战为主，称“马步旗军”。军屯点多以屯军首长命名，昆明郊区呈贡县（今呈贡区）东南交通要道两侧分布不少以“营”为名的村落。其中吴家营别名吴杰营，村西北原有吴杰墓，碑文称“一世祖吴杰大将军之墓”，《昆明地名志》称之为“明初屯军之地，以首领姓吴得名”，有凭有据。当地并有民谣曰：

沐英沐英，兵扎吴家营。

追讨梁王，鸡犬不宁。

吴家营附近有郎家营，村内关圣宫有红砂石碑一块，称“永免门役碑”，立于明万历四十四年（1616 年），涉及郎家营、缪家营两个村子，碑文称“各祖随征留

昆明城区的三合营由原来的焦家营、赵家营等合并而成

滇，已二百余年”，署名者除知县等官员外，还有“旗军”缪家谟等三十三人姓名，为考察军屯地名的重要历史实物依据。据此可以确认，与吴家营、郎家营和缪家营一样，附近的郑家营、王家营、段家营、刘家营等均属明初屯军之地，以首领之姓得名。除此之外，还有柏枝营，也是明初屯军之地，以柏树多得名；前卫营则以明初军队建制得名。

有学者认为，这些带“营”字的地名还和清代兵制有关。按清代乡勇的编制，一个“哨”约一百人，相当于今天军队编制的一个连；三个“哨”为一个“旗”，相当于今天的一个营；五个“旗”为一个“营”，相当于今天的一个加强团。虽然今天昆明地名中的“营”不能和明清两代的军事组织完全对应，但多与明清昆明驻军和军事屯田分不开。如豆腐营，是为屯军做豆腐的地方；棕树营和柏枝营一样，以屯军地的植物命名。

当年这些“营”多分布在昆明城外和交通要道附近，随着昆明市区的扩大，很多“营”就成了街区名称。据说，昆明城带“营”字的地名有50多个。在一张民国初年的昆明地图上，可以找到的“营”就有马洒营、大营，四营庄、老鸦营、宋旗营、黄瓜（官）营、前卫营、焦家营、赵家营、三合营、卢家营、唐家营、大树营、大树中营、何家营、周家营、刘家营、蒋家营、王旗营、席子营、马家营、张官营、鲁七营、麻线营、三竹营、金刀营、人七营、廖家营、吴家营、红家营、留家营、范家营、亥家营、椿树营等等，此外还有陈旗营、杨旗营、稿荐营、织布营、豆腐营、棕树营、三竹营、棕皮营、饵饫营（今福德村）、中营、右营、上营、中营、下营等，另有三合营，是民国初期合并焦家营、赵家营、波转湾三村而来，可见早年昆明“营”之多——以军事建置命名、以军屯地植物命名、以军工产品命名的都有了。除了以屯军首领姓氏命名外，还有以屯军首领姓氏加官职再加“营”命名的，如王旗营，首领姓王，为总旗官。有以“官”为名的，如张官营，《昆明地名志》说“明代在此军垦屯田的官姓张，因此得名”，又有人进一步认为，此之称“官”，其所在军事首领大多为千户、百户之职。

提到明初朱元璋派重兵平定云南后留下的地名，旧时昆明有童谣唱道：

朱家大兵进昆明，
一箭穿心到鼓楼，
来到鼓楼大点兵，
当官的姓张有一营，
一个营，抬王旗，
一个营，抬金刀，
沙坝驻着一个营，
大树底下站一个营，
刘家一个营，
王家一个营，
一个营来搓麻线，
一个营来铺席子，
一个营来做豆腐，
凉拌黄瓜一个营。

○昆明砖城“金身不破”

从历史上看，明代修建的昆明军用砖城在军事防御上是非常成功的。昆明是中国西南边疆重镇，自古是兵家必争之地，立城千年之久，战火熄了又烧，城墙毁了又建，“城头变幻大王旗”也有好多次了。但是，自从明初昆明城改建为砖城之后，历经五百多年，多次烽火连天，昆明城都“金身不破”，算是一个奇迹。尽管经过了几十次整修，一直到民国初期，昆明城基本上还保持着明代修建时候的面貌，还是一座非常坚固的军事城堡。

仅仅在明代，昆明城至少经受了六次战争的考验：

第一次发生在嘉靖七年（1528 年）。当时地方官员勒索欺负土司，寻甸府土司安铨和武定府土司凤朝文联合造反，攻下寻甸和武定等地，合兵两万，进围昆明城。他们杀到昆明的西门、北门之外，放火烧了城门外的大街小巷，不少军民罹难。安铨和凤朝文逼迫官府让他们来做寻甸和武定的知府，但官府不干。官军凭借坚固的昆明城墙，把土司兵挡在城外。安铨和凤朝文逃脱，后来被抓，都丢了性命（民国《续修昆明县志》）。

第二次战争发生在万历三十五年（1607 年）。武定土司阿克、郑举不堪知府的

老昆明北门的瓮城和望京楼，有稳如泰山之势

勒索，起兵攻下武定，又乘胜进攻昆明。当时昆明多年无事，官军松懈，武备薄弱，大敌当前，一时间上上下下，束手无策。阿克率领部众，从昆明北门向西南杀到东门，再杀到南门。大东门和南门的主城门和瓮城门都在一个方向上，地势又比较平坦，正是昆明城的薄弱环节，阿克主攻的就是这两座城门。他一面加紧攻城，一面向政府索取武定府大印，意思是让他来当武定知府。官军依靠坚固的昆明城墙，暂时稳住了局面。当时的巡抚陈用宾自知官军已虚弱不堪，为了避免兵火之灾，只好把武定府大印拴在绳子上，吊下城墙，送给阿克。阿克随即解除包围，回去做他的武定知府去了。没想到第二年，阿克再次起兵造反，明朝廷调集五路大军，大举镇压，阿克被活捉处死。事后有人告发陈用宾，说他把武定府大印送给阿克，纵容阿克造反。陈用宾被抓起来关进大牢，后来死在牢里（见清《滇系》、民国《续修昆明县志》等）。

第三次战争发南明弘光元年（1645 年）。元谋土司吾必奎反抗地方官员的勒索，先起兵占领元谋，又攻下武定、禄丰。镇守云南的黔国公沐天波“召各地土司兵讨伐”。滇南土司沙定州带着五千土司兵赶来，他才到昆明，造反的吾必奎已经兵败被捉。沙定州早就有心造反，看见此时的昆明有城无防，人心不稳，便邀约内应，借口到沐天波府上告辞，骗进城来，闯进沐府，放火抢劫，杀了好几十个人。沐天波措手不及，丢下老婆老母，从小西门落荒而逃（清《滇考》等）——沙定州没有像以前造反的土司那样强攻昆明城，挑战坚固的昆明城墙，而是靠计谋智取昆明城，终于得手。

第四次战争发生在南明的永历元年（1647 年）。当时孙可望、李定国等大西军四将军率部入滇，所到之处，势如破竹。沙定洲自己也知道不是大西军的对手，就放火烧了昆明南城楼，逃回老巢滇南，一走了之(见民国《新纂云南通志》等)。大西军来到昆明城下，昆明城门大开，百姓烧着香出城迎接。这次大西军入城，“秋毫不犯”（清《滇南纪略》等），昆明城避免了一场血战。

第五次战争发生在南明的永历十一年（1657 年）。先是大西军联明抗清，形势一度看好，可惜后来内部分裂，发展成孙可望与李定国之间的内战。李定国把南明永历皇帝朱由榔迎接来云南，把昆明城作为南明的滇都。孙可望竟出兵偷袭昆明，李定国得到消息，下令紧闭城门，官兵上城把守。叛军夜里四更杀到，偷袭昆明大东门，不料守军早有准备。叛军偷袭失败，又转攻南门，也没得手——看来叛军对昆明城十分了解，专挑主城门和瓮城门都朝前开的大东门和南城门下手，但是，面对坚固的昆明城墙，他们最终也无可奈何。最后，叛军一把火烧了金马坊、碧鸡坊两座牌坊，在城外大肆抢劫，然后退走。在半路上，叛军被李定国堵住，全部消灭（清《滇南纪略》《安龙逸史》《南明野史》）——昆明城墙再立一功。

第六次战争发生在南明的永历十二年（1658 年）。清朝军队趁南明小朝廷发生内乱，兵分三路，大举进攻云南。李定国连连败退，清军直取昆明。南明朝廷决定放弃昆明城，逃往滇西、缅甸。当时有人建议烧掉粮仓、王宫、官府，留下一座空城给清兵。李定国说：“我们在云南十多年，如果不留下粮食，清军没有粮草，肯定要坑害百姓。”于是明军留下粮仓、官署，腾出整座城池，向西退走（清《滇南纪略》）。清军不战而进昆明城——昆明城又免掉一场劫难。

清代的老昆明城墙也多次遭遇战火，但都没被攻破。

清康熙二十年（1681 年），吴三桂发动的叛乱已经穷途末路，吴三桂自己也病死了，他的孙子吴世璠在昆明继位称帝。清军攻到昆明城下，吴世璠依托坚固的昆明城，拼死顽抗。清军主将贝子彰面对坚固的昆明城墙，也有点儿心虚，下令不准攻城，他说：“我大清将士冒着枪林弹雨，万里征战，抛头颅、洒热血，死的死，伤的伤，好不容易杀到这里。眼下叛军大势已去，只剩下几个残兵败将，困守孤城。此时外援已断，粮草将绝，走投无路，只有死路一条，谅他也翻不起来。只要我们围困城池，按兵不动，对叛军官兵晓以大义，他们也不是铁板一块，必然有变，会有人起义反正，我们就可以不战而胜。”他说了一句很动情的话：“何必让我大清将士在坚固的昆明城墙下白白地送命呢？”看来，这位身经百战的大将军也畏惧坚固的昆明城墙。双方从这一年的四月相持到九月，果然如贝子彰所料，经过清军策反，守卫昆明南城门的吴军总管决定献城投降，与城外的清军约定放火为信号，内应清军入城。于是5万清军趁天黑潜伏到昆明城下，夜里昆明城中果然起火，南城门果然打开，清军顺利地冲进昆明城（见清《滇系》等）。不管怎么说，坚固的昆明城墙还是把清军阻挡了半年之久，最后清军还是不能“攻破”昆明城，而只能“智取”昆明城。

另一场战争发生在清咸丰年间，朝廷失道，云南大乱，反抗者三次围攻昆明。

“一围”昆明之战，因为昆明城三面临水，东边有溥润桥、东南有得胜桥、南面有双龙桥、土桥，清军层层设防，保住了昆明城。但是，昆明城外的二十四铺在战火中全部被毁，清政府的云贵总督恒春夫妇被迫自杀，但城池始终没有被攻破。

“二围”昆明之战，攻城者吸取教训，派人伪装成百姓，准备混进城来，悄悄地在三牌坊会聚起事，智取昆明。老昆明城最热闹的地方是“四牌坊”：第一是“金马碧鸡”坊，在今天的三市街和金碧路交叉口的两边。第二是“忠爱坊”，在今天的近日公园南边的三市街步行街上。第三是“天开云瑞、地靖坤维坊”，在今天的光华街口。第四是“万寿无疆坊”，在今天的马市口。三牌坊和四牌坊在当时的昆明城里，一牌坊、二牌坊都在昆明城外。没想到反抗者对昆明城不熟悉，加上太紧张、太兴奋，才到了昆明城外的忠爱坊，就是今天近日公园南边的三市街的步行街上，就以为到了光华街口的三牌坊，马上取出大刀，亮出大旗，大声喊杀，冲到南门前，才知道还在城外。他们杀进南门的瓮城，官军中有个叫杨结巴的大叫：“贼、贼、贼人来了！”守城官军赶紧启动紧急预案，把瓮城门关起来。这一下攻城者就惨了，守城官兵在南门楼、南城墙和瓮城墙上，居高临下，打枪的打枪，开炮的开炮，射箭的射箭，丢大石头的丢大石头，一点儿死角都没有。被关在瓮城里的攻城者是没有救了，被关在瓮城外的逃跑还来得及，他们一直跑到得胜桥，才在盘龙江边停了下来（光绪《云南通志》）。当时攻城的一方强，守城的一方弱。但是，就因为隔着一道坚固的砖砌城墙，攻城者还是失败了。

“三围”昆明之战，反抗者攻势更猛，但却被清政府分化瓦解，有的被招安，有的退守，有的被杀。后来一大批反抗者先接受招安，再强行进入昆明城，杀了清政府的总督潘铎，终于占领昆明。可惜不过十多天，就被当局先轰后杀，完全失败。

“三围”三战，清政府死了两个总督，反抗者几乎全军覆没，城内外百姓横遭兵祸，只有昆明城墙牢不可破——可见，和清政府作对容易，和昆明城墙作对难。

高大巍峨的昆明大南门和南城楼

清同治六年（1867 年），昆明城又经历了一场战火。清军凭借坚固的昆明城墙，分兵把守外围，固守坚城。杜文秀大军攻城不下，在城外建立了一百多个营地，修筑了大量碉堡炮台，准备长期围困昆明城。杜文秀大军屯兵昆明坚城之下，前后将近两年。清军的各路援兵先后赶到，起义军接连遭受挫折，最后失败（光绪《云南通志》）。

正因为城墙大有作用，明清两代，昆明城墙得到多次整修，仅清代就整修 23 次之多。直到清代的光绪三十四年（1908 年），革命党人在河口发动起义，清政府还在昆明大兴土木，修整昆明城墙，防备革命党人。在 1911 年的辛亥革命中，昆明重九起义爆发，北教场起义军得到城中讲武堂师生接应，偷袭北门得手，进入城内，接着打开东门，迎接巫家坝起义军。各路起义军顺利入城，经过血战，占领全城，起义成功，推翻了清王朝在云南的统治——昆明城破了，昆明城墙没有破。

到民国初期，昆明又陷入军阀混战之中。1927 年，两股军阀部队在昆明城内外对垒。眼看大战就要到来，昆明城里的大户人家、名人绅士公然成功地说服守城一方撤退，昆明城又一次避免了浩劫。1929 年，两支军阀部队在蛇山和商山之间摆开阵势要大打，后来攻城的一方中计撤兵，仅在碧鸡关发生了激烈战斗。不过，就在这个时候，守城一方搬运军火进城，结果发生爆炸，爆炸的地点在北门街的江南会馆，周围方圆几里之内，从北城墙到水晶宫、大梅园巷、小梅园巷，从翠湖东岸到圆通街，都被炸得一塌糊涂，共有 3200 户、12200 人受灾，其中死 320 人，重伤 579 人，炸毁房屋 4000 多间——说到底，这是一场人祸，与城墙无关。

据说民国初年，云南都督唐继尧的主力部队出征在外，留守昆明城的士兵很少，而且多半是老弱病残。大土匪杨天福乘机进攻昆明。政府军凭借高大坚固的昆明城墙，即使只是不多的老弱残兵，还是和杨天福对峙了好几天。杨天福也拿昆明城墙没得办法，又担心唐继尧的主力杀回来，只好撤退。当时昆明民间有顺口溜唱道：

城外杨天福，城内唐都督。

进也不敢进，出也不敢出。

——一个“不敢进”，一个“不敢出”，“进”“出”之间，关键就是近乎坚不可摧的城墙。

○兴，百姓苦；亡，百姓苦

我们说昆明城历经战火，保持了五六百年“金身不破”的纪录，只是昆明城墙的“金身不破”，对于昆明老百姓来说，战火一起，仍然是水深火热。特别是昆明城外商业区、居民区的老百姓，没有城墙的保护，战火之中，首先倒霉的就是他们，不是家破，就是人亡，非常悲惨。

清朝初年平定吴三桂叛乱的战争，最后一场硬仗是在昆明打的。最后清军打赢了，最惨的还是昆明的老百姓。进攻昆明城的时候，几十万清军粮草供应不上，就在昆明城外四乡抢劫，溃败的叛军也到处抢劫，百姓朝不保夕，骨肉离散，人财两空，数百里内杳无人烟。

可以看出，所谓明代昆明“龟城”建成以后，会产生“帝王之气”，可以造福一方，造福百姓，这种说法是没有根据的。吴三桂有了“帝王之气”，大享帝王之福，昆明的老百姓却被他压榨得喘不过气来。等到吴三桂倒霉了，“帝王之气”变成了霉气，昆明老百姓还是接着倒霉，接着霉气，甚至更倒霉，更霉气。读着这些历史，总会叫人想起一句话来，叫作“兴，百姓苦；亡，百姓苦”——这才是真实的历史。

清末背柴进城出售的昆明郊区农民

清末向官府大员叩头申冤的“下民”

民国初期在船上吃饭的渔民

早年在昆明北门外坟场放羊的少年

○从城堡到城市

在唐代和宋代的南诏和大理国时期，拓东城和鄯阐城的商业还不发达，和军事需要的冲突不大，“官”和“商”还可以在城墙之内和平共处。到了元代，昆明城的商业有了比较大的发展，特别是在今天的得胜桥一带，市面繁荣，“千艘蚁集于云津，万舶蜂屯于城垠，致川陆之物，富昆明之众民”（元·王升《滇池赋》）。商业发达了，人员往来复杂，对城市防守又不利。后来，元代修建中庆城的时候，把城墙向北移动，以玉带河、盘龙江作为护城河，把今天土桥、塘子巷一带的商业街区划在城墙外，不过，当时商业中心三市街一带仍然在城墙以内。到明代修建砖城的时候，更把三市街也甩出城去。城内为“堡”，主要驻有官员和军队；城外为“市”，住的主要是商人和平民。大家各得其所。

从明代到清初，昆明城里多半是官方机构、官僚住宅，还有寺庙牌坊等。大大小小的各级衙门就有30多个，再加上贡院、祠堂、寺庙，就占了城池面积的一大半，成为一座“兵民错居”（清雍正《云南通志》）的军事大城堡。一般的平民、商人大都住在城外。清初平息吴三桂叛乱以后，一时天下太平，官府打开城门，允许民

清末南城墙下的商业街区

民国初期的金碧路颇有几分都市感

民国初期昆明三市街街市亦显繁荣

民国初期近日楼下的正义路街市

众进城经商，叫作“与民共之”——和老百姓共享城堡修建的成果。从这个时候起，不少平民百姓也搬到城里来了，但大约七成的平民百姓仍然住在城外，主要分布在城南的三市街、珠市街、金碧坊、云津铺、盐行街、太和街、东寺街一带，这些地方的市面很繁华。另外，大西门、小西门和大东门、小东门外也形成了热闹的居民区。相比之下，城里的居民还是比较少，街市也较冷清。

昆明城南的商业区被划到城外以后，在历史上的几次围城战里，都成了攻守双方拼死争夺的战场，好几次毁于战火。清代的咸丰、同治年间，昆明城战乱不断，为了躲避兵灾，大批城外居民进入城里，城内逐渐成为昆明的主要居民区，人烟越来越密集。在当时的三牌坊和四牌坊一带（今正义路中段），商业也逐步繁华起来。相比之下，城外多次遭到战火破坏，居民大大减少，商业萧条，就逐渐冷落下来了。这个时期昆明城内繁华街道不少，有南正街、三牌坊、四牌坊、马市口、辕门口、东院街、西院街、福照街、长春坊、熟皮坡、东门正街、粮道街、书院街等，都集中在今天的正义路和正义路两边的横路上。城外的商业街也不少：南门外有三市街、云津街、太平铺、盐店街；东门外有金牛街；西门外有永平街、庆丰街。从这时起，昆明城开始从“城堡”向“城市”转变。

清光绪三十一年（1905 年），滇越铁路开工后不久，为了争取主动，清政府在昆明城南今天的得胜桥、塘子巷、双龙桥一带自开商埠，主动对外开放，建立通商特区，自主制定规章，保护国家权益。这一带本来就是商业区，商埠建立后不久，1910 年滇越铁路通车，终点站就在昆明商埠的中心。这里更是中外商行如云，人流物流汇集，商业迅速发展，街区迅速繁荣，带动城里的街市也繁华起来。从此，昆明急剧从政治、军事城堡转变为政治、军事、商业城市。

○抗战时期昆明城郊的保甲、保团和碉堡、炮楼

民国时期，特别是进入抗战以后，昆明经济发展，快速向商业城市转型，但军事防御仍是昆明城的一大功能。特别是郊区，碉堡、炮楼围城而建，星罗棋布，保甲、民团制度严谨，在新的历史条件下强化了昆明城的军事防卫功能。

昆明北郊龙泉镇入口有寨墙有门楼，楼上还有枪眼，同时也是一座军事营地，所谓“土围子”是也。民国《昆明县乡土教材》称当时“由各乡镇修建碉堡炮楼一百三十一座，以便防御”，此楼当为其中之一

据民国《昆明县小学乡土教材》记载，抗战初期，昆明城郊行政、军事一体化的“保甲 + 乡团”制度已经十分完备。行政方面，“依照自治组织，按各村人口，编十户为甲，十甲为保”，“保甲长和同甲人户，各出具联保切结，互相联保连坐”，对底层民众实行严密的控制。军事方面，建立“保卫队”，“把全县二十岁到四十岁的壮丁，一总编制起来”，以“保为小队，乡镇为中队，区为大队”，由保长、乡长、镇长、区长分别兼任各级队长。县设总团，由县长担任总团长。

昆明城北小厂村门楼，和龙泉镇门楼是同一个模式，有瞭望窗有射击孔，平时是关卡，战时就是防御工事

民国时在昆明周边修建的碉堡群，在碧鸡关和羊仙坡都留下了遗迹，这是早年羊仙坡的水泥碉堡残迹

保卫队除维持地方治安外，平时主要务农，农闲时实施军事训练，称为“壮丁训练”。

除此之外，县里还有一支“常备队”武装。这支常备队“采义务民兵制，用抽签法征调保卫队中二十岁到二十四岁的壮丁，分期集中训练，役期关年。除授以军事知识外，更附设民众学校，施以公民训练及识字教育”。昆明县的常备队“系甲种中队，队兵一百八十名，分为四小队，驻扎南天台”。常备队“所需经费，由耕地税附加八成领用”。

当时推行“政军一体”的保甲、保团制度，对内强化了基层控制，加重了民众负担，抗战时期有抵御外侮的一面，是昆明现代军事防御向城外“泛化”的表现。

抗战初期昆明四周的“关”也不少。《昆明县小学乡土教材》称，当时昆明“第一关”仍然是碧鸡关。这里“两山夹立，中间只有一条通道，为迤西大路的咽喉，形势非常险要，是军事上的要地”。此外还有“在城北二十余里”的天生桥，地处“平顶山和马料盆山相毗连处”，是“迤北大路（昆富路）的要口，下有沙朗洞（今西游洞），左傍高山，右临深渊，路独势险，一经扼守，通过困难”。而“在城东北四十余里”外，另有一座“旧关”，为“迤东大路所必经，东西俱低凹，惟此地独高，颇称险要”。

民国《昆明县小学乡土教材》还说，仅仅依靠“这几个天然关隘”，昆明的“防卫还不周到，现在又在碧鸡关、杨仙坡（羊仙坡）、天生桥、旧关和大板桥等处各建石碉一座，以资守卫”。除此之外，“又由各乡镇修建碉堡炮楼一百三十一座，以便防御”。

民国时期，昆明开始大拆城墙，同时在城外建起了大规模的“碉堡阵”和“炮楼阵”，凸显昆明城在商业化的同时，继续作为军事城堡的重要地位。留给今天的，除“五甲”“六甲”等以“甲”为名的乡村外，还在碧鸡关、羊仙坡留下了若干碉堡的遗迹，成为那段历史的见证。

○昆明城墙的末日

民国初年，昆明城周边和滇越铁路沿线的自然经济瓦解，商品经济迅速兴起，昆明城内外商业膨胀，人口增加很快，交通拥挤不堪，城墙的分割、城门的封闭对商业发展的阻碍越来越严重，再加上热兵器迅猛发展，昆明城墙的军事价值越来越低，它的衰亡就不可避免了。

1919 年，为了方便交通，当局把面对昆明商埠方向的城墙挖开，新开了一道城门，叫小南门。当时护国战争取得了胜利，作为纪念，小南门又被叫作护国门，从此拉开了拆除昆明城墙的序幕。

1922 年，当时的昆明市政公所（相当于市政府）为了整理交通，规划拆除昆明城墙，因为工程太大，便决定分阶段拆除城墙：先在大南门近日楼的两边挖开城墙，修建环形道路（民国《昆明市志》）。1930年，昆明城墙的南段又被拆除，修起了南屏街。1935年，昆明城西边的公路建成以后不久，又在西城门挖墙开路，把城内外的交通连为一线。

改修前之麗正門

民国初期改造前的丽正门（原载民国《昆明市志》）

在抗日战争中，日寇对昆明城狂轰滥炸，这时城墙不但抵御不了空袭，反而成为城内居民疏散、“跑警报”的障碍。昆明只有6道城门，空袭一来，人车抢道出城，道路马上阻塞，踩死踩伤事件屡屡发生。1939年4月，当局又在城墙上挖开了8个口子，每个宽达数丈，又在护城河上增架木桥9座，使出城通道由原来的8个增加到16个，以方便市民“跑警报”、躲空袭。这8个“城口”开在大东门和小东门旁、北门右边，还有甘公祠街、大富春街、木牌坊巷、天君殿（今文林街）底等处——到这个时候，昆明城墙已经“七零八落”了。

改修後之正義門

民国初期改造后的正义门（原载民国《昆明市志》）

20世纪50年代以后，昆明的工业化进程大大加快，从军事、经济角度看，封闭的昆明城墙已经没有存在的必要了。从1953年起，昆明城墙被大规模拆除，在城

民国初期打开城墙修建的护国门（原载民国《昆明市志》）

民国初期在护国门前护城河上兴建的护国桥（原载民国《昆明市志》）

墙和护城河的遗址上修建街道。

五百多年前，昆明人挖土夯成城墙，而把取土之地开辟成护城河；500多年后，又把城墙挖掉，挖下来的土又正好用来填平护城河，建成一条条宽敞平坦的街道——两下都很方便，好像500多年前修建城墙的时候，就为五百多年后拆城墙、修街道做好了准备——站在这种巧合背后的历史的辩证法，让你不服也得服。

改造后的近日环道

○昆明城墙遗迹

昆明城墙拆除后，利用城墙遗址修建了不少城市街道。20世纪50年代，昆明青年义务劳动拆除了东城墙，修建起一条长街，被命名为青年路。后来拆除南城墙建起了东风东路西段、南屏街、东风西路南段，拆除西城墙建起了东风西路北段和建设路南段。沿途留下一串和老城墙有关的地名：大东门，小东门，大西门，小西门，护国门，北门街，近日公园等。城墙的遗迹，只有圆通山和云大会泽院还保留着两处。

圆通山明城墙遗址在圆通公园（昆明动物园）内，进了公园大门往里面走200米左右就到了。这段明城墙就在大路东边的山坡上，看得出是土筑墙体，外墙面用石灰浆平砌条砖，保存得比较完整，已经被列为昆明市重点文物保护单位。据测量，城砖长33厘米，宽18厘米，厚13.5厘米，重12.5千克，并有监造徽记。

有人说这段城墙是主城墙残段，若果真如此，这段城墙的两端势必留下挖断的痕迹，但它的两端都用城砖砌得整整齐齐，没有断口。从砖墙的砌缝和用料来看，都保持着原始的状态。又有人说这段城墙是一座烽火台，但更可能是老昆明城的“马面”墙墩，而不是主城墙本身。从清末民初的老照片和民国初年《昆明市志》的地图看，这个位置正好有一座“马面”墙墩，上面好像还有座敌楼。现在墙墩上还很宽敞，是个大平台，敌楼是没有了，立着一座八角亭，是后来修建的。这座“马面”墙墩的长度约20多米，两端内退宽约七八米，和古代兵书关于“马面”墙墩的描

昆明圆通公园里的明代长城残段

残留于圆通公园的明城墙应是这张老照片上的圆通山马面墙墩

述大致相符，显然是“马面”墙墩的遗迹。我们说昆明城墙是军事城堡之墙，这段城墙遗迹也是一个实证。从前登上城头，城东有金马山、东北有凤鸣山、北面有长虫山，山山逶迤，盘江回绕，历历在目。如今视野多被高楼挡住，成了一段城中墙，可惜。

位于今北门街西端的明城墙截面

位于云南大学会泽院里的明城墙墙基

昆明城墙另一处遗迹，在云南大学东陆园老图书馆到昆明第三十中学之间。这里有一道整整齐齐的土坡，就是昆明城墙的遗迹。当年曾用旧城砖砌盖厕所，那些墙砖长 33 厘米，每块重 12 千克多。砖上还有文字，可以看出，有的是明代中期的正德年间烧制的，有的是明代末期的崇祯年间烧制的，应该是当年修补城墙时用的大砖。

昆明城墙因为军事需要而兴建，又因为军事不需要和经济需要而拆除，当时昆明人好像也没有太多的顾惜，多认为是一件好事。半个多世纪后，古城墙的历史文化价值和旅游经济价值凸显出来，消逝的老昆明城墙又成了昆明人的心头之痛。不难设想，如果昆明城墙完整地保留到今天，哪怕能保留一两座城楼，几公里城墙，至少在圆通公园里把城墙、城楼保留下来，昆明的历史文化、昆明的旅游发展，就完全是另外一种局面了。

在昆明城墙的兴亡之间，历史辩证法再次显示了它强大的威力。

参考书目

〔明〕谢肇淛撰：《滇略》，载《云南史料丛刊》第六卷，云南大学出版社，2000 年 1 月第一版

〔明〕刘文征撰、古永继点校：《滇志》，云南教育出版社，1991 年 12 月第一版

〔清〕张廷玉等修：《明史》，上海古籍出版社、上海书店，1986 年 12 月第一版

〔清〕谢俨纂：《康熙云南府志》，载《中国地方志集成·云南府县志辑》，凤凰出版社，2009 年 3 月第一版

〔清〕戴絅孙辑：《道光昆明县志》，载《中国地方志集成·云南府县志辑》，凤凰出版社，2009 年 3 月第一版

〔民国〕赵尔巽主编：《清史稿》，上海古籍出版社、上海书店，1986 年 12 月第一版

〔民国〕龙云、卢汉修：《新纂云南通志》，云南人民出版社，2007 年 3 月第一版

〔民国〕昆明市政公所编、字应军校注：《昆明市志校注》，云南民族出版社，2011 年 7 月第一版

〔民国〕昆明县教育局乡土教材编辑委员会编：《修订昆明县小学乡土教材》，昆明实验县教育局，1938 年印行

李春龙主编：《正续云南备征志精选点校》，云南民族出版社，2000 年 3 月第一版

云南省志编辑委员会编：《续云南通志长编》，1985 年 12 月印行

方树梅纂集：《滇南碑传集》，云南民族出版社，1903 年 7 月第一版

昆明市志编纂委员会编：《昆明市志长编》，1984 年 3 月印行

罗养儒著：《云南掌故》，云南民族出版社，1996 年 3 月第一版

陆复初著：《昆明简史》，昆明市志编纂委员会，1983 年 12 月印行

昆明市地名办公室编：《昆明市地名志》，1987 年 12 月印行

昆明市地方志编纂委员会编：《昆明市志》，人民出版社，2002 年 8 月第一版

谢本书、李江主编：《昆明城市史》，云南大学出版社，2009 年 12 月第二版

万揆一著：《昆明掌故》，云南民族出版社，1998 年 3 月第一版

昆明日报编：《老昆明》，云南人民出版社，1997 年 12 月第二版

龙东林主编：《昆明历史文化寻踪》，云南科技出版社，2008 年 8 月第一版

王海涛著：《昆明文物古迹》，云南人民出版社，1989 年 3 月第一版

昆明市政协文史资料研究委员会编：《昆明文史资料选辑》各辑
于希贤著：《滇池地区历史地理》，云南人民出版社，1981 年 1 月第一版
吴光范著：《云南地名探源》，云南人民出版社，1988 年 8 月第一版
刘学主编：《春城昆明 历史 · 现在 · 未来》云南美术出版社，2003 年 1 月第一版
〔法〕奥古斯特 · 弗朗索瓦等摄影：《历史的凝眸——清末民初昆明社会风貌摄影纪实》，云南美术出版社，2000 年 4 月第一版

后 记

二十载心事，千余日行笔，故纸与故土并重，苦行共苦乐一体，终于某日凌晨完稿，点了个存盘，突然发现自己如此幸运，一时毫无睡意，“幸”思泉涌，于是开列“幸事”如下：

幸逢古今贤士

行路遇仁人，行笔逢高士，成事之幸，莫过于此。今必谢者，如明代的刘文征先生（纂《滇志》）、谢肇淛先生（纂《滇略》），如清代的谢俨先生（纂《康熙云南府志》）、师范先生（纂《滇系》）、檀萃先生（辑《滇海虞衡志》）、戴䌹孙先生（纂《道光昆明县志》），如近代的袁嘉穀先生（纂《滇绎》等）、周钟岳、赵式铭、秦光玉诸先生（编纂《新纂云南通志》《续云南通志长编》）、童振藻先生（纂修《昆明市志》）、梁继先先生（修《昆明县小学乡土教材》），如现代的罗养儒先生（著《纪我所知集》）、陆复初先生（主编《昆明市志长编》）、邓广琼先生（主编《昆明市地名志》）、万揆一先生（著《昆明掌故》等）、张增祺先生（著《滇国与滇文化》等）、王海涛先生（著《昆明文物古迹》）等。至于摄影，清末的法国驻云南总领事奥古斯特·弗朗索瓦（方苏雅）先生（见《历史的凝眸》）、抗战时的飞虎队美国大兵伯特·克拉夫奇克（见《一个美国人难忘的云南印象》）都提供了大量的“真相”——伯特·克拉夫奇克当然是“洋贤士”，奥古斯特·弗朗索瓦（方苏雅）作为一个摄影家，也留下了不少“贤照”。当然还离不开云南美术出版社的编辑和出版人，有了他们的策划、组织和运作，才“天降大任于斯人”，于是“苦其心志”于故纸，“劳其筋骨”于田野，于是有了乐在其中的5年，有了这套丛书。笔者还期待更多的贤士不吝赐教，指正错误，弥补缺失，乐吾乐，以及人之乐，大乐哉！

幸逢互联网时代

一个“互联网+”阅读，让人在数年之间，可以做过去可能要耗费数十年甚至穷尽一生才能完成之事。一敲键盘，一点鼠标，世间万象，上下千年，皆可秒现眼前；求诸古籍，求证正误，不过举手之劳。无论查图书馆藏书，读前人原著，览硕博论文，都不在话下。就是一些稀缺古籍，也可以从网上下载影印本，或从网上淘购得来。

于是坐拥书城，从容敲字：足不出户而眼观六路，耳听八方；行程二万而上天有路，入地有门。难禁惊喜连连，令人直呼过瘾。还有无数网友高手，在网上大“晒”图文，有线索，有资料，拜读之余，脑洞大开，顿起“原来如此”之慨——感谢信息时代，感谢互联网，感谢知名和不知名的网友。

幸逢故土好人

本人有幸，且不说亲人好友都理解并容忍了我的选择和放弃，就是上山下乡，田野调查，从未迷途，也多亏了好心的指路人、引路者：小桃源村的娃娃、海晏村的钓鱼人、太华峰气象站的清洁工、安江村的父老、棕皮营的乡民、圆通山的网恋青年……出入庙堂，“精神考古”，多次享受破例，关照多多，又亏了省图书馆的管理员、古旧书店为我打折的老板、翠湖讲武堂的保安、红花巷朱德故居的主管、节孝巷地下党活动旧址小院的执事、抗战昆明广播电台旧楼的录音总监、玉案山筇竹寺的僧人、海源村龙王庙的算卦大妈、海晏村石龙寺的持斋大嫫、沙朗巷大院的看门人和水晶宫社区的小哥……帮忙的还有老天：大雨不期而至，洗刷螺峰山石刻上的拓印墨迹；白云如期而来，抹去东寺街更夫雕像额前的阴影；轻风翩然而起，掀起圆通寺后山摩崖题字前的经幡；太阳及时露面，照亮文明街小巷的“一颗印”民居……吉人天相，莫过于此。

幸逢劝学巷的小伙伴

当年一班熊孩子上天入地，打架干仗、无知无畏、无所不为：翻墙到隔壁后院扯桑子，到文庙“梭坡”，钻进圆通山到接引殿打乒乓球，到飞机场“描蛐蛐儿”，到八大河“闷老姆”，到海埂“挞老埂登”，到“二道铁路”钓鱼，到大观楼外草海捞“歪儿歪儿”，到南太桥跳水“洗澡”，到翠湖放风筝，到金殿“桃园三结义”，到南窑抠窑泥掼手枪，逃学到长春路茶铺“旁听”评书《三侠五义》，偷爬到青年路昆明剧院后台高桥上看京戏，从侧门混进长春路云南大戏院看滇剧，在自家“一颗印”小院里吹“青蛙”、刻人人、扯嗡、叠纸火箭、玩花绷绷、下仙人针、斗将军草，在岔巷“挺排坨”“封缸”，玩“拉人”、滚铁环、“躲猫猫”“打死救活”、跳“小黄牛”，在电线杆下讲鬼故事、打“豆腐块儿”、弹“玻得儿”、丢“炸弹”……直到天黑很久，家家大人喊归，小伙伴们身子一扭，有节奏地把屁股拍得山响，大吼“扁担开花，各回各的家”，悻悻而归，而意犹未尽。如此等等，皆可入书，岂不幸哉？

幸逢温厚长者

在劝学巷那头的长春小学，有几次起意要收养我的女教师，在劝学巷这头的42号小院里，有没结婚、没孩子却把院子里我们这群淘气鬼当子女的房东三孃。三孃出身医生世家，父亲去世后多年，还有乡间农民来找老医生看病。她说得一口纯正的昆明话，如“藩头儿（藩台）衙门”，如“早期（早上）”和“晚期（晚上）”等等。劝学巷42号是典型的一颗印小院，单层土基房，屋顶下有暗楼，木窗糊棉纸，院里有花坛，还有石缸、盆景。三孃的堂屋里有供桌和佛龛，天天早上都要敬香，我们总是好奇地在一边静静地看。老昆明的风俗在她那里几乎全了：清明上坟、七月半烧纸、中秋敬月等等。我们喜欢跟着她去上坟，走到昙华寺后山，供上七八个菜，然后一起就地坐下野餐，那黄焖鸡的味道好极。三孃是腌菜高手，她做的腌菜鲊、茄子鲊特别好，做成后要给院子里每家送一碗。我们不好意思，以后就会帮着她洗苦菜、晒茄子，不亦乐乎。三孃读过昆女中高中，我们跟她上街，她会给你两分钱让你看一本小人书；自己家太窄，我们喜欢跑到她的堂屋跪上板凳伏桌做作业，她会讲几个老昆明的故事，还会教我们唱抗日歌和学生运动歌，如聂耳的《毕业歌》，唱“同学们，大家起来”，如麦新的《牺牲已到最后关头》，唱“向前走，别退后，生死已到最后关头”等等。

幸逢我的娭毑（奶奶）

娭毑老家湖南浏阳，18岁守寡，纺着石棉线把我拉扯大。娭毑以外省“移民”的角度，给我讲了不少老昆明的人情世故。她牵着我去藩台衙门菜市买菜，到护国路粮店买米，到书林街的东寺塔数砖头，到财盛巷的大坡和小坡“梭石头坡”，到钱局街、文林街、登华街走亲戚。从小和娭毑相依为命，她辞世时我还远在千里之外的遮放插队。后来三孃告诉我，娭毑走前说过：“伊爪伢崽（这个娃娃）肯定会写出点麻列（什么）来。”再做梦时，我会把这套书送给娭毑，告诉她哪些是她给我讲过的故事，哪些是她牵我走过的地方……

朱净宇

2020年5月4日